「城取り」の軍事学

西股総生

「城取り」の軍事学　目次

縄張り図／西股総生
編集協力／樋口隆晴
図版作成／大野信長・篠　宏行

文庫版まえがき――われわれが九〇パーセントだ！

見映えのしない城

本書はもともと、二〇一三年に学研パブリッシング（現・学研プラス）から刊行したものである。これを、ご縁があって角川ソフィア文庫から再刊していただくこととなった。その二〇一三年版の「はしがき」は、

どうにも不満を覚えるのである。近年のお城ブームに。

という一文ではじまっていた。

近年のブームによって、テレビ番組や雑誌などで城が取りあげられる機会が増えてきたが、戦国時代の城、戦国武将の築いた城として紹介される城跡も、実際には高石垣や天守を備えた近世城郭である場合が多い、というあたりに、筆者は不満を感じていたのだ。

中世から戦国時代にかけて、日本の各地にはたくさんの城が築かれたが、それらは天守も高石垣もない土造りの城であった。ほとんどの日本人は、「お城」と言えばまずは姫路《ひめじ》城や熊本《くまもと》城のような、壮麗な建築物を思い浮かべるけれど、そうした立派な「お城」は、実は織田信長《おだのぶなが》や豊臣秀吉《とよとみひでよし》の覇業に伴って普及していったもので、信長・秀吉以前の城には

天守も高石垣もなかったのですよ、などと説明すれば、ふーん、そんなものか、と思ってもらえるかもしれない。

しかし、天守も高石垣もない、中世や戦国時代の城とはどんなものかとなると、イメージは一気に貧相なものになる。土を掘ったり盛ったりして造られた中世・戦国時代の城を、写真やVTRに撮って見せても、見映えがしないことおびただしいからだ。

というより、たいがいの人には、ただの山か藪《やぶ》にしか見えないだろう。テレビ番組や雑誌といったメディアでは、不特定多数の人たちにビジュアルで見せる必要があるから、見映えのしない土造りの城を敬遠しがちになるのも、致し方がないのかもしれない。

いや実際は、高石垣も天守もない中世・戦国時代の城が紹介される機会も、増えてはきている。しかし、さかんに出版される城の本を繙《ひもと》いてみると、城の歴史や構造について説明したくだりの大半は近世城郭に割かれていて、中世・戦国時代の城は実戦的だが素朴な構造物、といったような前座の扱いに甘んじている。ないしは、ディープなマニア向けにはこんな城もありますよ、といった脇役的な取り上げ方だ。

二〇一三年の「はしがき」で、筆者はこのような不満をぶちまけた上で、中世・戦国時代の土造りの城を主役に据えた本が、一冊くらいあってもよいではないか、という動機から本書を企画したのだ、と書いていたのだった。

上:姫路城、下:上小机城。(著者撮影)

サイレント・マジョリティたちの戦国時代

本書が文庫になるまでの五年間で、状況は驚くほど変わった。中世・戦国時代に築かれた土造りの城が、本や雑誌、テレビ番組などで取りあげられる機会が明らかに増えた。しかも、脇役や前座ではなく、準主役級の扱いを受けることもしばしばだ。

筆者自身も、「一冊くらいあってもよいではないか」と思っていた土の城の本を、この五年間に単著で五冊、共著で二冊出している。土塁と空堀の城でも数字を取れることを、出版社やメディアは実感しはじめているようだ。

当然のことながら、土の城を歩く人も増えた。それも、単に増えただけではなく層が広がった。高石垣も天守もない土の城を歩くという行為は、もはやディープなマニアだけのものでもなく、また一過性のブームでもなく、ひとつのカルチャーとして定着しつつある、とすら感じる。

でも、そんな今だからこそ、二〇一三年の「はしがき」にぶつけた筆者の思いを、あえてもう一度、ここに刻みつけたい。土の城は、マイノリティなんかではないのだ、と。

日本全国に四万〜五万か所もあるといわれている城跡のうち、近世城郭の総数は多く見積もってもたかだか数千だ。本格的な高石垣や天守を備えた城、つまりほとんどの人が抱く「お城」のイメージに合致するものとなると、さらに少ない。全国に文字通りゴマンとある城のほとんど——おそらく九〇パーセント以上は、中世・戦国時代に築かれた土の城なのである。

それらは、何も知らなければ、ただの山か藪としか思えないような、見映えのしない土木構築物でしかない。けれども、多くの武将や名もない兵士たちが命がけで築き、しがみついていた城なのだ。何より、そのような土木構築物としての城が、戦国時代の日本列島に万をもって数えるほども充満していたという事実に、あなたは慄然《りつぜん》としないだろうか。

語らせたいのである。たとえ見た目が地味だとしても、全体の九割以上を占めるはずのサイレント・マジョリティたちに、戦国という時代の様相を。

素朴な疑問

さて、筆者は学生時代から今まで、城の調査・研究に携わるなかでいくつかの素朴な、というか、根源的な疑問を抱いてきた。

①戦国時代には多数の山城が築かれたと言うが、なぜ山城が選ばれたのか？
②鉄炮《てつぽう》の普及は、城の構造にどんな影響を与えたのか？
③戦国末から近世にかけて、土造りの城から石垣の城へ変化するのはなぜなのか？
④戦国末から近世にかけて、城の主流が山城から平山城や平城に移行したのはなぜか？
⑤そもそも、なぜ戦国時代には数万もの城が必要とされたのか？

これらの根源的な疑問について、歴史学や考古学、あるいは城郭研究の立場から、これまでも一通りの説明はなされてきた。けれども、実際に山に登り、藪をかき分けて城を見つづけてきた筆者は、そうした通説的説明にどうにも納得がいかない。

たとえば④であれば、戦国時代の末期に平城や丘城を捨てて、わざわざ山城を築いて移っていった大名が何人もいる。彼らは、時代のトレンドを読んでいなかったのだろうか。それにしては、近世城郭の嚆矢《こうし》とされる織田信長の安土城《あづちじょう》だって、行ってみればなかなかの山城なのだ。この事実を、どう受け止めればよいのか。

あるいは①や⑤に関連して、戦国乱世になると各地の領主たちが平時の居館とは別に、戦いに備えた籠城《ろうじょう》用の山城をめいめいに築くようになった、と説かれている。しかし、関東平野のようなところに本拠をもっている領主たちは、そもそも山城の築きようがないではないか。だとしたら、山城が築かれる必然性や、「平時の居館」と山城との関係、あるいは山城から平山城・平城へ移行したという現象を、どう考えればよいのか。

本書は、これまで研究してきた蓄積にもとづいて、前記した疑問への答えを自分なりに見出《みいだ》そうという営みなのである。

「城取り」の世紀へ

さて、このような本を書く時には、できるだけ全国各地から事例を拾って、行論に普遍性をもたせるのが普通であろう。しかし、城の研究はフィールドワークをベースとして成り立っている。したがって、首都圏在住の筆者が、普段の研究フィールドを関東とその近県としている関係上、実際に取り上げる事例はどうしても東国の城が多くなってしまう。ただし、東国は土の城を極限まで発達させた地域であるので、戦国期城郭の複雑さや多様性を描き出すには適したフィールドでもある、という事実はご理解いただきたい。この点に免じて、事例のバランスが偏ってしまう傾向については、どうにか読者諸賢のご海容を賜りたい。

それから、城郭研究の分野には独特の専門用語がたくさんあるのだが、最低限の使用にとどめて、簡単な説明をその都度、補うようにした。細かな概念規定を伴うような歴史学や考古学の専門用語もできるだけ使わず、大まかな意味が汲《く》める程度の書き方としてある。もしあなたが、城郭研究や考古学、あるいは歴史学の専門家・専攻生だとしたら、こうした書き方に不満を覚えるかもしれないけれど、できるだけいろいろな分野・立場の人に本書を読んでもらいたい、という筆者の意をどうか汲んでいただきたい。

また、史料（文書や記録）の直接的な引用も最小限にとどめ、旧字は新字に改めて読み下した。参考文献も、主要なもののみを巻末に一括掲載してあるので、適宜参照されたい。

では手始めに、本書のタイトルにある「城取り」の話から始めよう。万をもって数える土の城が日本列島に充満していた戦国時代とは、「城取り」の世紀であるからだ。

第一章　城を取る——攻めるか守るか

一　城取りと城攻め

城を取る

「城を取る」「城取り」という言葉から、皆さんはどのような行為を想像されるだろうか。おそらくほとんどの人が、城を攻め落とすような行為をイメージされるものと思う。実際、一般の歴史ファンの人たちに話をする際に、この質問を投げかけてみると、例外なく城攻めのイメージが返ってくる。つまり、ここで言う「取る」とは「攻め取る」「奪い取る」の意味である。

ところが、残念ながらこのイメージは間違っている。戦国時代の文書や記録に「城ヲ取ル」の文言が出てきたとしたら、それは城を攻略・奪取することを意味してはいない。いや、歴史ファンの皆さんが間違うのも無理はない。著名な歴史小説作家の先生方もたいていの場合、攻略・奪取の意味で使っているからである。

では、「城を取る」の本当の意味は何か。この言葉は、新たに城を築くことを意味していた。現在の用語法でいうなら、「場所を取る」「席を取る」という時の「取る」と同じニュアンスだ。場所取りや席取りでは、適切な場所をすばやく見つけ、機先を制して行動しなければならないし、花見の場所取りなどでは実際にシートを敷いたりロープを張ったりして、一定の範囲を囲い込んで他者の侵入を阻止するわけだ。ほら、花見の場所取りのような行為を「陣取り合戦」とか、言うでしょう？　戦国時代にも、陣を布《し》くことを「陣取る」「陣取り」と表現していた。

したがって、もし武田《たけだ》信玄《しんげん》が善光寺平《ぜんこうじだいら》を睥睨《へいげい》しながら「勘助《かんすけ》、城を取れ」と言ったとしたら、それは山本《やまもと》勘助に上杉《うえすぎ》方の城を攻め落とせと命じているのではなく、どこか適当な場所を選んで城を築け、と命じていることになる。「取る」は、「攻め取る」「奪い取る」ではなく、「取り立てる」なのである。ちなみに、通説では山本勘助は、川中島《かわなかじま》の決戦に備えて海津《かいづ》城（のちの松代《まつしろ》城）を築いたことになっている。

この話がどこまで事実に即しているのかはともかく、長らく伝説上の人物とされてきた山本勘助は、最近では山本菅助として一級史料によって実在が確認されるようになっており、信玄の意を受けて北信濃《しなの》方面で活動していたこともわかっているから、川中島周辺で実際に菅助が城取りに関わるようなことも、あったのかもしれない。

なお、山本菅助については、拙著『東国武将たちの戦国史』（河出書房新社二〇一五）第六章において、武田軍の足軽大将という観点から考察を加えている。興味のある方は参照されたい。

城攻めに行かない城郭研究者

ところで、城を攻め取ると言えば、お城ファンや戦国史ファンの中には、城跡を訪れることを「城攻め」と表現する人が少なくない。最近はネット上でのファンの交流も盛んで、筆者などよりよっぽど熱心に城を歩いている御仁も少なくない。SNSなどでの彼らのやり取りを見ていると、

「先日、〇〇城攻めに行ってきました。寒くて大変でしたが、遺構はすばらしかったです」

「今度、××城を攻めます。ご一緒しませんか？」

などといった具合で、皆さんなかなか楽しそうだ。

城を探訪するためのガイドブックのような本を見ても、しばしば「城攻め」の表現にお目にかかる。たしかに、城の一番外側にある門や虎口《こぐち》（出入り口、土塁《どるい》や石垣の開口部）から入って、外郭《がいかく》、三ノ丸、二ノ丸と順に遺構を観察し、その堅固さに圧倒されたり構造の巧みさに感心しながら、最後に本丸や天守といった中枢部へとたどり着くプロセスは、「城攻め」と呼ぶにふさわしい。山城の場合だと、息せき切って坂道を登ってゆくことになるから、一層その感が強くなる。

けれども、ここで面白いなあ、と思うのは、筆者の知っている城郭研究者、つまり単に城を見て楽しむだけではなく、論文を書いたり全国的な大会で研究報告を行うような人たち（病《やまい》が膏肓《こうこう》に入ってしまったマニアとも言えるが）は、城跡を踏査する行為を「攻める」とは言わないことだ。一般のお城ファンと研究者との間に、このような用語法の違いが生じるのは、どうしてなのだろう。

なぜ城を攻めないか

城を研究する方法としては、文献史料を用いる方法、発掘調査を主体とした考古学的方法、建築学的方法などがあるが、もうひとつ、縄張《なわば》り研究と呼ばれるやり方がある。縄張りとは、端的に言えば城の平面プランのことで、それを図面に起こしたものが縄張り図だ。縄張り図がどんなものか知りたい人は、本書のページをパラパラとめくっていただければ、すぐに目に入るだろう（本書に掲載した縄張り図はすべて筆者が作図したもの）。縄張り研究というのは、城跡を実際に踏査して縄張り図を描き、その図をもとに城のことを考えてゆく方法論というわけだ。

筆者がもっぱら用いているのも縄張り研究なので、知己の研究者も割合としては縄張り研究者が多いことになる。ところが、この城跡をほっつき歩く頻度がもっとも高い人種は、城跡を踏査する行為を「城攻め」とは表現しないのである。

縄張り研究者が「城攻め」の表現を避ける理由の一つは、研究者であるがゆえに「城攻め」という行為の実態が、いかに酸鼻《さんび》をきわめたものであるかを具体的にイメージできてしまう、という点にあるのかもしれない。城と戦争とは切っても切れない関係にあるわけだが、いつの時代においても戦争という営みは、知れば知るほどおぞましいものだ。筆者自身、城をとおして戦国時代の戦争について考えていて、本当に気が滅入《めい》ってしまうこともある。そうなると、「城攻めに行こう」などと、気軽には言えなくなってしまう。

とはいえ、縄張り研究者にとって、城の踏査という行為そのものが、大変楽しい営みであることもまた事実だ。息を切らせて山に登り、倒木を踏みこえ藪《やぶ》をかき分け、身体中すり傷だらけになりながら縄張り図を描くという作業は、常識人には理解しがたい蛮行愚行であろうが、縄張り研究者にとっては、現世のあらゆる苦悩から解放されて城の世界に没入できる、至福のひとときなのだ。踏査自体が楽しい行為なのだとしたら、縄張り研究者が「城攻め」の表現を使わない本当の理由は、何なのだろうか。

何を「取る」か

縄張り研究は、城跡を歩いて縄張り図を描くことから始まるが、なぜ縄張り図を描くのか。研究という営みは、自分が発見したことや自分が考えたことを他人に伝え（論文や報告といった手段が用いられる）、伝えた側と伝えられた側とが相互検証を繰り返す、という手続きを踏みながら進んでゆく。したがって、そこには異なる他者同士が情報を共有する手段が必要となる。

そこで縄張り図というものが有効性を持ってくる。的確に描かれた縄張り図があれば、こんな特徴を持った城だった、という認識を多くの人と共有できることになるからだ。つまり、城という大きくて複雑な構造物も、縄張り図に落とし込むことによって研究資料として利用できるようになるのである。縄張り研究者にとって図を描くという行為は、事例の収集であると同時に、城という客体を研究のために資料化する行為でもある。

少し理屈っぽい話になったが、ここがキモだ。縄張り研究者にとって城とは、観察対象であると同時にまず図化する対象である。ところで、城郭研究の世界にかぎらず、一般に図を描く行為を、「図を取る」「図取り」などと表現する。筆者はかつて発掘調査員の仕事をしていたが、発掘現場ではごく普通に「平面図を取る」「土層断面図を取る」などと言う。縄張り研究者も、「××城の図を取る」と表現することがある。

「取る」のは図だけではない。城跡を歩いていると、城の遺構かどうか判断に迷う地物《ちぶつ》にしばしば出くわす。自然地形のデコボコや後世の造作物などが、城の遺構とまぎらわしい場合があるからだ。それらの地物の中から、遺構の可能性のある対象を選別して図上に描き入れることを、われわれは「取る」と表現する。この「取る」は、野球で「スイングを取る」とか、サッカーで「ファウルを取る」という場合の用法に近い。実際には、城跡で次のような会話が交わされることになる。

「その尾根先にある堀みたいな浅い窪《くぼ》み、取りました?」

「僕は取ったよ」

堀と認めて図に描き込んだ、の意である。彼らにとって、城とは「攻める」対象ではなく、「取る」対象なのだ。ただし、縄張り研究者が「攻める」という表現を使わない理由は、もう少し奥が深い。

まずは航空隊に爆撃を

城の研究をしていると、ときどき知り合いに頼まれて、郷土史の会のメンバーや一般市民のグループなどを案内して、城跡を説明して歩くことがある。そうした場で参加者の中から出る質問に、次のようなものがある。

「西股さんなら、この城をどう攻めますか?」

どんな城でも、筆者の答えは決まっている。

「まずは航空隊に連絡して、爆撃してもらいます」

たいがいの人は、こちらが冗談を言っているか、ないしは韜晦《とうかい》の術に出たものと思う。

「(笑)いくら何でも、航空隊はないでしょう」

「では、砲兵隊に連絡して重砲で徹底的にすき返してもらいます。一五〇ミリ榴弾砲《りゅうだんほう》とか、あるといいですね」

「……」

「ああ、それから戦闘ヘリの近接支援も欲しいところです」

「マジメに答えてくださいよ！」

ここで筆者は、質問者に問い返すことになる。

「航空隊も、重砲も、戦闘ヘリもなし。では何ならありますか？　一五〇ミリ榴弾砲がないのなら、大砲は何ですか？　幕末に使われたようなアームストロング砲ですか、それとも大坂《おおさか》の陣で使われたような『石火矢《いしびや》』とか『国崩し《くにくず》』ですか？」

勘のいい質問者なら、ここでハッとする。そこで、畳みかける。

「鉄砲はどうですか。戊辰《ぼしん》戦争の時のようなミニエー銃ですか、ゲベール銃ですか。それとも火縄銃ですか。銃の種類によって射程や命中精度、操作法や発射速度が違ってくるから、とれる戦術と、とれない戦術がでてきます。よろしい、城は戦国時代のものだから、火縄銃としましょう。では、火縄銃は何挺《ちょう》あるのですか。それを言うなら、そもそもこちらの兵力はどのくらいなのですか？」

考えてみれば当然だ。同じ城でも、二〇〇〇人で攻めるのと、一万人で攻めるのとでは、やり方が違ってくる。では、仮に兵力が五〇〇〇、そのうち鉄炮《てっぽう》（火縄銃）が一〇〇〇挺、弓が五〇〇張で、大砲はないものとしよう。その場合でも、五〇〇〇があちこちからかき集めた間に合わせの軍勢なのか、それとも訓練の行き届いた精鋭部隊なのかで、話は変わってくる。

補給の問題だって、考えなくてはならない。自軍の損失を抑えるためには、城を囲んで兵粮攻《ひょうろう》めにするのがよい、などと説明する人があるけれども、兵粮が一週間分しか手当てできていないのに延々と攻囲戦などやっていたら、どちらが兵粮攻めに遭っているのかわからなくなってしまう。補給は、作戦可能期間に直結する重要な問題なのだ。

もうおわかりだと思うが、実際の攻撃計画というものは、こうした前提条件が出そろわないかぎり具体的に立案できない。したがって、何の前提条件もなしに立案するのであれば、考えうる最適の方法を案出すればよいことになるから、「まず航空隊に爆撃を要請する」が理論的には正解になってしまう。

城は取るもの

この問答は、少々意地の悪いものに思えるかもしれない。だが、よく考えてみよう。そもそも城攻めという局面は、ある日突然、降って湧いたように生じるわけではないはずだ。戦争の中で、当事者同士がさまざまな行動を展開してゆき、ある特定の場所が戦局上の焦点になってくる。こうした焦点をめぐる駆け引きが、城攻めという行動に収斂《しゅうれん》してゆくわけだ。したがって実際には、ある城を攻略しなければならない、という必然性が生じた時点で、兵力とその内容（火力や練度・編成）、補給や行動可能期間といった具体的条件の大枠は、すでに決まっていることになる。

では、その逆、つまり城を守る場合はどうか。城の攻防戦が何らかの政治的・軍事的状況下に生じる以上、城を守るための具体的条件も最初から存在していることになる。だとしたら、一般論で「この城をどう守るべきか」という命題を考えても、やはり意味がないことになるではないか、というと、そうはならない。なぜなら城には、築城者がその場所をどのように守ろうとしたのか、という意図が反映されているからである。

たとえば山城であれば、尾根つづきや傾斜の緩い山腹は敵が侵入しやすいから、防禦《ぼうぎょ》を固めなくてはならない。反対に、人が到底登ってこられないような断崖《だんがい》絶壁に向けて堅固な防禦施設を築いても、徒労に終わる。したがって、堀や土塁といった防禦施設の配置を見てゆけば、築城者がその地形のどこを弱点と考えていたか、地形のどの要素を恃《たの》みとしていたのかが見えてくる。

また、同じ場所を築城地に選ぶとしても――同じ場所に城を取るとしても――守備兵力が違えば、城の作りも当然違ってくるはずだ。一〇〇〇人で守るための城であれば、一〇〇〇人が駐屯できるだけのスペースが必要となるが、二〇〇〇人しか集められないのに一〇〇〇人分のスペースを用意するのは無駄だし、無闇に城域を広げると手の届かないところが出てきて、防御態勢が破綻《はたん》してしまう。

というより、二〇〇人で守る場合と一〇〇〇人の場合とでは、地形の取り方そのものが違ってくる可能性が高い。一〇〇〇人での守備を前提としているのなら、スペースが確保できそうな場所を城地に選ばなくてはならないが、二〇〇人であれば、とにかく敵が近づきにくい峻険《しゅんけん》な山を選んだ方がよいことになる。あるいは、同じ一〇〇〇人だとしても、その一〇〇〇人の内容(編成・装備・練度など)によっても守備のしかたは変わってくるだろう。

このように、城を築いた人間が「どう守りたいか」という防禦プランを地面に刻みつけたものが、城の縄張りなのである。したがって、縄張りを的確に把握して読み解くことができれば、築城者の意図を通してその背後にある「城を守るための具体的条件」を見透かすことができるはずであり、ひいてはその城が築かれる前提となった戦略的状況を理解できるだろう。これが、縄張り研究の基本的な考え方だ。

つまり、守る側の立場で城を観察するのが、縄張り研究の基本的なスタンスになるわけだ。縄張り研究者が「城を攻める」という表現を使わないのは、攻める側ではなく、守る側の立場で地形や城の構造を観察するのが習い性になっているからである。もし今度また、どこかの城へ行く機会があったら、攻める立場でなく、「城を取る」立場で地形や縄張りを観察してみてほしい。城への理解度がグッと深まるに違いない。

二　あやふやな実体

確定できない城跡の実数

この本の冒頭で筆者は、日本全国の城の総数を四万〜五万くらい、と書いた。これは、小さな砦《とりで》のようなものまで含めた数だ。何だか曖昧《あいまい》な数字だが、実は「日本に城はいくつあるか?」という問いに正確に答えられる人は、誰もいないのだ。

そんな馬鹿な、と思われるだろうか。城を一つ一つ数えてゆけば、日本全国の城の総数など算出できるだろう。いや、わざわざそんな面倒なことをしなくても、どこかの官庁か研究機関のデータベースをあたれば、答は出そうなものだ。よしんば全国集計がなされていなかったとしても、都道府県などの自治体単位でなら、そうした数字があるのではないか。ところが、城の数を数える、というのは一筋縄ではゆかない作業なのだ。

たとえば、大きな城に付随して出城《でじろ》や砦がある場合。あるいは、一定の範囲内にいくつもの防禦施設が近接して築かれているような場合。それらを、全体で一つの機能を果たす城として考えるか、あくまで別のものとしてカウントするべきか。こうした悩ましい事例は、案外多いのである。

また、何野誰兵衛が築いた何々城、という伝承はあるのだが、現地には城らしい遺構が残っていないという場合。廃城になったあとで、城の遺構が失われてしまうこともあるが、伝承の中には信憑性《しんぴょうせい》の疑わしいものだってあるので、判断は難しい。遺構がないのなら城と認めなければよろしい、という考え方にすればスッキリするかもしれないが、廃城後に遺構が失われてしまった可能性もあるから、伝承がある以上は調査や研究の対象に含めるべきだ、という考え方もできる。

これと、前述した出城などの問題が組み合わさると、問題はさらにややこしくなる。本体の城は厳然と残っているが、出城の伝承がどうも危なっかしいという場合は、どうカウントしたらよいだろう。自治体単位で出している城の分布調査報告や遺跡地図などを見ても、こうした場合のカウントの仕方は一様ではない。結局のところ、担当者（調査者）によって判断が分かれることになってしまう。

そうかと思うと、今まで全くのノーマークだった場所から、発掘調査で忽然《こつぜん》と立派な城の遺構がみつかる場合もある。われわれの知らない城の遺構だって、まだまだ山中に眠っている。筆者の研究仲間にも、北関東で次々と新発見の城を図化している者がいる。筆者自身も、神奈川・東京・埼玉あたりはほとんど歩き尽くされたから、新発見の城はそう出てこないだろうと思っていたのだが、つい数年前に秩父《ちちぶ》地方で（それも山深い場所ではなく市街地の近くで）、小さな城跡が発見されたという報告を研究仲間から得ている。

こうしたわけで、城の実数を確定することはなかなかできない。大小あわせてザックリ四万～五万くらい、というのは城郭研究の調査・対象となる城跡や伝承地の総数、という

大倉砦（山梨県）縄張り図

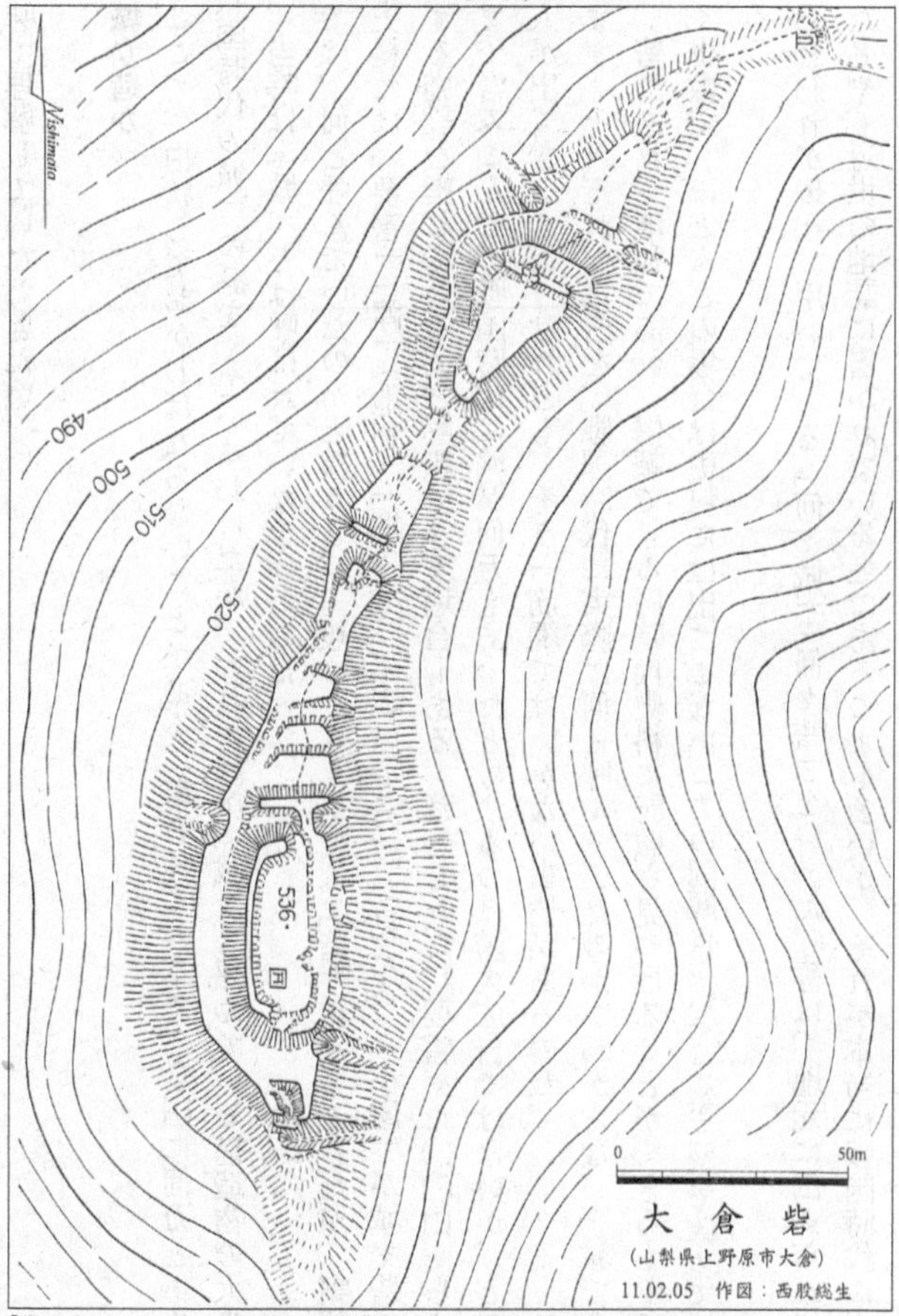

「砦」とされているが、この地域のほかの「城」に比べて規模・縄張りに遜色はない。

意味で理解していただきたい。

ここで、白状しておかねばならないことがある。筆者はこの本で、全国に何万とある「戦国時代の城」の話をしているわけだが、われわれが「城」と呼んでいる構造物の大半は、当時は「城」とは呼ばれていなかったのだ。

城か砦か

では、何と呼んでいたのかと言うと、一般のイメージでは「砦」になりそうだが、実際の史料には「要害」「陣」「地利《ちり》」「地」「○○山」などの語が見える。「小屋」が城や砦に類する施設を指している、と解釈できる場合もある。だとしたら、要害やら○○山やら小屋まで含みこんで、戦国時代に城が何万もあったと号するのは誇大広告ではないか、と訝《いぶか》る人が出てきそうだ。けれども、そう一筋縄ではいかない事情があるのだ。

まず、それぞれの場所を、戦国時代に実際に何と呼んでいたのかがわからない。城であれ、砦であれ、地利であれ、信頼できる同時代史料に記載を見つけることができるものはごく少数で、ほとんどの場合は史料には出てこない（この問題については第三章で改めて述べる）。

われわれが現在、用いている「何々城」「何々砦」といった呼称は、地元に伝えられてきた名や、近世の地誌に書かれている名であることも多いが、それが本当に戦国時代に用いられていた呼称だとは限らない。実際は、角川村にあるから角川城、というように単純に地名を冠して呼び慣《なら》わしている場合も多い。

では、史料から「城」と呼んでいたことが確認できる事例をもとにして基準を作り、規模や構造上の特徴などから「城」と、そうでないものとを区別できないだろうか。ところが、問題はここでもややこしく、わかりにくいのだ。

四つの海防艦

少し脇道にそれるが、戦前の日本海軍に「海防艦」と呼ばれる艦種が存在した。海防艦とは、もともとは本格的な戦艦を保有できないような中小国が、沿岸防備のために用いた小型戦艦のようなものを指していた。日清《にっしん》戦争で日本海軍の主力だった、いわゆる三景艦《さんけいかん》（松島《まつしま》・橋立《はしだて》・厳島《いつくしま》）などがこれに該当する。

日清・日露《にちろ》戦争に勝利して列強の仲間入りを果たした日本は、大型の戦艦や巡洋艦を多数擁する艦隊を持つようになったが、一方で植民地である中国大陸沿岸の警備・防衛のために海防艦が必要だった。そこで、一線を退いた旧式の戦艦や巡洋艦を海防艦籍に入れて代用していた。

昭和に入って、北方海域の防衛を強化する必要を感じた日本海軍は、専用の海防艦を新造することとなった。これは沿岸警備や漁業権保護が主な任務であったから、それほどの大艦でなくともよく、駆逐艦より二まわりばかり小さな艦となった。ここまでの海防艦は、もともとは戦艦や巡洋艦に準じる位置づけだから、正規の軍艦籍に属する艦——つまり艦首に菊の御紋章を戴《いただ》き、艦内に御《ご》真影《しんえい》を奉安し、所轄長の資格を有する大佐クラスが艦長を務める艦——であった。

話がややこしくなるのは、対米英戦が始まってからだ。南方資源地帯の確保を目的に戦争を始めたにもかかわらず、海上輸送路を確保するための護衛艦艇を用意していなかった日本海軍は、北方海域用の海防艦に目を付け、その簡略版を量産することを思いついた。他に適当なタイプシップがなかったからだが、結果として、欧米におけるフリゲイトやコルベットに相当する護衛艦が、「海防艦」として建造されることとなった。この時点で海防艦は正規の軍艦籍からはずされ、駆逐艦・潜水艦や掃海艇などと同じ消耗品扱いの艦艇に格下げされている。

結局、日本海軍には、①三景艦タイプの海防艦（世界的に見ればもっともスタンダードな海防艦）、②旧式戦艦・巡洋艦を宛てた代用の海防艦、③北方警備専用の小型の海防艦、④船団護衛用の小型艦、という四種類の海防艦が存在していたことになる。つまり、「海防艦」という概念・カテゴリーは時期によって変遷を遂げており、特定のサイズや形状には当てはまらないわけだ。これは何も、日本海軍特有の場当たり的な建艦計画のみに起因するわけではない。

突撃砲と駆逐戦車

もうすこし脱線話にお付き合い願いたい。第二次大戦中のドイツ軍に、突撃砲という兵器があった。わかりやすく言えば、旋回砲塔のない戦車の車体から、砲だけが前方に突き出たような車輛《しゃりょう》だ。ドイツ軍は、装甲戦闘車輛を集めて装甲（機甲）部隊を編成する、という用兵思想をもとに兵器を整備してきたために、歩兵を直接、火力支援するための兵器として突撃砲が必要になったのだ。

突撃砲と同じような兵器に駆逐戦車というのがある。では、突撃砲と駆逐戦車はどう違うのかと言えば、基本的な構造は変わらない。ただ、同じような構造の装甲戦闘車輛だが、突撃砲はあくまで「砲」なので砲兵が運用するのに対し、駆逐戦車は「戦車」なので装甲部隊に配備されて戦車兵が乗る。突撃砲は本来、装甲をもつ自走式の砲にすぎなかったが、実戦で使ってみると戦車の代用品としても有効であることに、ドイツ人たちは気づいた。そこで、対戦車戦闘に特化した長砲身型の突撃砲を、砲兵部隊向けではなく戦車部隊向けに生産した車輛が駆逐戦車なのである。

一方、ライバルのイギリス軍は、戦車そのものを歩兵を直接支援するための歩兵戦車と、機動力を重視した巡航戦車（騎兵が戦車になったと思えばよい）に分けて発達させてきたから、突撃砲だの駆逐戦車だのといったカテゴリーを必要としなかった。

また、アメリカ軍も駆逐戦車という兵器を持っていて、これは旋回砲塔を備えているので、遠目には普通の戦車と同じように見える。しかし、実際には装甲が薄く、砲塔がオープントップなので、戦車と同じ使い方はできない。

さらに言うなら、装甲をほとんど持たない対戦車自走砲（ドイツのマルダーやナースホルンなど）も、素人目には突撃砲や駆逐戦車と区別がつきにくいし、ドイツ軍のJagdpanzerと米軍のTank Destroyerを、ともに「駆逐戦車」と訳するのは適切だろうかとか、突撃砲に痛い目にあわされたソ連軍は襲撃砲戦車というものを作るようになり……、という具合にキリがなくなるので、そろそろ話を城に戻そう。

東北の「たて」

少し脱線が長くなったが、何が言いたいのかというと、兵器のカテゴリーというものは、単純に形態的な特徴やサイズ、数字上のスペックだけでは正しく類型化できない、という原理をご理解いただきたいわけだ。兵器のカテゴリーは、実際にはそれを用いる軍隊における兵器体系や用兵思想などと密接に関係して変遷してゆくものなのである。だから、特定の呼称が一定のサイズや形態的特徴と対応するとはかぎらない、という事態が往々にして生じる。

日本の戦国時代に用いられた鉄炮（火縄銃）は、東南アジア方面で用いられていたもの

III号突撃砲G型(上)とIV号駆逐戦車(下)。第二次大戦の兵器に詳しくない人には、形状的にどちらも同じに見えるが、III号突撃砲は本来は歩兵を直接支援する砲兵の兵器として誕生発展し、IV号駆逐戦車は敵戦車を駆逐(撃破)するために装甲(機甲)兵科の兵器として誕生し、装甲猟兵(対戦車)部隊に配備された。兵器のカテゴリーは形状のみでは理解できないという一例。

が伝来したらしいのだが、ヨーロッパの研究者が書いた軍事史の本を読むと、原初的なマスケットの一種としているものと、アーケバスの一種としているものとがある。どちらが正しいのかと思って少し調べてみたけれども、どうにもよくわからない。マスケットの概念自体が、時代や地域によって異なっていたりするからだ。それに、日本への伝来だって単一系統ではなかった可能性もある。考えてもわからないので、筆者は「鉄炮」と表記して済ませることにしている。兵器にかぎらず物質文明におけるカテゴライズとは、本来そうした性格を有するものではなかろうか。

同様の問題が、城やそれに類する構築物についても当てはまる、と筆者は考えている。戦国時代の人々は、城・砦・要害・陣・地利・山・小屋などの呼称を感覚的に使い分けていたはずだが、残念ながら現代人のわれわれにはその感覚がわからない。築城遺構を、サイズや形態上の特徴から分類してゆくことが可能だとしても、それが戦国時代におけるカテゴライズと対応する、とは限らない。

それに、戦国時代でも時期や地域によって、カテゴライズが違っている可能性が大いにある。武田軍が「地利」のつもりで築いて守っている場所を、織田《おだ》軍が「城」と思って攻めているかもしれない。だとしたら、『信長公記《しんちょうこうき》』のような信頼性の高い史料に「城」と書かれているから「城」だ、と断定するわけにもゆかなくなる。

ちなみに、東北地方では築城遺構のことを「館」と書いて「たて」と呼ぶ場合が多い。

遺構そのものは、関東以西で「城」や「砦」などと呼んでいるものと変わりはなく、「館」の字を当てているから居住性が高いというわけでもない。東北地方にも「城」と呼ばれているものがあるが、「館《たて》」とどう違うのかも形態からは区別がつかない。

ことほど左様な具合なので、研究者は城や砦やその他モロモロの類似物を、とりあえず「城」または「城郭」と一括して、研究対象とせざるをえないわけである。城郭研究の調査・対象となる城跡や伝承地の総数が、大小あわせてザックリ四万〜五万くらい、という書き方の裏には、こうしたややこしい事情が潜んでいたのである。だから本書でも、ごく小さなものや臨時の施設も含めて「城」と呼ぶことにするので、この先もそのつもりでお付き合いいただきたい。

三　城を読む

藪をこぐ学問

城の縄張り図を取ることによって、数百年前の築城者が地形をどのように取ったのか、何を目的として城を取ったのかを考えるのが、縄張り研究の仕事である。

ところで、図面を作成するというと、人は光学機器か何かを使った精密な測量を想像するかもしれないが、実際はそのような格好のよいものではない。なぜなら、全国に文字通りゴマンとある城跡の大半は、普段は人の入らない山林や竹藪になっているからだ。獣道《けものみち》のようなかすかな踏み跡でもあれば幸運な方で、堀や土塁など遺構のほとんどは、どのみち藪の中にある。昼なお暗い密藪にもぐり込むことも珍しくない。縄張り研究における労力のかなりの部分は、山登りと藪こぎに費消されると言ってもよいほどだ。そのような環境では、機器を用いた精密な測量は現実的ではないのである。

ベテラン研究者が縄張り図を描くやり方は、拍子抜けするほどシンプルだ。筆者は距離を測るのに簡易距離計を用いることが多く、最近ではレーザー式の距離計を使用する人もいるが、知己の研究者の多くは歩測を用いている。方位を確認するためのごく安価なコンパス、図を描くためのノートや方眼紙、筆記具にせいぜい小型の距離計を加えた程度が、縄張り図を描くための道具立ての全てとなる。軽装でなければ、山に登って藪をこぎまわることなどできないからだ。

したがって縄張り図とは、ごく簡易な方法で描かれた略測図ということができる。方法が簡便であるから、図の精度にはおのずと限界がある。けれどもそれは、あまり問題にはならない。実際に縄張り図を研究資料とする場合には、ごく小さな縮尺で用いるのが普通だからだ。この本に載っている縄張り図の縮尺は数千分の一程度だが、読者はそれぞれの城の特徴を読みとることができるだろう。この位の縮尺になれば、二メートル、三メートルといった寸法の違いに目くじらを立てても、あまり意味がない。大縮尺で作成される精密な測量図とは、使用目的が最初から違っているのである。

それよりも縄張り図で大切になるのは、遺構をきちんと読みとって的確に表現できているかどうかだ。いくら高価な機器を使って精密に測量をした図であっても、遺構を的確に読みとって表現できていなければ、研究資料としての価値は低い。地面の起伏の中から土塁や堀などの人工地形を読みとる技術と、距離や方位を正確に測る技術とはまったく別物なのである。

しかも、遺構をきちんと読みとって的確に表現する能力は、充分に場数を踏んだすぐれた研究者と行動を共にする経験を重ねなければ、なかなか身に付かない。こうした能力は、考古学者が土の微妙な違いを掘り分けたり、土器の破片から形式や年代を特定したり、文献史学者がミミズののたくったような筆跡を文字として読んだりするのと、基本的には同種の認知技能に属するものだ。

民間学としての縄張り研究

面白いことに、縄張り研究は戦後一貫して民間学として発達してきた。つまり、大学や博物館、各地の教育委員会や文化財調査センターといった公的な調査研究機関の中に方法論が存在せず、そうした公的機関に属さない、いわゆる「日曜日の研究者」たちが研究の担い手となってきたわけである。ではなぜ、縄張り研究が民間学として発達してきたのかと言うと、それには次のような理由がある。

まず、城跡を踏査して遺構を図化し、それをもとに考えるというのは、原理的には本来は考古学に属する方法論である。けれども、日本の考古学は縄文時代や弥生時代といった先史時代を中心に発達してきており、中世が考古学の対象となったのはかなり後になってからであった。その間に、郷土史家やお城ファンのような人々の中からすぐれた縄張り研究者が何人も現れて、縄張り図の図法や城の見方が独自に鍛えられていった。

しかも、高度経済成長期以降、各地で開発や再開発に伴う遺跡の破壊が深刻化した結果、開発事業に先立つ緊急調査への対応が考古学の喫緊の課題――本当は考古学ではなく文化財行政の問題だったのだが――となり、緊急調査によって出土する膨大な資料が考古学の主たる研究対象となった。大多数の考古学研究者には、さし当たって破壊の危機にも晒《さら》されていない城跡をほっつき歩いて図面を描くなどという、悠長なことをやっている余裕がなくなってしまったわけだ。

こうして縄張り研究は、考古学とも歴史学（文献を中心とした）とも微妙に距離を置いた、隙間産業のような位置を得ることとなった。けれども、縄張り研究が民間学として発達してきた背景には、もう一つ別の理由がある。

論じてみたい城の本質

城という構造物は、本質において軍事的属性を有している。攻めてくる敵がいなければ、他者の侵入を防ぐための施設を築く必要はないわけだから、これは当然の理である。世界史的に見ても、堀や土塁を備えた集落（環壕《かんごう》集落）の出現は、武器の出現とともに、人類が戦争を始めたことを示す指標と認識されている。

　ところが、戦後の日本においては、歴史学も考古学も、軍事とか戦争といった事象を正面から研究する方法論的枠組みを充分に作り上げてこなかった。これは、戦前の軍国主義的歴史観や皇国史観を克服することから戦後の歴史学や考古学が出発してきた、というやむをえない事情に起因するものだった。けれども結果としては、軍事施設たる城を学術研究の対象としては選びにくい土壌が、形成されることとなった。

　民間学として発達してきた縄張り研究も、こうした風潮と無関係ではいられなかった。民間人による趣味的、地方史的な営みだった縄張り研究が一定の成果を収め、歴史学や考古学から一目置かれるような専門領域への脱皮を指向し始めると、城を素材として軍事や戦争を論じることの意義や妥当性が厳しく問われることとなった。そこで縄張り研究者たちは、歴史学や考古学と切り結ぶことのできる論点を、軍事や戦争以外の問題に見出《みいだ》すための努力をせざるをえなくなったのである。

　その結果、城の研究に携わる人たちの多く（考古学や歴史学の関係者も含めて）は、城を軍事だけで論じることはできないと主張して、軍事以外の問題ばかりを論じているという状況が現出した。軍事的な研究など、最初からほとんど蓄積されていないにもかかわらずである。さすがに近年では、歴史学においても考古学においても、目をそむけることのできない人間の営みの一つとして、戦争を取りあげる機会は増えてきている。けれども、そうした研究の現状に応《こた》えられるような蓄積が、城郭研究の分野で積み上げられているとはとても言いがたい。

これは、やはりおかしい。城が本質的に持っている軍事という属性を正面切って追究するような研究だって必要だ、と筆者は思う。城は軍事だけでは語れない、というのは全く正論であって、筆者はそのことを頭から否定するつもりはない。けれども、軍事的観点から城のことをまともに語ろうとする本が、一冊くらいあってもよいではないか。そう思いながら、筆者はこの原稿に向かっている。

築城者の意図を読む

戦国時代の日本列島では、万をもって数える「城取り」が行われていた。当時の武将たちが、地形をどのように取り、何を目的として城を取ったのか、縄張り図を取ることによって考えることができるのだとしたら、縄張り研究は、城が本質的に持っている軍事という属性をあぶり出すための、有効な手段たりうる。そこで、本書では以下、いろいろな縄張り図を用いて城とは何かを考えてゆくことになる。

本論に入る前に、縄張り図の基本的な読み方を簡単に説明しておきたい。現在、一般的

縄張り図の基本的な表現方法

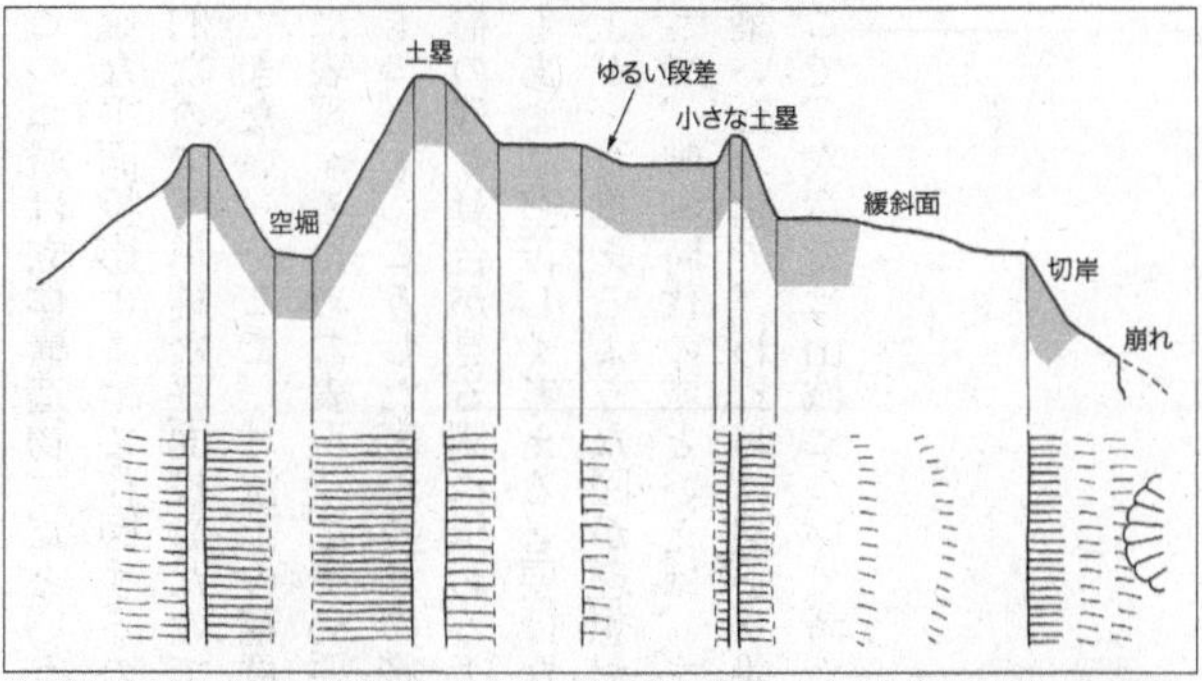

上に示したような起伏を、縄張り図では下のように表記する。アミカケ部分は人工地形。ケバの長さや長短に注意されたい。

に行われている図法では、遺構の天端《てんぱ》（上端・エッジ）を実線で、下端を細い点線で、斜面をケバで表現する。また、ケバの長さで高さ（または深さ）を、ケバの密度で傾斜の緩急を、相対的に表現する方法が主流である。つまり、ケバがびっしりと密集している所は人を寄せつけない急斜面、短いケバが散漫に描かれている所は、ダラッとした緩斜面、というわけだ。

こうしたケバと、天端を示す実線や下端を示す点線などを組み合わせて、城のプランを表すことになるのだが、実際には線の太さを変えたり、実線と破線を使い分けたりして、後世に生じた崩れや改変が加わったりした箇所を、描き分けてゆくことになる。こうした描き分けを工夫するのは、城がすぐれて立体的な構造物であるからだ。

この「城は立体構造物」だという認識は、非常に重要である。考古学で用いる実測図は、正確な平面投影によって作図するのが基本であるが、城は竪穴《たて》住居址《し》などとは桁違《けた》いに立体的なので、単純な平面投影だけでは立体的構造物としての特徴を、うまく表現することができない。そこで、寸法上の精度には目をつぶってでも、立体構造物としての特徴を的確に表現するための表現技法が必要となるわけだ。

もっとも、こうした表現技法に厳密な規定があるわけではない。要は、縄張りの特徴や遺構の残り具合が見る側に伝わるよう、作図者各自が工夫して描いているので、図を見る側もあまり堅苦しく考える必要はない。筆者自身は、地形の中から縄張りがふわっと浮かび上がって見えるような図が理想だと思っている。

さて、戦国時代の城といえば、まず思い浮かぶのは山城だ。武将たちがあちこちに山城を築いたお陰で、われわれ縄張り研究者はいつも山登りと藪こぎに苦労させられている。そこで、次章では山城について考えてみよう。

第二章　なぜ山城か――それぞれの事情

一　山城の時代

富士には月見草がよく似合う

この名文で知られる「富嶽百景《ふがくひやっけい》」を太宰治《だざいおさむ》が草したのは、山梨県の天下茶屋《てんかちゃや》という所だ。

この、富士山《ふじさん》と河口湖《かわぐちこ》の眺めが美しい天下茶屋の傍らから、国道一三七号の御坂《みさか》トンネルを右手に見送って道標を目印に山道に入り、ひたすら登る。ひとしきりの急登で息もあがる頃、稜線《りょうせん》の上に出て視界が開ける。稜線上の道はアップダウンがあるのでまだまだ汗をしぼられるけれど、落葉広葉樹の中をゆくので開放感があって気持ちがよい。

甲斐国《かいのくに》（今の山梨県）は、甲府《こうふ》盆地を中心とした国中《くになか》、駿河《するが》と隣接する南部の河内《かわうち》、山がちな地形のつづく東部の郡内《ぐんない》、という三つの地域に大別されていた。郡内は、笹子《ささご》峠より東の谷筋から富士五湖周辺にかけての地域で、今歩いている稜線は郡内と国中の境にあたる。また、国中と河内が富士川の水系であるのに対し、郡内は相模《さがみ》川の水系に属するから、この稜線は二つの水系の分水嶺《ぶんすいれい》でもある。

御坂城縄張り図

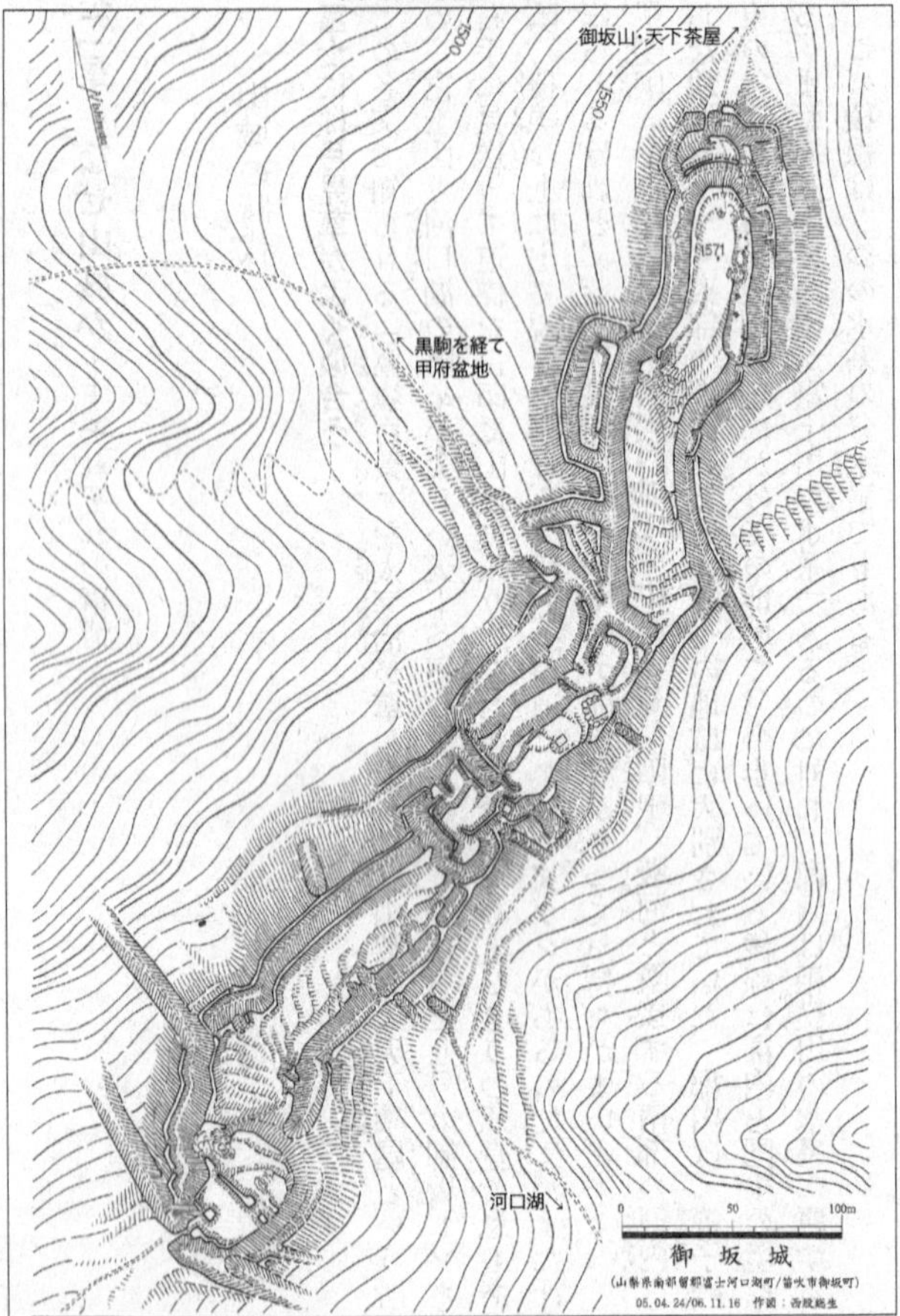

御坂城は、峠を扼する目的があったため、異例の高所に築かれた。

御坂城の位置

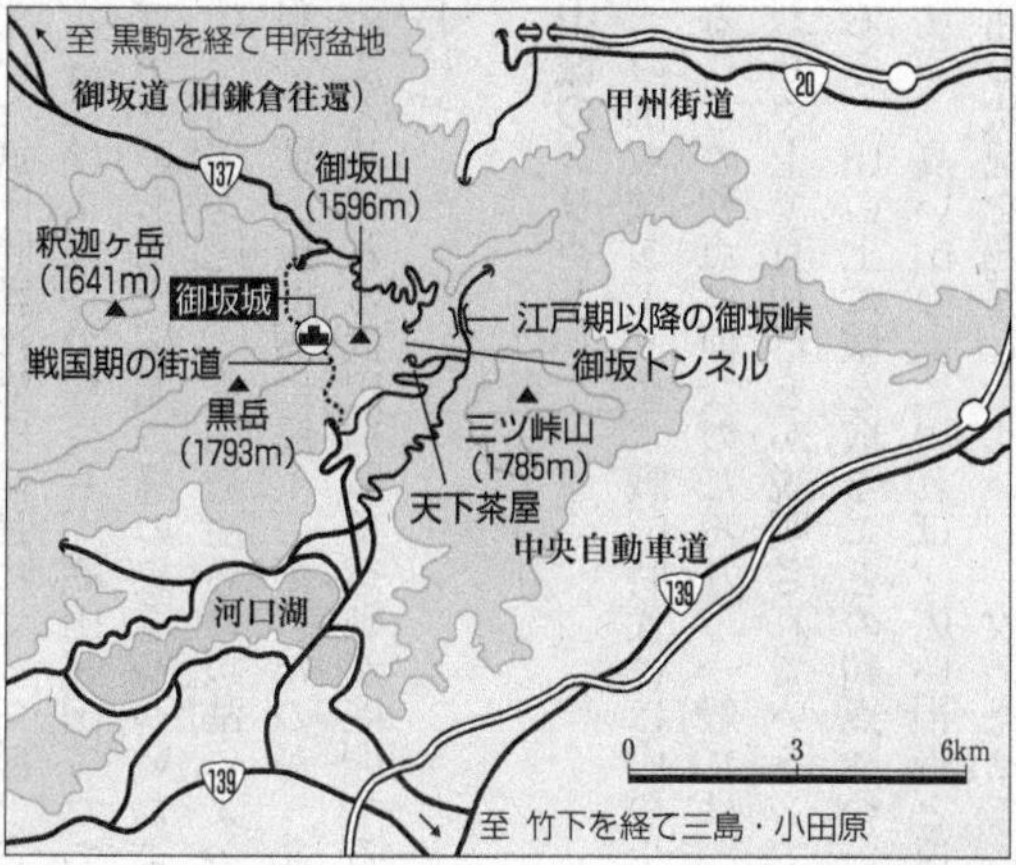

富士の眺めと野鳥のさえずりをお供に、標高一五九六メートルの御坂山を越えてなおも行く。天下茶屋から一時間半ほども歩いた頃、忽然《こつぜん》と空堀が現れる。天正十年（一五八二）に北条《ほうじょう》氏が築いた、御坂城である。標高一五七一メートルの城内最高所から南西方向に下りてゆくと、河口湖方面から直登してきた道が城内を横切っている。この道を右手に下れば、甲府盆地に至る。城は、峠を取り込む格好で築かれているわけだ。

ちなみに、太宰は井伏鱒二《いぶせますじ》とともに三《み》ツ峠《とうげ》山に登っているが、御坂城には足をのばさなかったようだ。彼は天下茶屋のトンネルの所を御坂峠と書いているけれど、もともとの御坂峠は城のある場所だった。

さて、南関東を領国としていた北条氏が

甲斐の御坂峠に城を取ったのは、次のようないきさつによる。天正十年の三月、甲斐を領していた武田勝頼《たけだかつより》は織田信長《のぶなが》によって滅ぼされたものの、驕《おご》れる者久しからず、その信長も六月には本能寺《ほんのうじ》で横死し、織田帝国はたちどころに瓦解《がかい》の危機に瀕《ひん》してしまう。併呑《へいどん》したばかりの武田氏旧領は蜂の巣をつついたような状態となり、戦功によって甲斐に入部していた河尻秀隆《かわじりひでたか》も、武田遺臣らの叛乱《はんらん》によってあえなく落命。この機を逃さず、勢力拡大を狙って武田氏旧領に侵攻してきたのが、北条氏直《うじなお》と徳川家康《とくがわいえやす》である。こうして、天正壬午《てんしょうじんご》の乱と呼ばれる武田遺領争奪戦が展開する中で、北条軍によって御坂城が築かれたというわけだ。

山城のメリット

この御坂城のように、戦国時代には山の上に多くの城が築かれた。では、山の上に城を取ることの利点は何なのだろう。一般には、山城は攻めにくく守りやすいとか、敵の攻撃をふせぐ上で有利だとか説明されている。では、なぜ山の上の方が、防禦《ぼうぎょ》に適しているのだろう。山の上に城を取ることの利点について、もう少し具体的に考えてみよう。

まず、高い山の上に居れば、広い視野と遠くへの眺望を得ることができる。したがって、周囲の状況を把握しやすいし、攻め寄せてくる敵もいち早く発見できる。これは大切なことだ。戦国乱世のさなかとは言っても、すべての城兵が四六時中、完全武装で持ち場に張り付いているわけにはゆかない。実際に戦闘態勢にあるのは、櫓《やぐら》や木戸《きど》などにいる当直の兵だけである。警報を発して他の大多数の兵たちが戦闘配置につくまでには、どうしたって一定の時間が必要だから、敵の接近をできるだけ早期に察知する必要がある。

また、城を攻囲するといっても、ぐるりと輪になって囲み、四方八方から一斉に押し寄せるわけではない。実際には、地形上取りつきやすそうな所や、攻防の要《かなめ》となりそうな所、あるいは守りの手薄そうな所に狙いを定め、集中的に攻撃をかけて突破をはかることになる。山の上から眺めていれば、敵がどのように部隊を展開させて、どこに攻撃を集中しようとしているか、といった状況が手にとるようにわかる。城側では、それに応じて、守備兵を的確にシフトさせればよい。逆に、攻める側からすれば、山の上にどのくらいの兵がいて、どのような配置をとっているのか、麓《ふもと》から見上げてもわからない。

実際に戦端がひらかれる段階でも、守備側は敵が来るのを待ちかまえていればよいが、攻撃側は山を登らなくてはならないから、それだけで消耗してしまうし、突撃をかける場合でも衝力は大きく削《そ》がれてしまう。鑓《やり》や薙刀《なぎなた》で戦うにしても、上から敵を見下ろしながら打ちおろした方が、物理的にも心理的にも有利だ。

また、高い所から投げ下ろせば、石コロだって立派に殺傷力を発揮する。事実、中世や戦国期の城攻めでは、投石による死傷者がかなり生じたものだ。弓矢や鉄炮《てっぽう》を使う場合でも、攻め上る側は相手の最前列の兵しか狙えないが、高い城内からなら相手の部隊全体を射界におさめられる。塀や楯《たて》のような遮蔽物《しゃへい》があれば、こうした優位はいっそう強まる。

相殺される兵力差

ところで、城攻めといっても四方八方から一斉に攻めかかるわけではない、と書いたが、山地での戦いはそもそも地形によって大きな制約を受けるものだ。もし、朝か夕方の時間帯に飛行機に乗る機会があったら、上空から日本の山並みを眺めてみてほしい。浅い角度でさす光によって、山々は尾根と谷とが織りなす無数の襞《ひだ》のように浮かび上がるだろう。山というものは、遠目にはピラミッドや伏せたお椀《わん》のように見えても、実際には尾根と谷からなっているものだ。

先述した御坂城を縄張り図で見ると、城域が奇妙に細長い形をしている。これは尾根の上に城が築かれているからで、尾根の両側は急斜面になっている。御坂城にかぎらず、たいがいの山城は細長い城域をしているか、ないしはタコが足を広げたような放射状の形をしている。山頂を中心として尾根上に曲輪《くるわ》を展開してゆくからだ。

このように、尾根と谷からなる地形を利用して山城を築くと、攻撃側がアプローチできる場所はひどく限られたものになる。傾斜の急な山腹では動きが取りにくいから、谷筋から攻め込むか、尾根づたいに攻め登るか、といった選択を迫られる。前者の場合、狭い谷筋では思うように部隊を展開できないし、尾根上に陣取った城兵から挟撃されれば痛い目にあう。後者、つまり尾根づたいに攻め登れば挟撃は避けられるけれども、尾根の上は狭いから思うように兵力を展開できない点では同じであるし、城側の反撃を受けたりして両側の急斜面に転落する怖れだってある。

城の攻防戦においては、守備側が兵力的に劣勢なのが普通だ。兵力が互角か優位なら野戦で敵を撃退すればよいことで、わざわざ城に籠《こ》もる必要がない。相手側より兵力が圧倒的に少ないとか、なけなしの兵力をできるだけ損ないたくないとか、そうした状況のもとで何とか持ちこたえたいから城に拠《よ》って戦うのである。

裏を返せば、攻撃側は兵力の優位《い》を活かして一気に相手をやっつけたいことになる。ところが、山城に攻め登ろうとしても部隊を思うように展開できないとなれば、肝心の数的優位が活かせなくなる。相手の何倍もの兵力を擁していたとしても、狭い尾根の上で一度に向き合うことのできる人数は、双方同じくらいになってしまう。つまり、城側は防禦正面を限定することによって、相手の数的優位を減殺できるわけだ。

もちろん、城側だって戦いつづけていけば、最前線の兵は疲労・消耗してゆくわけだけれど、先ほどから書いているような高所に占位しているゆえの有利さが作用するから、絶対数における劣勢もかなり相殺される。

こうして戦いつづけるうちに、攻撃側が攻め疲れて手詰まり状態になり、何かの拍子で浮足立《うきあしだ》つと、勝手のわからない狭い山中では、すばやく隊形を整えたり、巧みに後退することもままならないから、立て直しがきかなくなってしまう。こうなると、兵力上の優位がかえって災いして、大混乱に陥った攻撃側が一気に潰走《かいそう》する、という事態も起こりうるのである。

難攻不落の原理

山の上に城を取ることの利点を、整理してみよう。

①眺望の確保（広い視野と遠望）
②敵接近の早期察知、および敵の兵力・布陣の把握
③自軍兵力や防禦態勢の隠蔽《いんぺい》
④攻撃側の消耗、および衝力減殺
⑤武器（とくに投射兵器）使用上の優位
⑥攻撃側の行動の制約、および防禦正面を限定することによる兵力差の相殺

ということになるだろう。

なるほど、敵の攻撃をふせぐ上で、山城には圧倒的な利がある。いつ敵が攻めてこないともわからない戦国乱世にあっては、城を造るならぜひ山城にしたほうがよさそうだし、

どうせならできるだけ堅固な城がよい。

では、どうしたら難攻不落の山城を築くことができるだろうか。山城の利点を構成する原理を考えてみよう。上記の六つの利点のうち、⑥は尾根と谷が織りなす複雑な地形が生み出す効果であるが、①から⑤までは高所に占位するゆえのメリットである。少なくとも①と②と④は、山が高ければ高いほど威力を増しそうだ。だとしたら、山が高ければ高いほど、城は難攻不落になるのだろうか。というわけで、次節では山城の高さについて、考えてみよう。

二　山城は高いか低いか

文弱の徒

もしあなたがここまで読んできて、城の調査は山に登らなければならないから、この本を書いている西股という人は、さぞかし精悍《せいかん》な山男のような人なのだろう、などと想像したら、残念ながらハズレである。実際の筆者は、ごく軟弱なメタボ気味のおっさんである。それどころか、筆者の知己の城郭研究者も、たいがいはごく普通のおっさんかお兄さんで、メタボ気味の人もけっこう見受けられる。中には、城に行かないときは本当に北アルプスなど登っている屈強な御仁もあるのだが、こういう人はかなり例外だ。

なぜ、そんな文弱の徒に城郭研究者がつとまるのかと言うと、実際の山城がそんなに高くはないからである。本章の冒頭であげた御坂城は標高が一五七一メートルもあって、本当に登山の心構えと装備で臨まないと遭難しかねないけれども、白状してしまうと、あれは筆者が今までに登った山城の中で抜群にキツかった。というより、実は御坂城は、全国的に見ても屈指の高所にある城なのだ。まあ、太宰だって天下茶屋から三ツ峠に登ったのだから、筆者が御坂城に登ってもさほど不思議とは言えないかもしれないが……。

さて、実際の山城はどのくらい高いのか高くないのかを、具体的な数字をあげて説明してみたいのだが、その前に少しだけ断っておきたいことがある。

山の高さを表す場合、まず頭に浮かぶのは標高という数字だろう。けれども、標高という数字は、城のことを考える場合には少々不都合がある。山頂の標高が同じくらいの山でも、麓の標高が違えば山そのものの高さが違ってくるからだ。たとえば、東京の青梅《おうめ》市にある御岳山城《みたけさん》は九三〇メートルの標高を有し、多摩《たま》地域ではずば抜けて高いけれども、もともとの地面が高い信州《しんしゅう》では、ちょっとした山城でも標高が軽く一〇〇〇メートルを超えてくる。これは不公平だ。

そこで、城郭研究者たちは「比高《ひこう》」という数字を使う。これは、麓から山頂までの標高差を指す。辞書にも登山関係の本にも出てこない語ではあるが、便利なので本書でも遠慮なく使わせてもらう。もっとも、麓のどこから起算するかによって数字は変わってくるので、あまり厳密なものではない。あくまで便宜的な目安と考えてほしい。普通は山が立ち上がるあたりから起算することになるが、五から一〇メートル単位の大雑把な数字だと思った方がよい。

もうひとつ、山城の定義について。立地から見た城の分類として、よく山城・平山城・平城という語が用いられるけれども、戦国時代の城の場合は丘城とか丘陵城郭といった語も使われる。では、比高が何メートル以上なら山城なのかというと、明確な基準はない。

筆者の個人的な感覚から言うと、比高が一〇〇メートルを超えると明らかに山城で、逆に五〇メートルくらいだと山城には見えない。つまりは丘城とか平山城ということになる。七〇～八〇メートルくらいがボーダーラインになりそうだが、実際には地形の特徴にもよるので、七〇～八〇メートル前後はグレーゾーンと言ったところだろうか。

秩父の二五城

実際の山城がどのくらいの比高を有しているのか、秩父地方を例にあげて検証してみよう。この地域は、首都圏に隣接している割には都市化がそれほど進んでいないので、城跡の残りが比較的良いし、筆者も何度か踏査に訪れているから、見知っている城も多い。それに、この地域では山城と平城の区別がはっきりしていて、山城に含めるべきか丘城と見るべきか迷う事例がほとんどないので、城の高さを検証するのに適している、と考えたわけだ。なお、ここでは旧秩父郡域の市町村に大里《おおさと》郡の寄居《よりい》町や美里《みさと》町の一部を加えて、地理的・歴史的に秩父盆地と一体性の強い範囲を、仮に秩父地方としている。

次頁の地図と表は、秩父地方で確実に山城と認めてよい二五の事例について、標高と比高を示したものである。このうち、筆者が実際に踏査したことがあるのは一六城だが、残りの九城も地形図で場所を特定できるし、研究書や報告書などで紹介されていて確実に城跡と認められるから、標高と比高を割り出す分には問題ない。

全二五城の平均は、標高で四〇七メートル、比高では一八九メートルとなる。ただし、比高が平均値を超えるのは半分以下の一〇城しかないので、いくつかの飛びぬけて高い城が、平均値を引っ張り上げている可能性がある。そう思ってみると、比高が三〇〇メートルを超えるのは四城だけで、中でも室山《むろやま》城の四七〇メートルと塩沢《しおざわ》城の四三〇メートルが際立っている。そこで、この二城を除いた二三城について比高の平均値を取ってみると、一六六メートルとなる。二三城のうち一六六メートルを超えるのは九城、室山城と塩沢城を加えて一一城だから、こちらの一六六メートルという数値の方が、実態に近いと言ってよいかもしれない。

と同時に注意してほしいのは、一六六メートル超の一一城を見ると、高松《たかまつ》城（石灰採掘で消滅してしまったが、調査資料等からデータを確認できる）の一七〇メートルから、室山城の四七〇メートルまで、三〇〇メートルもの幅があることだ。全体として見ると、比高一〇〇メートルを大きく超えない城が結構多く、平均値を超えた城は比高にかなりバラツ

秩父の山城の位置

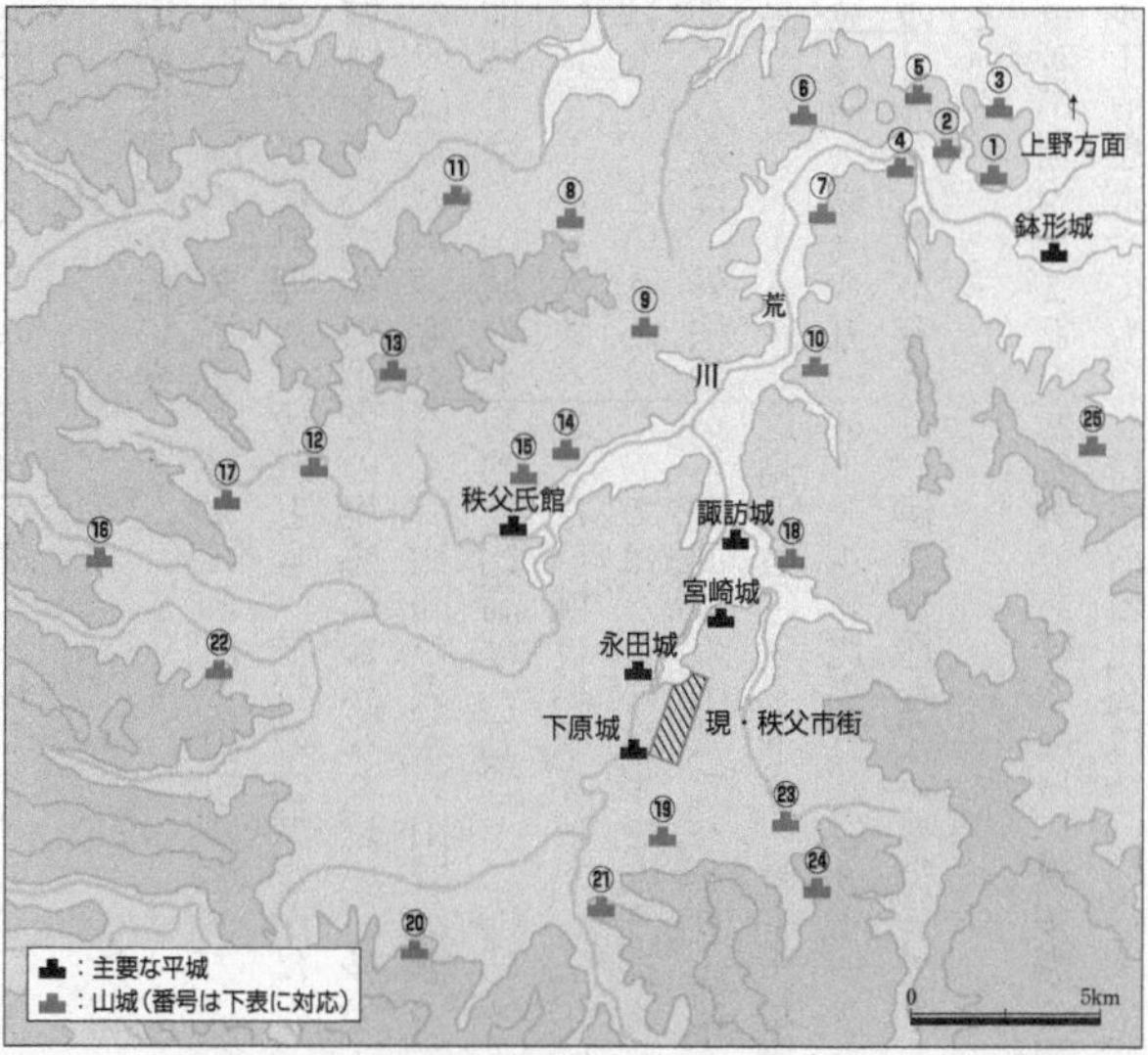

秩父地方における城の分布を地図上に落としてみると、山城のほとんどは盆地の周縁部にあたる低い山に築かれており、平城は秩父盆地の中心部に集中していることがわかる。

秩父の山城―標高と比高―

城名		所在	標高(m)	比高(m)
①	花園城	寄居町	202	80
②	花園御獄城	寄居町	247	180
③	猪俣城	美里町	305	115
④	金尾要害山城	寄居町	230	120
⑤	虎ヶ岡城	長瀞町	337	220
⑥	仲山城	長瀞町	282	120
⑦	天神山城	皆野町	226	85
⑧	浦山城	皆野町	520	190
⑨	高松城	皆野町	365	170
⑩	千馬山城	皆野町	321	140
⑪	両谷城	神泉町	585	320
⑫	女部田城	吉田町	476	290
⑬	比丘尼城	吉田町	487	240
⑭	久長龍ヶ谷城	吉田町	330	130
⑮	天徳寺山砦	吉田町	310	100
⑯	鷹谷砦	小鹿野町	505	140
⑰	日尾城	小鹿野町	567	230
⑱	長尾城	秩父市	270	80
⑲	長者屋敷山城	秩父市	420	150
⑳	熊倉城	荒川村	648	320
㉑	室山城	荒川村	706	470
㉒	塩沢城	両神村	750	430
㉓	横瀬根古屋城	横瀬村	374	100
㉔	古御岳城	横瀬村	435	210
㉕	安戸城	東秩父村	239	110

キが出てくる、という傾向が読みとれよう。

山城は高いか低いか

日本全国に、文字通りゴマンとある山城のすべてについて、このような統計処理を行うのはさすがに無理だ。けれども、秩父の山城を例にとって算出したこの数字は、全国各地の城跡を歩いてきた筆者の実感にもかなり近い。多分、大方の城郭研究者にも違和感がないのではないか。もちろん、比高の大きい山城が揃っている土地柄もあろうが、たいがいの地域では、山城の平均的な比高は一五〇～二〇〇メートルくらいの範囲におさまり、一〇〇メートルを大きく超えない城は結構多いが、三〇〇メートルを超える山城はそうザラにはない、というわけだ。では、この数字をどう捉《とら》えればよいのだろう。

こころみに、外秩父から奥武蔵《おくむさし》の山域でハイカーに人気の山を拾ってみると、大霧山《おおぎりやま》が標高七六〇メートル／比高五七〇メートル、堂平山《どうだいら》が標高八七六／比高六五〇メートル、伊豆《いず》ヶ岳《がたけ》が標高八五一メートル／比高五四〇メートルといった具合だ。いずれも首都圏からの日帰り山行が容易で、伊豆ヶ岳などいつ行っても、家族連れや遠足の子供たちで賑《にぎ》わっている。

筆者が登ったことのある例であげるなら、奥多摩の御前《ごぜん》山は標高一四〇五メートル、どのルートをとっても登り口からの比高は一〇〇〇メートルを超えるが、それでもアウトドア指向の家族連れなど結構見かける。外秩父や奥武蔵、奥多摩、丹沢《たんざわ》あたりの山域では、比高一〇〇メートルくらいまでなら東京圏からの日帰りが可能で、歩き慣れていれば子供連れでも楽しめる高さだということだ。これらの山々に比べると、山城は決して高くないことがわかる。

しかも、歩いてみればすぐに実感できることだが、秩父でも奥武蔵でも山並みを縫うように多くの峠道が存在していて、高度経済成長期以前には、農山村の人々が生活道路として日常的に使用していた。外秩父であれば、定峰《さだみね》峠（標高六二四メートル）、粥新田《かゆにた》峠（標高五三八メートル）、釜伏《かまふせ》峠（標高五三三メートル）といった峠がいくつもあって、秩父盆地と周囲の村々との連絡は、こうした峠越えなしには考えられなかった。

現代人のわれわれは、高い山々を越えてゆく峠道というと、何か難儀な道中を想像してしまうが、陸上における移動と輸送の手段が人の脚と馬匹《ばひつ》くらいしかなかった時代には、人々は山を越えることを苦にしていなかった。むしろ、鉄道やモータリゼーションが発達したことによって、山越えの道が難路になったのであって、それ以前の陸上交通体系では、狭い谷筋の道を通ったり大きな川を越えたりすることの方が、よほど難儀であった。前近代における人々の生活圏の範囲内で考えても、山城は決して高くないのだ。

意外に低い戦国の山城

敵の攻撃をふせぐためには高所に占位した方が有利だ、という原理に則《のっと》って築かれたのが山城である。けれども現実には、城を取る山というのは高ければ高いほどよいわけではないらしい。比高一〇〇メートルを大きく超えない例が多いということは、むしろ低い山を積極的に選んで城を築いている、とすら言えそうだ。どうやら、山城には手頃な高さというものがあるらしい。

では、なぜ手頃な高さが生じるのだろう。この問題を考えるには、高い山に城を築くことのデメリットをあげつらってみればよい。まず思いつくのは、あまりに高い山の上では生活や軍勢の駐屯に不便だ、という問題である。戦時だから多少の不便は忍ぶとしても、あまりに高い山の上では水を確保するのが大変そうだし、食糧だって手に入りにくい。そのうえ気象条件も厳しいとなっては、敵に攻められる前にこちらがまいってしまう。

実は、高所に陣取ることのリスクを端的に示しているのが、他ならぬ御坂城である。この城は、筆者が登り口とした天下茶屋からの比高は二七〇メートルほどだが、山が立ち上がる河口湖畔からの比高は約一三〇〇メートルにも達する。天正十年の八月十二日、攻勢に出るために御坂峠を下った北条軍は、数にものを言わせて徳川軍の前哨《ぜんしょう》を蹴散《けち》らしたまではよかったが、兵士たちが略奪をはじめて統制がとれなくなったところに、駆けつけた鳥居《とりい》元忠《もとただ》隊の急襲を受けて敗走してしまったのだ。この戦いを黒駒《くろこま》の合戦という。

何せ、標高一五七一メートル、比高一三〇〇メートルもの山上に何千もの軍勢が布陣したのだから、補給はさぞかし難儀だっただろう。しかも、北条軍が山上に陣取っていたのは旧暦の八月だ。ちょうど収穫シーズンを迎えた下界を、兵士たちは指をくわえて眺めていたわけで、腹を空《す》かせた彼らが略奪に走るのも無理からぬことだったろう。

もう一つ、防禦上の問題がある。高い山は山容自体も大きくなるから、攻撃側の足がかりになるようなスペースを途中にかかえ込みかねない。山の上に城を取る利点の一つは、地形によって相手の動きを制約できることだったはずだ。麓から一気に立ち上がるような山のほうが、こうしたリスクも小さい。

それゆえ、城の築かれる山は、高さの割に概して険しい。筆者の経験からいうと、比高五〇〇メートルのハイキングコースより、比高二〇〇メートルの山城の方が登っていてしんどい、と感じることも多い。山肌や尾根が急峻《きゅうしゅん》に立ち上がるような山が、意図的に選ばれているのだろう。

高さと要害性

ここまでの話を整理してみよう。城を取る上で重要なのは「要害性」、つまり味方にとっては「要」、敵にとっては「害」になる地形的要素だが、無闇に高い山を求めると、高さは味方に対しても害をなしかねない。つまり、「高さ」は山城の「要害性」を構成する大切な要素ではあるけれど、両者が単純に正比例するわけではない。城にとっての「要害性」と「高さ」とは、イコールではないのである。高い場所に占位することのメリットと、高さゆえのデメリット、この両者の折り合うところが、どうやら山城における「適度な高さ」となるらしい。

ただし、より高所を求めることによって得られる利点があるのも事実だ。たとえば、50頁にあげた六つのメリットのうち、①眺望の確保（広い視野と遠望）である。これは、かなりの程度高さと比例しそうだ。ここでもう一度、秩父の山城の高さを思い出してほしい。比高が三〇〇メートルを超える城はごく限られており、しかも一六六ないしは一八九メートルという平均を超えると、比高はバラける傾向にある。だとしたら、「適度な高さ」を超える城というのは、それぞれに何らかの事情があって、あえて高所を選んでいるのではなかろうか。

「何らかの事情」とは何だろう。まず考えられるのは、メリットとデメリットの折り合いを無理に付けている、言い換えるなら、デメリットを忍んであえて高所に頑張っている可能性だ。二五城のうちもっとも高い室山城は、残念ながら筆者は未踏だが、三〇メートル四方ほどの曲輪《くるわ》に二、三段の細長い平坦地（腰曲輪）が付属しただけの、小さな城だ。

比高二〇〇メートル以上の城では、両谷《りょうがい》城・女部田《おなぶた》城・比丘尼《びくに》城・古御岳《こみたけ》城あたりも室山城と同じように小さな城だ。一方、この中で明らかに他より規模が大きいのは、花園《はなぞの》城

（比高八〇メートル）、天神山城《てんじんやま》（同八五メートル）、横瀬根古屋城《よこぜねごや》（同一〇〇メートル）あたりで、いずれも山城としてはかなり低めである。

高さの必然性

どうやら秩父では、比高の高い城には小さなものが多く、大きめの城は低い山を選びたがる傾向があるらしい。立て籠《こ》もる人数が少ないなら食料や水の消費も少ないだろうから、多少の不便は何とか忍んでくれ、ということか。逆に考えれば、デメリットは承知だけれど、どうしても高い山の上に城を取りたい事情があるから、リスクを最小化するために小さな城で我慢して、立て籠もる人数も抑えてあるのかもしれない。

その場合の事情としては、広い視野や遠くへの眺望が欲しい、ということがまず考えられる。比高の大きい城としてあげた事例のうち、塩沢城・両谷城・女部田城・比丘尼城などは、秩父地方でもかなり奥まった場所にある。山深い場所では、周囲の山並みが視界を遮るから、思い切って高い場所に城を取らなければ眺望が得られないのだろう。

山の高さと城との関係が、だいぶ見えてきた。けれども、ここまでの話だけでは納得できないこともある。まず、素朴な疑問として、山城は守る側に利があるということは、攻める側は不利だ。だとしたら、敵領に侵攻した際、近くに邪魔な山城があったら、無理攻めせずにスルーしてしまえばよいではないか。山城なんぞに籠もっているからには、どのみち相手は寡兵だ。それなら無視して、そのまま敵領内深くに攻め入るなり、周辺を荒らし回るなりすればよい。だったら、山の上に城を取る意味がないではないか。

それに、最前から話題にのぼっている御坂城だ。数千の（場合によったら一万近くの）軍勢を駐屯させることが前提となっている城を、北条軍はなにゆえ標高一五七一メートル、比高一三〇〇メートルもの高所に築いたのであろうか。補給に窮することくらい、最初からわからなかったのだろうか。

三　城を取る山

北条氏勝の苦衷

天正壬午の乱（本能寺の変後に起きた武田遺領争奪戦）において、北条軍が御坂城を築いた経緯を、もう少し詳しく見てみよう。まず、織田帝国が求心力を失ったことを知った北条氏直は、大軍を率いて北上すると、信長の重臣で上野《こうずけ》に進出していた滝川一益《たきがわかずます》を神流川《かんながわ》の戦いで撃破した。そして、碓氷峠《うすい》を越えて信濃に入り、佐久《さく》で左旋回して地元の小領主たちを糾合しながら、甲斐へ向けて南下していった。さらに、北条氏勝《うじかつ》・氏忠《うじただ》らの率いる別働隊が東から甲斐に侵攻した。この結果、駿河から北上して甲府盆地（国中）に入った徳川家康は、北条軍が構えるヤットコの中へ頭を突っこむ形となった。

さて、天下茶屋の前を通っている一三七号線は、御坂道とも旧鎌倉《かまくら》往還とも呼び慣《なら》わされている。この道は、もとをたどれば箱根《はこね》街道から分岐して乙女峠《おとめ》――御殿場《ごてんば》――須走《すばしり》――山中湖《やまなか》南岸と通り、富士吉田《よしだ》から河口湖の東岸を北上し、天下茶屋の所からトンネルで山をくぐって、黒駒から甲府盆地へと下ってゆく。天正十年頃には、北条氏勝は相模玉縄《たまなわ》城主で、氏忠も相模国内にあったから、旧鎌倉往還の経路をたどってみると、この道が彼らの進撃路そのものであったことがわかる（45頁地図参照）。

もちろん、近代以前にはトンネルなどなかったから、鎌倉往還が甲府盆地（国中）に入るには、つづら折の山道を通って稜線を峠で越えるしかない。つまり、氏勝らは鎌倉往還を通って南東から甲斐に侵攻し、郡内一帯を制圧したうえで、甲府盆地をうかがうべく御坂峠に進出したわけだ。

結果として、氏勝らの別働隊が黒駒の合戦で苦杯を舐《な》めたことは、先に記したとおりである。敗走した氏勝らは峠まで後退し、しばらく山上に逼塞《ひっそく》することとなった。築城工事自体は、彼らが御坂峠に進出した当初から行っていたはずだが、現在見るような大がかりな城は黒駒から敗走したのちに整備された可能性が高い。敗兵を取りまとめて、徳川軍の反撃に備えなければならなくなったからだ。黒駒合戦から二ヶ月ほどあとに、本国で全軍の作戦を指導していた大御所・氏政《うじまさ》（氏直の父）が出した書状の中に、御坂城の普請《ふしん》を示す文言が見える。

氏勝隊の将兵らは、またしてもひもじい思いをしただろうが、標高一五七一メートル、比高一三〇〇メートルもの高所に城を取るのには、ちゃんと理由があったのだ。御坂城は天正壬午の乱という戦いの中で、北条軍の作戦上の必要性から築かれたのである。と同時に、この場所に築城する必然性は、道と密接に関係していたことがわかる。

道と城と軍隊と

道と城は、どのような関係にあるのだろう。戦国時代の城は戦いに備えた施設だから武装した集団、要するに軍隊が使うものだ。軍隊が戦争を行うためには道が必要となる。少人数のゲリラやコマンド（素破《すっぱ》・乱破《らっぱ》）のたぐいなら、奥深い山中や無人の荒野でも行動できるだろうが、数百・数千規模の部隊ともなると、そうはゆかない。行軍のためには安定した道が必要だし、近くに物資の集散地や集落がなければ、補給や宿営を行うにも支障が出てくる。

したがって、敵領に侵攻する軍隊は集落を縫うように街道をとおり、時々停止してあたりを警戒しながら野営したり、接敵に備えて宿営地（陣）を固めたりすることになる。北条氏勝らの別働隊も、相模から鎌倉往還（御坂道）を通って甲斐に入り、御坂峠に進出した。軍隊とは、道に沿って動くものなのだ。

軍隊と道と城との関係は、敵の侵攻に備える側にも同じように当てはまる。いくら軍事強国でも、領国の境全体にまんべんなく守備兵をはりつけておくことなどできっこないから、敵が攻め込んで来そうな場所を選んで防戦拠点をおくことになる。敵が攻め込んで来そうな場所とは、道に沿って集落がある場所だ。

こうして、敵地に侵攻した側も、敵の侵攻に備える側も、街道を見下ろすような人里近い山に城を取ることになる。つまり、山城における「適度な高さ」が形成される。一方で、「適度な高さ」を超える城というのは、それぞれに何らかの事情があるらしい、と筆者は考察した。御坂城が例外的な高所に存在するのも道、つまり軍隊の進撃路が高い場所を走っているという、やむにやまれぬ具体的な事情があったからだ。

山城はスルーできるか

ここで、前節の最後に出てきたもう一つの素朴な疑問、山城はスルーできないのかという問題を考えてみよう。まず、御坂城は峠そのものを城郭化しているわけだから、スルーしようがない。もし徳川軍が、居座る北条軍を駆逐して郡内を制圧しようと思ったら、鎌倉往還を登っていって御坂城を攻略しなければならない。

これは、想像するだに大変だ。大変だから、徳川軍も攻略しなかった。徳川軍は、黒駒の合戦に勝利をおさめながら、攻勢に出ることができず、戦況は膠着《こうちゃく》し、数ヶ月の後に家康は氏直と和睦《わぼく》せざるをえなくなった。北条軍は黒駒で敗れたものの、御坂峠という交通の要衝に堅固な城を築くことによって徳川軍の作戦を制約し、戦況のさらなる悪化を食い止めることができたのである。

御坂城のように、峠そのものを城郭化して交通路を遮断している場合は、攻め込もうとする側もスルーできないとして、では、街道や集落を見下ろすような山城の場合はどうか。いくら見下ろすとはいっても、城内から道までは何百メートルか離れているだろうから、鉄炮や弓を射かけても大したことはない。それなら、兵力にモノをいわせて押し通ることもできそうなものだ。ただし、それは侵攻軍を見送った城兵たちが、いつまでも大人しくしているのなら、の話だ。

城から下りた兵たちが、侵攻軍の背後や側面に出没して、伝令（使番《つかいばん》）や補給部隊（小荷駄《こにだ》）を襲ったらどうだろう。さらには宿営地に夜襲などかけてくるかもしれない。彼らは寡兵かもしれないが、土地鑑はあるのだ。こうしたゲリラ的な襲撃に警戒をはらっていると、侵攻軍の行動自体がひどく不自由なものになってしまう。しかも、侵攻軍には不安定な宿営地しかないが、彼らには逃げ帰る城がある。

側面陣地としての山城

要するに、侵攻軍にとっては城そのものより、そこに温存される兵力が問題となってくるのだ。したがって侵攻軍は、侵攻経路の近くに敵の城があれば、出血覚悟で攻略するか、相応の兵力を割いて城兵を封じ込めてしまわなければ、後方連絡線を確保して自由に行動をつづけることができなくなる。

城兵を封じ込めるために一部の部隊を残置するというのは、戦国時代にもしばしば実際にとられた戦法だ。けれども、一か所、二か所ならともかく、五か所、六か所となったら、封鎖部隊に兵力を取られて主力の野戦軍がやせ細ってしまう。これでは、やはり行動が大きく制約されることになるし、どこか一か所でも押さえがきかなくなったら、全軍が一気に混乱しかねない。どちらにせよ侵攻軍にとっては迷惑な話だが、裏を返せば相手に時間や兵力を消耗させたり、兵力分割を余儀なくさせるなどの不本意な兵力運用を強いるところに、城の存在価値があるともいえる。

このように、相手に不本意な兵力運用を強要する、という目的で山城を築くのであれば、あまり山深い高所ではない方がよいことになる。道や集落を見下ろすような「適度な高さ」の方が、放っておくと何かされそうで、侵攻軍にとっては厄介だからだ。

敵の侵攻に備えて防御施設を築くと言うと、われわれは御坂城のように道を直接切り塞《ふさ》ぐ――つまり道に直交するような防御陣地をイメージしがちだ。けれども実際には、敵の侵攻経路に並行するように構える陣地も有効なのである。このような陣地を、軍事学では側面陣地と呼ぶ。

側面陣地は、相手側に不本意な（または予定外の）陣地攻略を強要することによって、相手側から作戦の自由を奪うことができる。側面陣地を山の上に築いておけば、防御側は山上に占位することの利を活かして、相手側（侵攻軍）によりいっそう不本意な戦いを強いることができる。道や集落を見下ろす「適度な高さ」の山城は、側面陣地として非常に有効なのである。

目立たない山城

城を訪れようとする際、車窓から山並みを眺めていて「あっ、あれが○○城だ」と、ピンと来ることがある。山の上に城を取る利点の一つは広い視野と遠望を得られることだが、上からの眺めが良い山は結果として下界からもよく目立つことが多い。道や集落を見下ろす「適度な高さ」の山城は、道や集落からもよく目立つわけだ。

けれども、中にはどうにも目立たない山城というものもある。たとえば、55頁の地図と表にあげた秩父地方の山城の中では、長瀞《ながとろ》町の虎ヶ岡《とらがおか》城が典型例だ。この城は、北条氏一族の重鎮だった北条氏邦《うじくに》（氏政の弟）が築いた支城の一つとされている。氏邦は、秩父地方の入口にある鉢形《はちがた》城（現・寄居町）を本拠として、戦国末期には北武蔵から上野にかけて大きな勢力をもっていた。

その鉢形城から四キロほど北西に位置する虎ヶ岡城は、荒川《あらかわ》北岸に屏風《びょうぶ》のように聳《そび》える山並みの一角を占めてはいるものの、とりわけ高いわけでも峻険な山容でもない。麓から見上げても城のある場所を特定しにくいし、予備知識を何も持たずに地形図を見たら、ほとんどの人はこの場所に山城があるとは思わないだろう。だからといって、北条氏邦が秘密の支城として、わざわざ目立たない山を選んだわけではない。この城の存在理由は、実際に現地に立ってみるとよくわかる。

虎ヶ岡城を訪れるためには、秩父鉄道を波久礼《はぐれ》の駅で降りて、陣見山《じんみやま》ハイキングコースをゆく。歩きやすい尾根道を一時間ほど進み、最後の急坂を登り詰めると城跡だ。虎ヶ岡城は標高三三七メートル、比高約二二〇メートルだから、秩父地方の山城としては平均より少し高い程度だ。とはいえ、城地は秩父盆地をとりまく山並みの北の端にあたっているから、城跡からは氏邦の作戦担当地域だった上野方面に向かって、広大な展望が得られる。上野方面から侵攻してくる敵があれば、いち早くキャッチできたにちがいない。

しかも城地は、荒川北岸の稜線が南へと向きを変える地点に、東から登ってきた尾根道が合流する場所、つまり尾根道の結節点に当たっている（次頁地図参照）。人と馬とが陸上交通を担っていた時代には、尾根道は安定した交通路であったから、尾根道が分岐・合流する地点は、道が山を越える峠と並んで交通路上の要所である。ということは軍事的にも当然、急所になりえた。虎ヶ岡城はそうした尾根道の結節点に位置しており、氏邦の立場で考えるなら、秩父地方と鉢形城との連絡路として確保しておきたい場所であった。

逆に、鉢形城方面への侵攻を企てる者の側から考えるなら、制圧すべきポイントだったことになる。ちなみに、虎ヶ岡城から稜線上のハイキングコースを西に二キロほど進むと、

虎ヶ岡城と鉢形城の位置関係

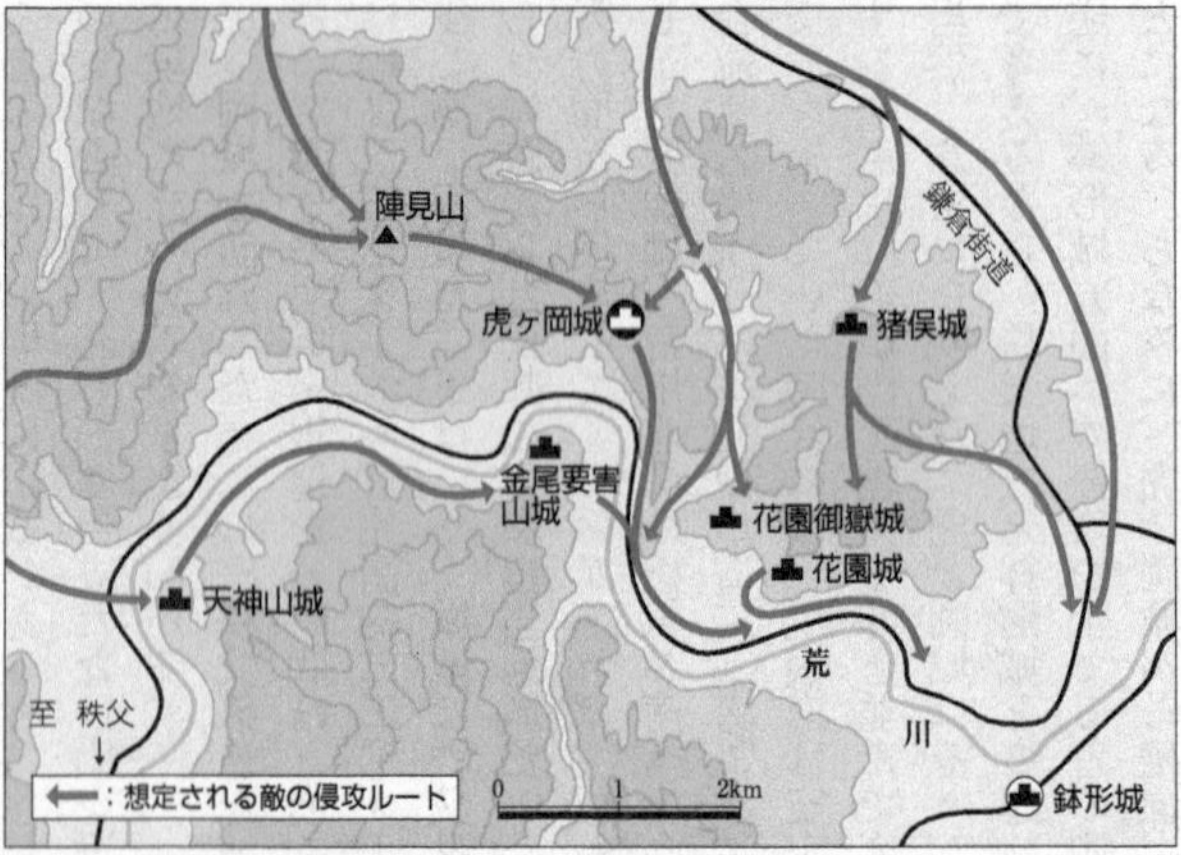

秩父盆地の入口には山城が集中しているが、それらはいずれも北方や西方から鉢形城へと向かう道を意識した場所に築かれていることがわかる。

陣見山という気になる名前の山に着く。この地名は、天正十八年（一五九〇）の小田原《おだわら》の役に際して、前田《まえだ》・上杉軍が布陣したとの伝承に由来するものだ。

城を取る事情

北条氏邦が本拠とした鉢形城は、岩盤を深く削って流れる荒川とその支流との合流点にあって、平城ながらもなかなか要害堅固である。しかも、関東山地の東麓を通る鎌倉街道、関東平野と秩父盆地とを結ぶ道、内陸水上交通の盛んだった荒川という、三つの交通路の交点にあたる戦略的要衝でもある。

その意味では、氏邦が本拠とするにふさわしい地であったが、いかんせん平城なので遠望がきかない。

鉢形城に足りない眺望を補うことができ、なおかつ尾根道の結節点として確保すべき急所。氏邦は、こうした要件を満たす山を城地として選択し、それが結果として遠目には見つけにくい山となったのである。

虎ヶ岡城のように見つけにくい、目立たない山城は、探してみると案外多い。御坂峠に築かれている御坂城だって、峠というのは道が稜線を越える場所だから、遠くから見れば山並みのたわんだ所であり、決して目立つわけではない。

ただ、虎ヶ岡城や御坂城には、それぞれに目立たない山をあえて取る事情なり必然性があった。ということは、「見つけにくい、目立たない山城」が少なからずあるのならば、そうした城には、それぞれに目立たない山をあえて取る事情があったということだ。では、普通に目立つ山に城を取る場合はどうだったのだろう。こう考えてくると、そもそも人が山城を築く背景には、どんな事情があったのかが気になってくる。

そこで次章では、築いた人の立場から城を考えてみようと思う。

第三章　城主たちの亡霊——城の歴史がすり替わる

一　いつ、誰が築いたか

城跡の説明板は信用できない？

城跡へ行くと、よく説明板が立っていて、城の来歴と構造上の特徴が書いてあり、略図などが添えてある。地元の研究団体や城址《じょうし》保存会が立てたものもあるが、たいがいは教育委員会の手になるものだ。史跡や城跡を歩くことを趣味にしている人たちは皆、これを熱心に読んでデジカメで撮影し、ホームページやSNSなどに掲載する。多くの人にとって説明板は、その城を理解するための大切な手がかりとなっている。

けれども筆者は、この手の説明板はほとんど見ない。チラ見して、地元の人でなければ知らないような興味深い伝承（とくに地名伝承など）など書いてあればメモをとる程度だ。構造上の特徴は自分の目で実物を観察した方が早いし、図面がほしければ自分で縄張り図を描くからだ。普通の人は、そんなことはしないから説明板を読むわけだが、残念ながら城跡の説明板で、筆者が読んで納得できる内容のものはほとんどない。

筆者自身、研究の場に身を置いている以上、教育委員会や文化財行政関係にも知り合いは大勢いるので、こんなことを書くと友達が減りそうで、かなり勇気がいる。けれども、図面や遺構の説明は、城の特徴を充分に捉《とら》えていないことが多い。肝心なポイントを見逃していたり、城郭用語を誤用している例も目立つ。

これは、ある意味で仕方のないことではある。全国津々浦々の教育委員会に城郭研究の専門家が一人ずついる、などということはありえないからだ。専門外の者が勉強しいしい書いた説明文を、城郭研究者が読んで納得できる内容にならないのは、当たり前と言えば当たり前で、そこを非難するのは少し意地が悪いのかもしれない。

けれども、それ以上に問題なのは、城の来歴に関する記述である。無論、中には正しいことをきちんと書いている説明板もあるが、筆者の印象としては八割から九割方は、残念ながら読んでも益がない。

いつ、誰が

たいがいの説明板には、「この城は何年頃に何野誰兵衛が築き、何野氏が代々居城した」といったような来歴が書いてある。だが、ここではっきりさせておかなければならない。中世〜戦国時代の城は、いつ誰が築いたのかはわからないのが普通である。

正確な数字ではないけれど、筆者のざっくりした実感からすると、築城年代と築城者が明確に特定できる事例は、せいぜい一割か、よくて二割程度である。地域によって多少の違いはあるので、大半の城の築城年代と築城者を特定できる地域もあるかもしれないが、全体として見るなら特定できない方が圧倒的に多い。

以前、筆者が民間の遺跡調査会社に勤めていたときに、東京都の中世城郭の分布調査をお手伝いして『東京都の中世城館』という報告書づくりに携わったことがある。この調査の時は、後考に備えるための基礎資料として、伝承地もできるだけ記録しておく方針をとったので、少々あやしい伝承地や、城跡と評価するのはためらわれるような場所もできるだけ拾ったから、二百余りの城跡や伝承地が採録されている。

そこで、仮に「話半分」としても、東京都下には一〇〇か所ほどの城跡があるわけだが、では築城年代と築城者を特定できる城はその中でいくつあるのかというと、江戸《えど》城と八王《はちおう》子《じ》城の二か所だけである。しかも、この二か所も、築城年代を明記した一級史料があるわけではない。いくつかの史料から、だいたい押さえられるという程度のもので、正確な年代や築城の経緯については、諸説がある。

その他に、だいたい何年頃には城が存在していたらしいとか、ピンポイントで何年何月には使われていたことがわかる、という事例がいくつかある。深大寺《じんだいじ》城（調布市）、滝山《たきやま》城（八王子市）、辛垣《からかい》城（青梅市）、御岳山《みたけさん》城（同）、檜原《ひのはら》城（檜原村）などだが、そうした事例を含めても両手の指で足りてしまうくらいの数なのだ。

東京都の属する武蔵国は、戦国時代の史料は比較的たくさん残っている方だ。かつて徳川幕府のお膝元《ひざもと》で、近代日本の首都になったという事情も手伝って、調査研究もよくなされており、史料集の刊行も進んでいる。つまり、史料を扱う上では恵まれた条件にあると言ってよい地域なわけだが、それでも築城年代が特定できそうな城は、やはり一割くらいしかないのである。

人気企画の舞台裏

今後、こうした状況が多少なりとも改善される可能性はある。新しい文書の発見や、信頼性の高い史料集の刊行はこの先も続くであろうし、史料を扱いやすい環境が整えば研究も進む。第一章でも述べたように、われわれが城として認識している構築物は、戦国時代には「地利」だの「山」だのと呼ばれていた可能性が高いから、そのつもりで史料集を読み込んでゆくことで、文書に出てくる「××山」は「××城」を指しているらしい、ということが判明してくる可能性も大いに期待してよい。

とはいえ、一割だったものが二割か三割に増えることはあっても、八割九割にはやはりならない。それに、一通の文書から判明するのは、何年頃には城が存在していたとか、何年何月には使われていた、といったピンポイントの事実であるから、大半の城の来歴を史料から解明するのは、どうしたって無理だ。要するに、信頼のおける史料に依拠するかぎり、全国にゴマンとある城のほとんどは「いつ、誰が築いたのか」、あるいは「いつ、どうして廃城になったのか」が、はっきりしないということだ。

学研プラスという出版社が出している『歴史群像』という雑誌の中に「戦国の城」というコーナーがある。縄張り図と復元イラストを中心に、戦国時代のさまざまな城を分析してゆく企画で、数人の城郭研究者が「在番衆」として執筆に当たっているので、年に何回かは筆者にも番が回ってくる。

毎号、個性的な城が紹介されるのを楽しみにしている読者も多いようだが、記事を書く方は大変だ。なぜなら、いつ誰が築いたのかまったくわからない城では、ネタにならないからだ。復元できる程度に遺構が残っていて、自分で縄張り図を用意できる城の中から、いつ誰が築いたのか特定できる（少なくともネタになる程度に推定できる）城を探すのは、かなり骨が折れる。

本書でも、できるだけ築城年代や築城者の判明している城を選んで取り上げるようにしている。そうしないと、何かにつけて物事が説明しにくいからだ。だから、読み進めていると、たいがいの城は年代も築城者もわかっているような錯覚にとらわれるかも知れないけれど、筆者はここでもかなり苦労をして事例を選び出している。「戦国の城」コーナーや本書のネタになった事例の外側に、いつ誰のものとも知れない膨大な数の城が存在していることを、どうか忘れないでほしい。

史実か伝承か

　では、城跡に立っている説明板や、各地方の出版物、自治体史などに書いてある城の来歴は、いったい何を根拠にしているのだろう。先ほど筆者は、説明板などに書いてある城の来歴はアテになりませんよと言ったわけだが、ここで文化財行政側の立場を少し弁護するなら、そうした記述はよく読んでみると「誰それが何年に築城した、と言われている」とか「伝承されている」と書いてあることが多い。つまり、信頼性の高い明確な記録はないのだけれど、地元ではそう言い伝えている、という意味なのだ。

　こうした伝承には二通りある。ひとつは、文字通り地元の古い家などに伝わっている話。もうひとつは、近世から戦前くらいに編まれた地誌類に載っている話だ。地誌というのは、それぞれの地方の風土や産業、名所旧蹟《きゅうせき》などを調べて書き上げた本のことで、江戸時代の半ば以降、さかんに編纂《へんさん》されるようになった。関東近辺なら『新編武蔵風土記稿』や『武蔵名勝図会』、『甲斐国志』あたりが代表格だが、たいがいの地方には同種の書物がある。活字として翻刻されているものや、自治体史に収録されているものも多いから、地域の歴史を研究するための基礎史料として利用されている。

　ただ、地元に伝わっている話にせよ、地誌類に載っている話にせよ、それらはやはり伝承であって、そのまま無批判に史実として受け止めてよいものばかりではない。伝承のたぐいは、伝言ゲーム式に変化したり、どこかで尾ひれが付いている可能性がある。地誌類の記載にしても、よく読むと「誰々が何年頃に居城したと里の者は伝えているけれども、本当かどうかは一考を要する」とか、「地元には何も伝わっていないが、このあたりは○○氏の領国だったので、多分その家臣の××氏あたりが築いた城だろう」などと、疑問や推測を交えて書いてあることが、案外に多い。

ところが、現代人がこれを、昔の書物に書いてある話だから史実だろうと考えて、地誌にはこう記載されている、と何かに書いてしまう。城跡の説明板や自治体史に書かれている城の来歴は、こうした「伝承」が元ネタになっている場合が圧倒的に多いのだ。

ほとんどの人は城を見ると、いつ誰が築いたのかを知りたがる。言い方を換えれば、「いつ、誰が築いたのか」という命題を、その城に関する基礎データの筆頭項目として、認識しているわけである。だから、全国の有名な城跡を紹介している本や、地域で出版されている郷土の城を扱った本を繙《ひもと》いてみると、各城の頁の冒頭には、基礎的な項目を簡単にまとめた欄があって、城の別名や所在地などとともに、ほとんど例外なく築城年代と築城者、ないしは城主名の項目がある。

本当は、いつ誰が築き、誰が居城したのかわからない方が当たり前であるにもかかわらず、城を見る側はわかっていて当たり前だと思いこんでいる。この、現実と思いこみとのギャップのなかで、本来はあやふやだったはずの伝承が一人歩きをしてしまうのだ。

実は、この問題の根底には、城という構造物に関する、さらに根深い認識のギャップが横たわっている。

二　城主不在の城

城主気分に水を差す

城の中で、堀や土塁によって防御《ぼうぎょ》された区画のことを「曲輪」と言い、「郭」の字をあてることもある。城内でもっとも重要な、中心となる曲輪のことを「主郭《しゅかく》」と呼ぶ。近世の城なら「本丸」に相当する場所のことだ。「曲輪」と「郭」の表記は少し紛らわしいが、「くるわ」と訓《よ》ませる場合は「曲輪」、「主郭」のように音で「カク」と読ませたい場合は「郭」の字を用いた方がわかりやすいだろう。

さて、山城に登り、主郭に立つ。説明板の設置されているような城なら、主郭のおもだったところくらいは適度に苅《か》り払われているから、眺めがよい。麓《ふもと》の集落を手にとるように見下ろすことができ、その向こうには田畑や林が広がり、遠くの村や山並みも視野におさまる。なるほど、五〇〇年前にこの城を築いた武将も、同じ景色を眺めていたのだろうかと、しばし感慨にふける。

こうして、息を切らせて登ってきたご褒美《ほうび》に、しばし城主気分にひたれるのが山城歩きの楽しさだ、と考えているお城ファン・戦国史ファンは少なくないと思う。ところが、この城主気分がクセモノなのである。

前節では、戦国時代の城はいつ誰が築いたかはっきりわからない場合が多い、という話を書いたが、わからないのは史料がないからであって、誰かが築いて城に居たのは間違いない。その「誰か」を、たいがいの人は城主だと思っている。つまり、城には城主がいるものだと思っている。でも、城主というのは、本当に城に不可欠な存在だったのだろうか。

結論から言うと、戦国時代には城主のいない城がいくらでもあった。といっても、たまたま城主がどこかへ出かけているとか、家督の交替がうまくゆかずに間が空いているとか、当主が幼弱で実権を握っていないなどの事情ではない。では、城主がいないとは、どういうことなのであろうか。

大坂城主は誰か

大坂城というと、太閤秀吉《たいこうひでよし》が築いた天下の名城というイメージが強いけれども、本書の読者の中には、現在見る大坂城が実は徳川氏によって築かれたものだ、ということをご存知の方も少なくないだろう。秀吉の築いた城は大坂夏の陣によって焼失し、徳川幕府はその上に大量の盛土をしてもとの城を完全に埋めてしまい、新しい城を築き直した。上方《かみがた》における幕府の戦略拠点を、大坂に取っておく必要があると考えたわけだ。

では、この徳川大坂城の城主は誰だろう。幕府直轄の城であるから、名目上は徳川将軍が城主ということになる。けれども実際には、江戸時代をとおして将軍が大坂城に入ったことなどほとんどない。京都の二条城《にじょう》も同様である。二条城は、将軍が上洛する際の宿所として築かれたものの、三代家光《いえみつ》を最後に将軍の上洛は行われなくなった。こののち、大坂城や二条城に将軍が入ったのは幕末のわずかな期間のみで、江戸時代のほとんどの期間をとおして、両城とも城代《じょうだい》によって管理されていたのである。

　似たような例として、伊賀《いが》上野《うえの》城がある。徳川家康からの信任が厚かった藤堂高虎《とうどうたかとら》は、関ヶ《せきが》原《はら》合戦ののち伊賀・伊勢《いせ》などに二二万石を与えられ、大坂に対する前衛として上野城に入る一方で、伊勢には津《つ》城を築いた。上野城を戦時の作戦基地、津城を平時の居城兼後方支援基地という具合に使い分けるつもりだったらしい。

　大坂夏の陣によって国内の戦争がすべて終結すると、徳川幕府はいわゆる元和《げんな》一国一城令を出して、諸大名に各自の居城のみ保有を認め、支城の類はすべて破却させた。藤堂藩は伊勢の津城を居城としていたが、例外的に伊賀上野城の保有を公認されることになった。戦乱の余燼《よじん》さめやらぬ上方への備えとして、あるいは統治に難のある伊賀の拠点として必要だと判断されたようだ。この上野城も、江戸時代を通じて城代による管理が続いた城であり、いまでも本丸には城代屋敷と呼ばれる一画が残っている。

　ここで押さえておきたいのは、封建制下における社会のもっとも根本的な構成単位は「家」であることだ。江戸時代の話をするとき、われわれは「幕府」「藩」などの言葉を使うが、こうした語は江戸時代には一般的ではなかった。「幕府」と呼ばれるものの実態は、とどのつまりは徳川家であり、「藩」は藤堂家とか井伊《いい》家といった大名家である。だから、大名が親藩・譜代・外様などに分類されると考えるよりは、もともと徳川家の家臣で大名になった者が譜代で、徳川家が天下を取った後に服従した大名家が外様、といったふうに考えた方が実態に近い。

この感覚で考えると、大坂城や二条城は、あくまで徳川家の持物、持城ということになる。だから、大坂城代には老中・若年寄を輩出するクラスの譜代大名があてられている。徳川家の持城を、徳川家の家臣が預かって管理しているわけだ。伊賀上野城の場合も、城の持ち主はあくまで藤堂家であり、それを預かって管理している立場の家臣が城代である。ちなみに、大坂城や二条城の場合だと、大坂町奉行や京都所司代といった行政職は城代とは別に存在している。城代の任務は、あくまで主家から預かっている城を管理することであり、周辺地域に対する支配権や政治的任務は持っていないのである。

北条領国における城主

江戸時代の徳川将軍家も諸大名も、もとはと言えば戦国大名であるから、彼らの支配組織や支配体制の基本原理は戦国時代に形作られたものだ。したがって、城と城主・城代との関係も、戦国時代に遡《さかのぼ》って考えることができる。戦国大名の領国にあっては、大名軍が戦略や作戦上の都合で取り立てた城は、基本的には大名家の所有する軍事施設である。ただ、大名家当主の体は一つしかないから、実際には家臣の中から適当な人物を選んで、城を管理させたり守備に当たらせたりすることになる。この任に当たる武将は城主ではなく、あくまで城代ないしは城将《じょうしょう》ということになる。

こうした武将と城との関係でわかりやすいのは、史料の残りがよく研究も進んでいる北条氏の事例だ。北条氏の版図は、本国域である伊豆《いず》・相模および武蔵の大半と、その外側を取り巻く外様国衆《くにしゅう》領との二重構造になっていた。外様国衆というのは、衛星国のような立場の領主たちで、北条氏の軍門に下ってはいるが本来は独立した勢力だから、めいめいが自分の城を構えている。かたや、本国域は要するに「北条家領」であるから、この中にいる領主・武将たちは、北条氏の当主から知行を与えられて主従関係を結んだ家臣たちということになる。

この本国域の中で城主の立場にあるのは、基本的には北条氏の当主と、その分身たる子弟・一族だけである。北条氏照《うじてる》の滝山城、氏邦の鉢形城、氏規《うじのり》の韮山《にらやま》城・三崎《みさき》城などがそうだし、前章の御坂城のくだりで登場した氏勝は玉縄城主だった。

北条氏の重要拠点だった江戸城や河越《かわごえ》城には、重臣の遠山《とおやま》氏や大道寺《だいどうじ》氏が入ったが、彼らは家臣として城を預かっている立場にすぎないから、城主ではない。城の周辺地域に対する支配権もきわめて限定的なので、当主権限の代行者という性格の強い城代と見るより

北条氏領国—天正18年(1590)—

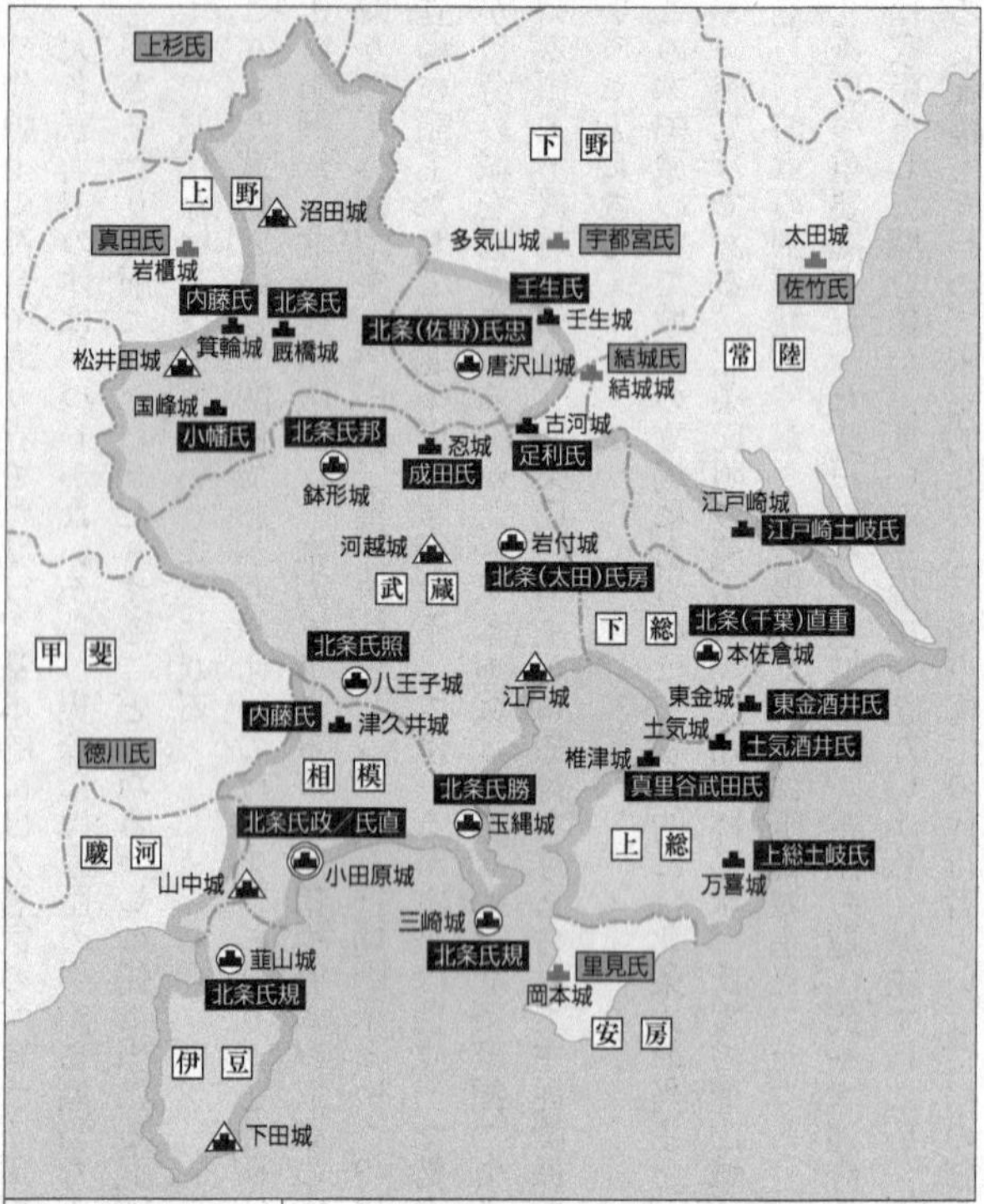

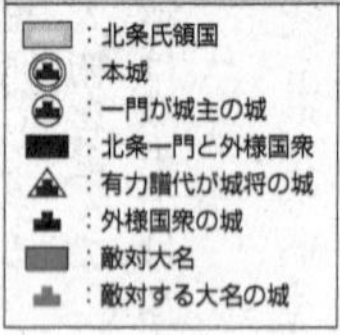

北条氏の領国は、大半が北条家領である伊豆・相模・武蔵の本国域の周辺を外様国衆領が取り巻くような二重構造となっていた。
＊里見氏と徳川氏はこの時期には北条氏と同盟関係にあったものの、潜在的には敵対勢力であった。

は城将、つまり単なる守備隊長と見た方がよいだろう。したがって、主君からの命令があれば、城を離れて別の任地に赴かなくてはならない。

一方、北武蔵には北条氏配下の武将として、忍《おし》城の成田《なりた》氏などがあったが、彼らは家臣ではなく外様国衆である。忍城の周辺にあった成田氏の所領は、北条氏から与えられたものではなく、もともと自力で守り通してきたものだ。彼ら外様国衆は北条軍の一員として各地を転戦するが、戦役が終われば自分の城に帰ってくる。遠山氏や大道寺氏と違って、成田氏は忍城の城主なのである。

前線を担う武将たち

ここまであげてきた城のほかにも、北条氏勢力圏の周縁部、つまり最前線にあたる地域や外征地には、常に敵襲に備えていなければならないような城も存在していた。たとえば、永禄二年（一五五九）に成立した『北条氏所領役帳』は、北条氏家臣たちの知行地と知行高を書き上げた台帳だが、北武蔵の要衝である松山《まつやま》城は、この段階では北条軍の最前線に位置していた。したがって『所領役帳』には、この時点における北条軍守備隊の編成が「松山衆」として記載されている（最終的には、北条氏に服属した外様国衆の上田《うえだ》氏が松山城主となる）。

「松山衆」は一二人で構成されているが、彼らのほとんどは伊豆や相模に知行地を持つ者たちであり、一見して最前線に送り込まれた守備隊であることがわかる。彼らの筆頭に書き上げられている狩野介《かのうのすけ》（伊豆出身者）は八二一貫五五八文の知行高を有しているが、「松山衆」の中にはこれより大きな一〇二八貫六七五文を持つ垪和氏続《はがわうじつぐ》や、六一九貫九二〇文を有する太田豊後守《おおたぶんごのかみ》などもいる。狩野介は、何人かいる松山城将の中で、先任指揮官のような立場にあったようだ。

このように、適宜編成した部隊を前線の城に送り込んで守備するやり方は、戦国時代では北条氏に限らず広く行われていた。永禄十二年（一五六九）に今川氏真《いまがわうじざね》を逐《お》って駿河を占領した武田信玄は、駿府《すんぷ》の西にある丸子《まりこ》城に室賀兵部《むろがひょうぶ》らを配置したが、室賀はもともと信濃の武将である。また天正八年（一五八〇）の閏《うるう》三月、武田勝頼が穴山梅雪《あなやまばいせつ》――当時、駿河方面軍司令官のような立場にあった――に宛てた命令書では、丸子城の守備兵が不足しているので、他の有力武将の配下から部隊を抽出して防備を固めるよう、指示している。

また天正十年、南信濃の要衝である伊那大島《いなおおしま》城には、日向玄徳斎《ひなたげんとくさい》という武将が在城していたが、勝頼は守備力を強化するために、叔父《おじ》である武田逍遥軒《しょうようけん》信廉《のぶかど》らを増派した。ちなみに武田氏の武将では、川中島の海津《かいづ》城に在城した春日虎綱《かすがとらつな》（高坂弾正《こうさかだんじょう》）や、美濃岩村《みのいわむら》城を守備していた秋山虎繁《あきやまとらしげ》（信友《のぶとも》）などが有名だ。秋山虎繁は、最後は織田軍に岩村城を攻め落とされて斬殺されてしまうのだが、彼らもやはり城主ではなく城将と考えるべきだろう。

城主・城将・在番衆

城主と城将の違いを整理してみよう。城主とはその城の持ち主であり、城の周囲に自分の所領を持っている。自分の勢力圏の中に自分の城を築いて持っている人、と言ってもよい。だから、その城が気に入らなければ、他の場所に新しい城を築いて引っ越そうが、城の守備は家臣に任せて自分は城外の屋敷で遊び暮らそうが、当人の自由である（本当に遊び暮らしていたらたちまち滅亡してしまうが）。

城の守備に当たる将兵は、基本的には自分の家臣・被官である。守備力を増強するために足軽を雇ったり、友好関係にある勢力から応援部隊を送ってもらう場合もあるが、自分の城にどれだけの兵力や装備を配置するかは、自己責任で決めることだ。

これに対し、城将とは、自分の属する軍団（北条軍・武田軍など）の戦略配置の一環として、城の守備を任されている。したがってその城の持ち主ではない。居心地がよくないからと言って城外の屋敷で遊んでいれば、職務怠慢で処罰されるか、悪くすれば切腹だ。勝手に新しい城を築いて移ったりすれば、謀《む》叛《ほん》と見なされて討伐されかねない。

また、城兵には自らの手勢も含まれてはいるが、全員が自分の被官というわけではなく、同じ主君に仕える他の武将たちとともに任に就くことも多い。松山城の狩野介、丸子城の室賀兵部などもそうだった。前章で採りあげた御坂城の例でも、玉縄城主であった北条氏勝が、天正壬午の乱では御坂城将の任についていたわけで、玉縄城主と御坂城将という二つの立場は、何の矛盾も問題もなく両立しうるのである。

このように、大名領国においては、前線の城は後方からの派遣部隊によって守備することが多かったが、派遣される将兵にとっては必ずしも楽な任務ではなかったようだ。松岡《まつおか》進《すすむ》氏が紹介した事例であるが、天正十二年（一五八四）に伊達《だて》政宗《まさむね》は会津《あいづ》蘆名《あしな》領への侵攻を企てて果たせず、領国境に檜原《ひばら》城を築いて蘆名軍の逆襲に備えることとなった。この城には後藤信康《ごとうのぶやす》という家臣が配置されたのだが、山間の孤塁における長期の守備任務はかなり厳しいものだったらしい。脱走兵も続出しているので、早く他の武将と交替させてほしいと望む信康を、何とか宥《なだ》めようとする政宗の書状が残っている。

こうした将兵の負担を軽減する方法として案出されたのが、「在番制」というシステムだ。後方地域の家臣たちをいくつかのグループ（番衆）に編成して、輪番で守備に当たらせるのである。番衆の交代に際しては、所定の日時に決められた人員を引き連れて任地の城へ赴き、引き継ぎをきちんと行って警戒を怠らないよう、厳しく命じた戦国大名の発給文書が多数残されている。檜原城の後藤信康がしきりと交替を希望したのも、こうしたシステムの存在が前提になっていたからで、信康が城主だったとしたら、そもそも交替したいなどと言い出したりはしない。

城主探し

納得していただけたであろうか。戦国時代には城主のいない城など、いくらでもありえたのだ。ところが、城を紹介した本や城跡の説明板には、たいがい誰それが城主だと書いてある。こうした間違いが起こる最大の原因は、城には城主が当然いるものだという思いこみである。つまり、本当は城将の一人にすぎない人物を、その城にいた武将＝城主だと勝手に解釈してしまうのだ。

と同時に、前節で説明したように、充分に検証を経ないまま伝承や地誌類の記述を鵜呑《うの》みにしてしまうことにも、間違いの原因がある。ではなぜ、伝承や地誌類は、城の来歴を正しく伝えていないのであろうか。

松山城の狩野介や丸子城の室賀兵部、檜原城の後藤信康のような城将は、もともとよその土地から赴任してきた人物だ。短期間で他の武将と交替してしまうことも多いから、土地の人たちにはなじみが薄いし、記憶にも残りにくい。戦国乱世が終わって平和な時代が訪れると、「城主不在の城」は次第に「城主不明の城」になっていった。

しかも、城将のみで城主不在という城のあり方は、平和な時代の感覚では理解しにくい。一国一城令によって大名の居城以外の城が無くなってしまった江戸時代の人々にとって、城とは殿様（領主）のいる場所であり、領内を統治する政庁に他ならなかったからだ。城主が不明となっている城は、もともとは誰の居城だったのだろう、と考えることになる。

江戸時代の中期以降になると、面白いことに武士や上層農民たちの間で、一種の「ルーツ探し」ブームや郷土史ブームが起きるようになる。ブームの背景には、サラリーマン化した武士たちが余暇を持て余していたこともあるが、上層農民たちの中には戦国末期に帰農した土豪などの後裔《こうえい》が多かった、という事情もある。彼らは、自分の家の由緒を明らかにして、他の家とは格が違うことをアピールしたい。

「ルーツ探し」にはまった人々は、先祖の系譜と事跡をたどる中で、古戦場や古城址等の史跡をたずね歩くようになり、由緒書きを編んだり、古戦場や古城址に私費を投じて石碑を建てたりした。こうして、全国各地の城跡で「城主探し」が行われていった。人々は、平和な江戸時代の感覚を古城址に投影しながら、「城主探し」をしていったのだ。

捏造された城主

無論、一般庶民の多くは先祖などたどりようがない。ただ、彼らにとっても村にある城跡が有名な武将に関わるものであれば、それはそれで誇らしいから、「城主探し」はいきおい有名人を指向することになる。

たとえば、「大蔵」という村があったとしよう。村には土塁や堀を残す古い城跡がある。あるいは、城跡だったと伝わる場所がある。史書を繙くと、木曾義仲《きそよしなか》の父だった帯刀先《たてわきせん》生義賢《じょうよしかた》は武蔵国の「大蔵」という所に館を構えていた、と書いてある。おらが村の古城址は、帯刀先生義賢の居城だったのだ！　おそらくは、こんな感じではなかったろうか。東京都と埼玉県には、源義賢の大蔵館《おおくらやかた》と伝承される場所がいくつもある。東京（江戸）の近郊では、太田《おおた》道灌《どうかん》や梶原景時《かじわらかげとき》・和田義盛《わだよしもり》・畠山重忠《はたけやましげただ》あたりも人気者で、居館・居城の伝承地がたくさんある。彼らはいずれも、物語や歌舞伎でおなじみの武将たちだ。

もっと恣意《しい》的に「城主探し」が行われる場合もある。たとえば、村の境や山林の用益権などをめぐって相論になった場合、正統性を主張するために、係争地にある城跡は何野誰兵衛の居城で、自分こそその子孫だ、などという由緒書が、まことしやかに持ち出されたりするのだ。こうなると、「城主探し」を越えて「城主の捏造《ねつぞう》」と言ってよいが、捏造された城主の名が、今度は村に伝えられてゆくことになる。

そして、恣意的な「城主の捏造」に輪をかけたのが近代軍国主義である。各地の城跡を訪ねるときに、少し気をつけて見てほしい。城跡に大きな忠魂碑が建っているのを、見かけたことはないだろうか。読んでみると、荒木《あらき》貞夫《さだお》だとか東郷《とうごう》平八郎《へいはちろう》といった、陸海軍の大物たちが揮毫《きごう》している例が少なくない。また、城跡にはよく神社が建っているが、社殿の手前に国旗掲揚台が残っている例もよく見る。角柱のような形をした石造物であるが、昭和十五年（一九四〇）の紀元二千六百年祭にともなって、各地でしきりに建てられたものだ。城跡に桜が植えられているのも、軍国主義時代の名残である場合が多い。軍国主義の時代には、城跡が武士道精神を発揚する場として利用され、その中で郷土の英雄が盛んに顕彰され、城跡と有名な武将との結びつきが一層つよく意識されるようになった。

こうして、さまざまな歴史的経緯をたどって、本来いなかったはずの城主が伝承されることとなった。いなかったはずの城主がこじつけられ、捏造されるという現象の背後には、城には城主がいるのが当然だ、という間違った認識がある。そして、この現象の背後には、多くの人が抱きがちなさらなる誤解が存在している。

三　まだら模様の地図

酒は呑め呑め

母里太兵衛《もりたへえ》という人物をご存知だろうか。「酒は呑《の》め呑め……」のうたい出しで知られる、黒田節《くろだぶし》の主人公である。この唄《うた》の元になったエピソードは次のようなものだ。

ある時、福島正則《ふくしままさのり》が戦での働きを秀吉に認められて、褒美に「日本号」という立派な槍《やり》を賜《たまわ》った。母里太兵衛が、主君である黒田長政《ながまさ》の名代として祝いの口上を述べに福島陣中に赴くと、正則は上機嫌で酒をあおっていて、「お前も一杯呑んでゆけ」と杯を差し出したのだが、太兵衛は「今は主君の口上を述べるのが務めゆえ、呑むわけにはゆかぬ」と固辞する。「俺の酒が呑めぬと言うのか、呑め」「呑めませぬ」の押し問答となった挙げ句、正則は大杯を差し出してなみなみと酒を注ぎ、「これを一息に呑み干せば、褒美は望みのままに取らせよう」。こうなっては太兵衛も後へは引けず、みごと呑み干して、褒美に日本号を欲しいと言う。さすがの正則もこれには慌てるが、太兵衛は約束だと主張して譲らず、まんまと名槍日本号をせしめてしまった、という話である。

この母里太兵衛、決してただの大酒呑みだったわけではない。彼は、筑前《ちくぜん》五二万石の太守に封ぜられた黒田長政の配下でもきっての勇将として知られており、黒田六端城《ろくはじょう》と俗称される支城群のひとつ、鷹取《たかとり》城の城主にもなっているのだが、問題はこの六端城だ。一般に支城、端城《はじろ》というと、領内の要所要所に配置され、全体として支配体制や情報伝達などを担うネットワークを構成している、といったイメージで理解されることが多い。けれども、本拠を福岡城に定めた長政が領内に配置した六端城は、北から順に若松《わかまつ》城・黒《くろ》崎《さき》城・鷹取城・益富《ますとみ》城・小石原《こいしわら》城・麻氏良《まてら》城という具合に、黒田領の東の端、つまり豊前《ぶぜん》との国境に沿ってズラリと並んでいるのである（次頁地図参照）。なぜ、このように極端な支城配置をとったかというと、長政は豊前の領主だった細川忠《ほそかわただ》興《おき》と仲が悪かったからだ。ではなぜ、長政と忠興の仲が悪くなったのかというと、黒田家はもともと孝高《よしたか》（官兵衛《かんべえ》・如水《じょすい》）の時に秀吉に仕え、九州征討の恩賞として豊前に一二万石余を拝領した。孝高の子の長政は、徳川家康から関ヶ原合戦の功を認められて筑前に大封を得て移り、豊前には替わって細川忠興が入封することとなった。この関ヶ原合戦は旧暦の九月に行われ、直後に論功行賞があって諸大名が一斉に異動するわけだから、国替えはちょうど年貢収納の時期と重なることとなった。

慶長期の黒田氏と細川氏の支城配置

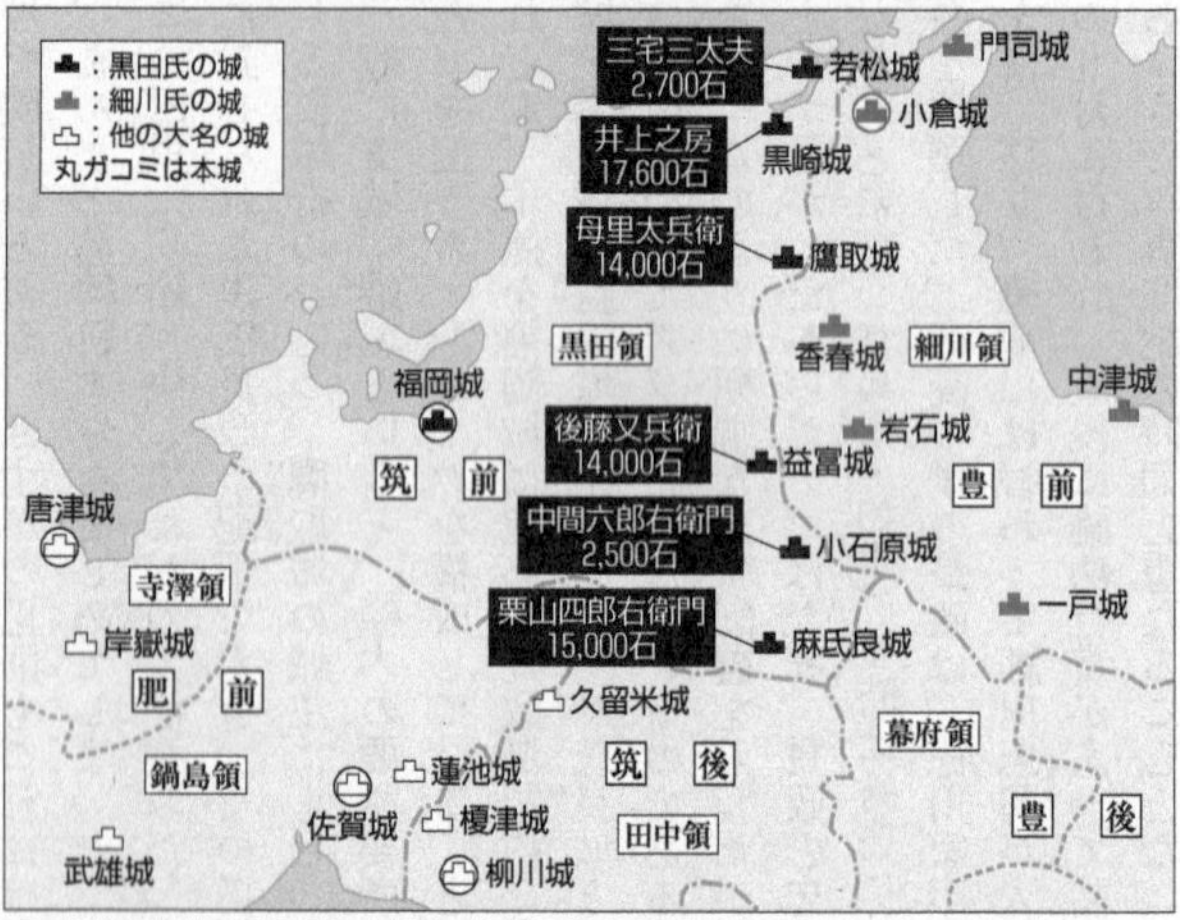

慶長年間における黒田氏の支城は、細川氏領である豊前との国境に沿って築かれていた。支城が本質的には軍事要塞であることを示す好例といえよう。

こうした場合、年貢は転封先で取るのが当時の慣例で、黒田・細川両家もそうした申し合わせで動いていたはずだが、実際には長政が旧領の豊前で年貢を取ってから筑前に移動してしまっていた。忠興は当然激怒し、「返せ」「返せぬ」の押し問答となった挙げ句、細川家では軍船を出して関門《かんもん》海峡を封鎖し、上方へ年貢米を回送する黒田側の船を拿捕《だほ》しようと企てて、一触即発の事態になった。幸いこの時は、山内一豊や片桐《かたぎり》且元《かつもと》らが間に入って事なきを得たものの、両者の対立は容易に収まらなかった、というわけである。

諸刃の剣

いやはや、家臣が家臣なら主君も主君だが、戦国武将にはこうしたやんちゃな人が多かった。それはともあれ、六端城は近世初頭における、黒田・細川両家の剣呑《けんのん》な関係に対応するために構築されたのである。ちなみに、六端城のひとつである益富城は、豪傑として名高い後藤又兵衛《ごとうまたべえ》が支城主に任じられている。長政は、家中でももっとも戦闘力の高い武将たちに大きな禄《ろく》を与えて、最前線に配置していたわけだ。

ところで、母里太兵衛にはもうひとつ、傑作なエピソードが伝わっている。太兵衛が鷹取城の普請にいそしんでいる頃、主君の長政が検分にやってきた。長政は城の出来ばえに感心し、「このくらい堅固であれば充分であろう」と言ったが、太兵衛は「武将たるもの城を持つ以上は、その城を枕に討ち死にする覚悟であるから、このくらいでよいなどと妥協はできない」と肯《がえ》んぜず、長政が「支城というものは、自分が主力を率いて来援するまで持ちこたえればよいのだから」と宥《なだ》めても、なかなか聞き容《い》れなかったというのだ。

長政の立場からすれば、あまりに難攻不落な城を築いて、万一謀叛でも起こされたらかなわないから、ほどほどにしておいてほしい、というのが本音であったろう。実際、黒田家と細川家では、お互いに調略を仕掛けて重臣の引き抜き合戦のようなことをやっており、益富城主の後藤又兵衛が細川家に亡命する、などという事件も起きている。

強力な部隊を配した堅固な支城というものは、大名にとって諸刃《もろは》の剣のような存在でもあった。結局、大坂の陣が終わって世情が安定してくると、黒田家では一国一城令に従って六端城を廃し、支城主のほとんどを粛清してしまっている。積極的に戦争を仕掛ける意志のない状況下で国境に戦闘部隊など駐留させておくと、かえって偶発的な危機を招いて国を危うくするからだ。

黒田六端城の事例が示しているのは、支城というものは領国支配のために領内一円にバランスよく配置されるとは限らないこと、きわめて具体的な状況に対応するために配置・構築される場合がありうること、である。では、こうした支城群の極端な前方展開というのは、黒田長政や細川忠興、母里太兵衛といった、やんちゃな人たちによって引き起こされた特殊な事態なのかというと、そうとは限らない。

城郭密集地帯

世の中には、やたらと城が密集している地域というものもある。その代表が、たとえば信州の善光寺平周辺だ。千曲《ちくま》川と犀《さい》川の合流点をはさんで南東側と北西側の山塊には、それこそ山という山、尾根先という尾根先にびっしりと山城が築かれている。こうした異常な城の密集状態をもたらした歴史上のイベントが何であるのか、ピンときた読者も多いだろう。そう、善光寺平といえば甲斐の武田信玄と越後《えちご》の上杉謙信《けんしん》（長尾《ながお》景虎《かげとら》）の両雄が相まみえた、川中島の合戦である。

川中島の合戦というのは、一回こっきりの戦いではない。善光寺平をめぐる両雄の対戦は、天文二十二年（一五五三）から永禄七年（一五六四）にかけて、合わせて五回生起している。両軍の主力が八幡原《はちまんばら》で激突した有名な戦いは、永禄四年の第四次合戦だ。もちろん、五回におよぶ対戦の合間の時期に、善光寺平一帯が平和を満喫していたわけではない。地元領主たちの帰属を含めて、さまざまな政治的・軍事的駆け引きが行われており、そうして徐々に軍事的緊張が高まっていって、いよいよ両雄のお出ましとなるわけだ。ゆえに、出動してきた両軍主力も、いきなり雌雄を決するわけではなく、双方が自軍に少しでも有利な状況を作り出そうと、作戦上の駆け引きを展開していった。

天文二十四年（一五五五）の第二次合戦に際しては、武田軍が善光寺の西方に旭山城《あさひやま》を築いて強力な守備隊を配置していたために、越後軍の行動は大きく掣肘《せいちゅう》されることになった。謙信（当時は長尾景虎）は、旭山城を牽制《けんせい》するために葛山城《かづらやま》を築いたものの、結果として双方の形勢が拮抗《きっこう》して戦線が膠着《こうちゃく》してしまい、半年以上におよぶ対陣ののち、両者は停戦協定を結んで兵を引くこととなった。

その二年後には、武田軍が葛山城を攻略したことを契機に、謙信が善光寺平に進出して第三次合戦が行われることとなる。この時は、信玄が謙信の挑発に乗らなかったために、大規模な会戦は生起せず、謙信は、葛山城・旭山城周辺の武田軍を一掃して、再び善光寺平の北西側を勢力下に収めることとなった。

これに対し、武田軍が新たな前進拠点として取り立てた海津城（のちの松代城）が、越後軍に対する脅威となったため、再び謙信が善光寺平に進出して、海津城の放棄か主力決戦かの、いずれかを選択せざるを得ない状況に信玄を追いこんだために起きたのが、有名な第四次合戦である。

もちろん、善光寺平一帯の城のそれぞれが、いつ誰の手によって築かれたのかは、必ずしも分明ではない。川中島合戦とは異なる時期に築かれた城が混じっている可能性だってある。とはいえ、善光寺平をめぐるこうしたいきさつと、尋常ならざる城の分布密度を考えれば、それらの大半はやはり前後一一年にわたった武田・上杉両軍の対立の過程で成立したもの、と見るのが妥当であろう。

桶狭間の戦雲

多数の城郭がどのように合戦と関わったのかが、良質の史料からより具体的に判明している例として、永禄三年（一五六〇）に起きた桶狭間《おけはざま》の合戦がある。桶狭間の合戦といえば、大軍を擁する今川義元《よしもと》を小勢の織田信長が急襲撃破した戦いとして人口に膾炙《かいしゃ》しているが、この合戦は今川軍があるとき突然、織田領内になだれ込んできて起きたわけではない。合戦の舞台となった知多《ちた》半島のつけ根付近は、そもそも尾張《おわり》の統一に邁進《まいしん》する織田氏と、西に版図を広げつつある今川氏の勢力とが、せめぎ合っている地域であった。

川中島戦域の城郭群

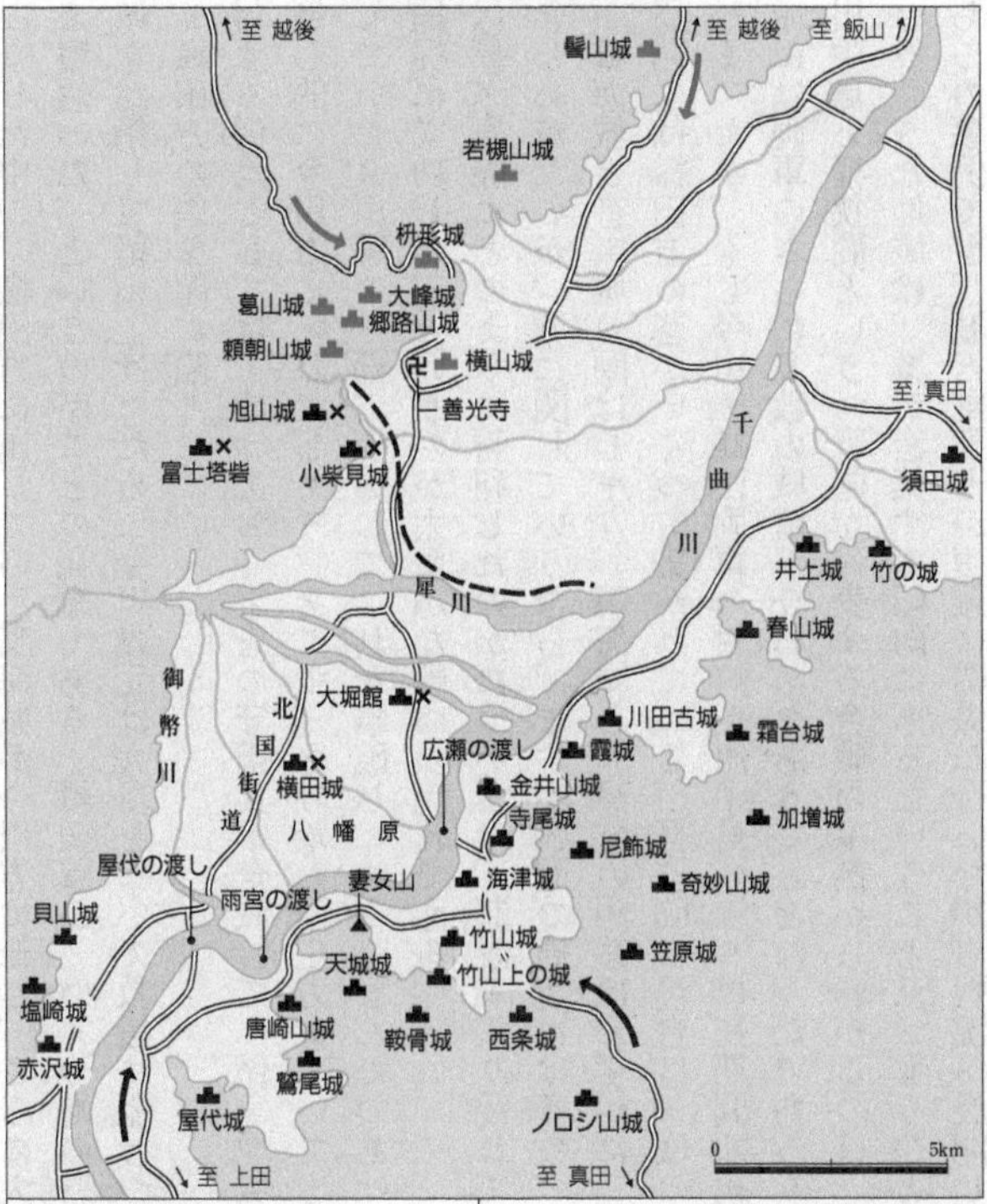

：武田軍の城
：武田軍の行軍経路
：第2次川中島合戦の前線
×：第4次川中島合戦には使用されなかった城
：上杉軍の城
：上杉軍の行軍経路

史上名高い「川中島合戦」の舞台には無数の城が使用された。それらの城は、両軍の勢力圏の外縁部と行軍経路を掩護する位置に存在した。

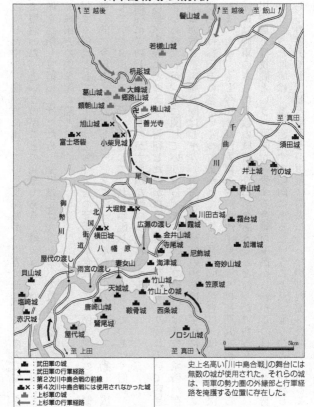

こうした中で、織田方に属していた鳴海《なるみ》城が今川方に転じ、さらに大高《おおだか》城・沓掛《くつかけ》城も調略で寝返った、というのがことの発端である。織田軍が、いくつもの砦《とりで》を築いて鳴海・大高城を封鎖して締め上げたため、今川義元は大軍を率いて救援に駆けつけ、両城を解囲すべく織田方の砦を順に陥《お》としていった。

対する信長としては、放っておくと砦の守備兵が全滅して、係争地域の城や領主がドミノ倒し的に今川方に転じてしまう。そこで、なけなしの主力を率いて出動し、広範囲に展開していた今川軍の一部と衝突してこれを撃破し、すったもんだのあげく信長が義元本陣の捕捉に成功した、というのが大まかな戦いの流れである。

信長が実際にどのように勝利したのかについては、諸説が入り乱れていて容易に正否を見きわめがたいが、城に関していうなら、まず桶狭間の周辺には多数の城砦が存在している。鳴海城と沓掛城の間は七キロ、鳴海城と大高城の距離はわずかに二・五キロで、両城の周囲には織田方の砦がいくつも築かれている。桶狭間の場合は一度の合戦で決着がついてしまったが、もし今川・織田両軍の対峙が川中島のように長期間断続したならば、この地域には両軍のさらに多数の城砦がひしめきあうこととなったであろう。

川中島と桶狭間という、戦国を代表する合戦の事例からわかるのは、複数の勢力がせめぎ合うような地域は、城が密集する傾向にあるということだ。もうひとつ注意したいのは、どちらの事例でも、城と野戦とが複雑に関係し合いながら戦況が展開していることだ。戦

桶狭間戦域の城郭群

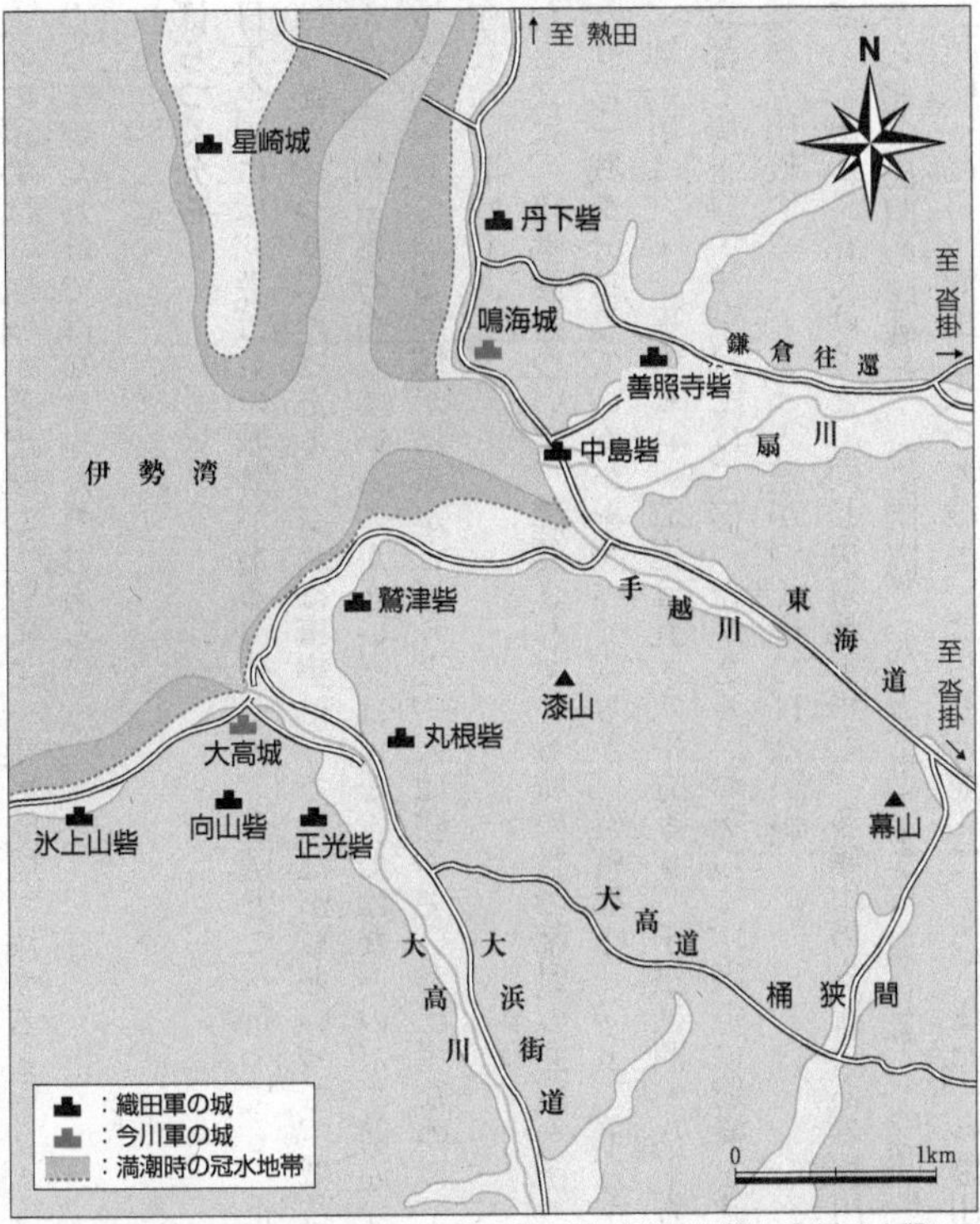

世に名高い桶狭間合戦は、織田氏と今川氏との勢力境における城砦戦から生起した戦いであった。今川義元本陣の位置については、幕山付近・漆山付近の二つの説がある。

国大名の軍勢は、居城から出撃して野戦で一気に雌雄を決するというような、単純な戦い方をしていたわけではなかったのである。

ばらつく分布

日本全国には、数万もの城跡がある。ゆえに、全国どこへ行っても、たいがいの市町村には城跡の一つや二つはある。これは事実だ。ではだからといって、城跡が日本中にまんべんなく、均一に分布しているのかといえば、そうではないのだ。前述のように、やたらと城が密集している地域があるかと思うと、人は住んでいたはずなのに、城は疎《まば》らにしか存在しない地域もある。

たとえば、首都圏について、確認されている城の数で都県の面積を割って、何平方キロあたりに一城が分布しているかを調べてみると、東京都は一〇・二平方キロあたり一城だが、神奈川は六・三平方キロ、埼玉は五・六平方キロ、千葉は四・八平方キロとなって、東京都と埼玉県・千葉県では二倍の差がある。おそらく、実際に遺構を確認できる城という基準で比較すると、もっと差がつくのではないか。

さらに細かく見てゆくと、同じ東京都下でも、多摩川の支流である秋川《あき》沿いには、檜原《ひのはら》村から北条氏照の居城だった滝山城（八王子市）まで、一七キロの間に檜原・戸倉《とくら》・網代《あじろ》・戸吹《とぶき》・高月《たかつき》・滝山と六つの城が、ずらりと並んでいる。また、多摩川中流域でも、南岸の丘陵上には三〇キロほどの間に八か所の城跡が存在しているが、北岸へ行くと城跡の数はぐっと少なくなる。さらに、武蔵野《むさしの》台地の上は広大な城の不毛地帯といってよいほどで、武蔵野・小金井《こがねい》・東村山《ひがしむらやま》・国分寺《こくぶんじ》・福生《ふっさ》・東大和《ひがしやまと》・清瀬《きよせ》・東久留米《ひがしくるめ》・武蔵村山・西東京の諸市では、城跡がまったく確認されていない。

これらの地域にも、中世の遺跡や石造物などはあるのだから、人が住んでいなかったわけではないはずなのだが、城は築かれなかったらしい。同じ武蔵国の多摩地方でも、場所によって城の分布状況にはずいぶんと違いがあるのだ。

城主は誰か

城はその土地の領主が築いたもの、というイメージは一般の歴史ファンばかりでなく、中世・戦国史や考古学を専攻する研究者・城郭研究者たちのなかにも根強く存在している。

もちろん、これまで取りあげてきた御坂城や会津の檜原《ひばら》城のように、戦国大名などが作戦上の都合から構築し、よそ者の武将が在城したり在番衆が配置された城が少なからずあるということは、知識としては研究者たちも知っている。けれども、そうした歴史的経緯が明らかでないような城や、地元の領主が築いたと「伝承」されている城、戦国大名の軍隊が築くにはふさわしくないと思えるような小さな城を見ると、これは地元の領主が築いた城だろう、と考えてしまう。

では、地元の領主が築いた城と、よそ者が作戦上の都合で築いた城とでは、どちらが多いのだろう。中世・戦国時代の城は、いつ誰が築いたのか史料からは確定できないのが基本である。けれども、乱世を生き抜こうとした各地の領主たちが、めいめいに自分の城を構えていたのだとしたら、城の分布に、全体としてそう極端なバラツキは生じないはずではなかろうか。

にもかかわらず現実には、同じ武蔵国の中でも郡単位で分布状況が異なるとか、同じ多摩郡でも多摩川の北と南で疎密が極端に違う、などといった現象が生じている。なぜ、こうなるのだろう。ここで筆者は疑問を抱く。そもそも、地元の領主が築いた城というものが、どれほど普遍的に存在したのだろうか、と。

「城主探し」や「城主伝承の捏造」が起きた過程を思い出してみよう。いなかったはずの城主がこじつけられ、創作されてしまう現象の背景には、城には城主がいるのが当然だ、という思いこみがあった。そして、こじつけられる城主はたいがいの場合、地元の領主である。有名な武将がこじつけられる例もあるが、そうした場合でも、自分たちの村こそがその武将の治めた土地だ、という意識が基になっている。つまり、城を築いた人（城にいた人）＝城主＝その土地の領主、という図式が前提となっているわけだ。

藤橋城と今井城の位置

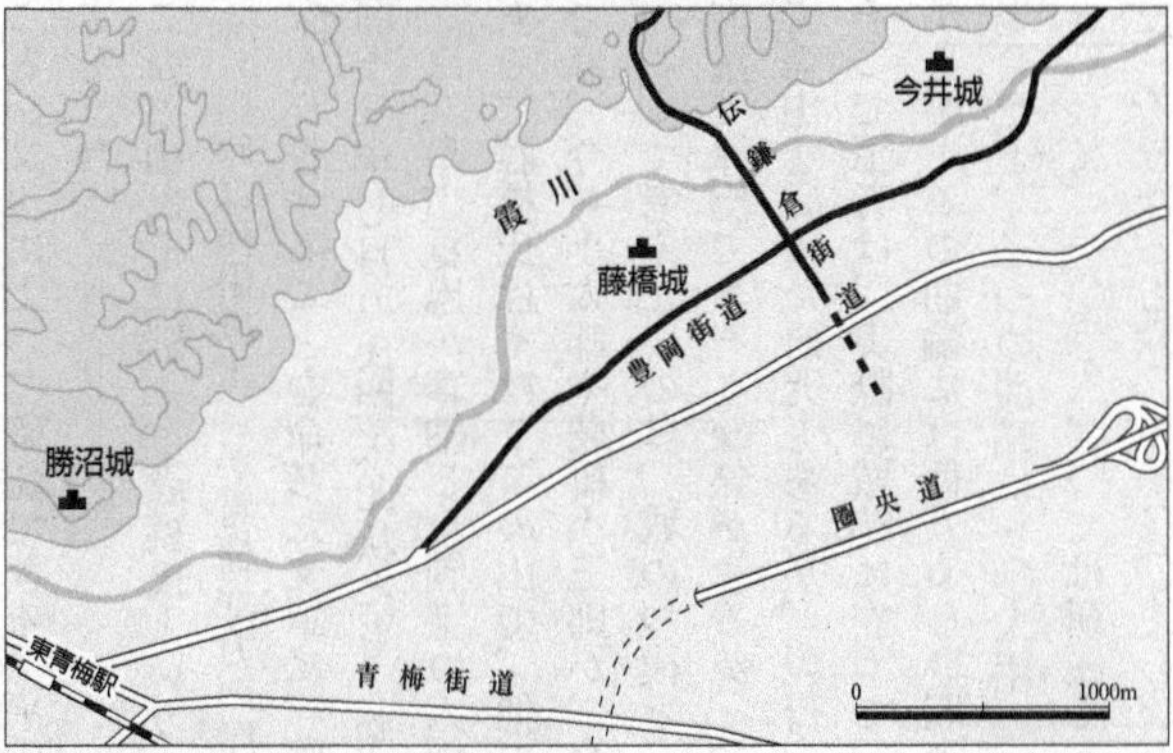

藤橋城と今井城は、別掲の縄張り図にあるように、ごく小さな城だが、鎌倉街道と豊岡街道の交点を意識した場所に築かれていることがわかる。

二つの小さな城

東京の青梅市に、今井《いまい》城と藤橋《ふじはし》城という二つの小さな城がある（上の地図および108—109頁図参照）。今井城は三つの曲輪からなっており、なかなか巧みな縄張りを見せているけれども、いかんせん小さな城だから大軍の攻囲には耐えられそうもない。『武蔵名勝図会』の今井村の条には、今井小太郎なる者の城だとの伝承が載せてある。

藤橋城の方は、市街地化や公園化によってだいぶ旧状を損なっているけれど、主郭を中心に南北に出丸を配した縄張りだったことがわかる。地誌類は、平山《ひらやま》越前守なる者が居たことを伝えている。平山氏は戦国期の多摩地方に実在した小領主であるが、戦国末期には八王子城主だった北条氏照の命令で、檜原村にある檜原城を守備していたことが文書によって確認できる。平山氏が、戦国期を通じて藤橋城に在城したわけではなさそうだ。

この平山氏とは別に、藤橋氏という小領主がいた。永禄七年(一五六四)の五月、北条氏照(当時は滝山城主)が青梅地方の麾下《きか》領主たちに、「清戸《きよと》」という場所(城か?)の在番衆を交替することを命じた文章に、藤橋小三郎の名がある。

同十二年七月の氏照朱印状にも、藤橋某が「御獄御番《みたけ》」として見えている。この「御獄」は、畠山重忠が奉納した国宝の大鎧で有名な御岳山で、あまり知られていないが城跡である。藤橋氏はやはりこの山で、他の領主たちとともに在番衆を務めていたのだ。

では、今井小太郎や藤橋小三郎が、今井城や藤橋城の城主だった可能性はあるのだろうか。ここで考えたいのは、城の規模と必要な守備兵力だ。城の所要守備兵力は、何か上手い方法で算出できそうな気がするが、やってみると案外うまくゆかない。実際に複数の方法で算出を試みた研究もあるが、説得力のある数字は得られていない。

そこで筆者は、実際に城跡に立って、この場所を守るのにザックリ何人くらい必要だろうかとか、この曲輪には何人くらい収容できるだろう、などとイメージしてみる。今井城の場合だと、三つの曲輪に一〇人ずつ(合計三〇人)では、いくら何でも守りようがない。かといって、一〇〇人ずつでは窮屈そうだ。各曲輪に二、三〇人くらいずつは欲しいところで、そうなると六〇~一〇〇くらいが適正な守備兵力となる。藤橋城の主郭は今井城より大きいので、ここに三〇～五〇人、南北の出丸にも一〇～二〇人置くとすれば、やはり六〇～一〇〇近くは欲しい。

小さな城は誰のものか

ところが、「清戸」の在番を命じた永禄七年の文書を見ると、藤橋小三郎に課せられた軍役はわずかに三騎となっている。この三騎が藤橋氏の最大動員兵力だとは限らないが、かといって三騎の軍役しか命じられていない者に、一〇〇人の兵を動員することが可能だったとは、やはり思えない。北条氏の軍役関係文書などを見ても、一〇〇人規模の動員を命じられているのはかなり大身の家臣だ。今井氏や藤橋氏のように、村の名を苗字《みょうじ》にしているような小領主、つまりは一村からせいぜい数か村を勢力範囲にしている程度の小領主に、一〇〇人規模の兵力を動員するなど、どだい無理なのだ。

それに、もし今井氏や藤橋氏が、自力で動員できる人数で自分の城を守るのだとしたら、今井城や藤橋城のように、一〇〇人前後の守備兵力を要するような縄張りの城を造るだろうか。出丸など造るのは最初からやめにして、一つの曲輪だけを土塁と堀でがっちりと囲むようにするとか、もっと合理的な方法があったはずだ。

このように考えてくるなら、筆者はむしろ平山越前守が藤橋城に在城したという話の方が、真相に近いように思う。つまり、北条氏や管領上杉氏のような上級権力による作戦上

今井城縄張り図

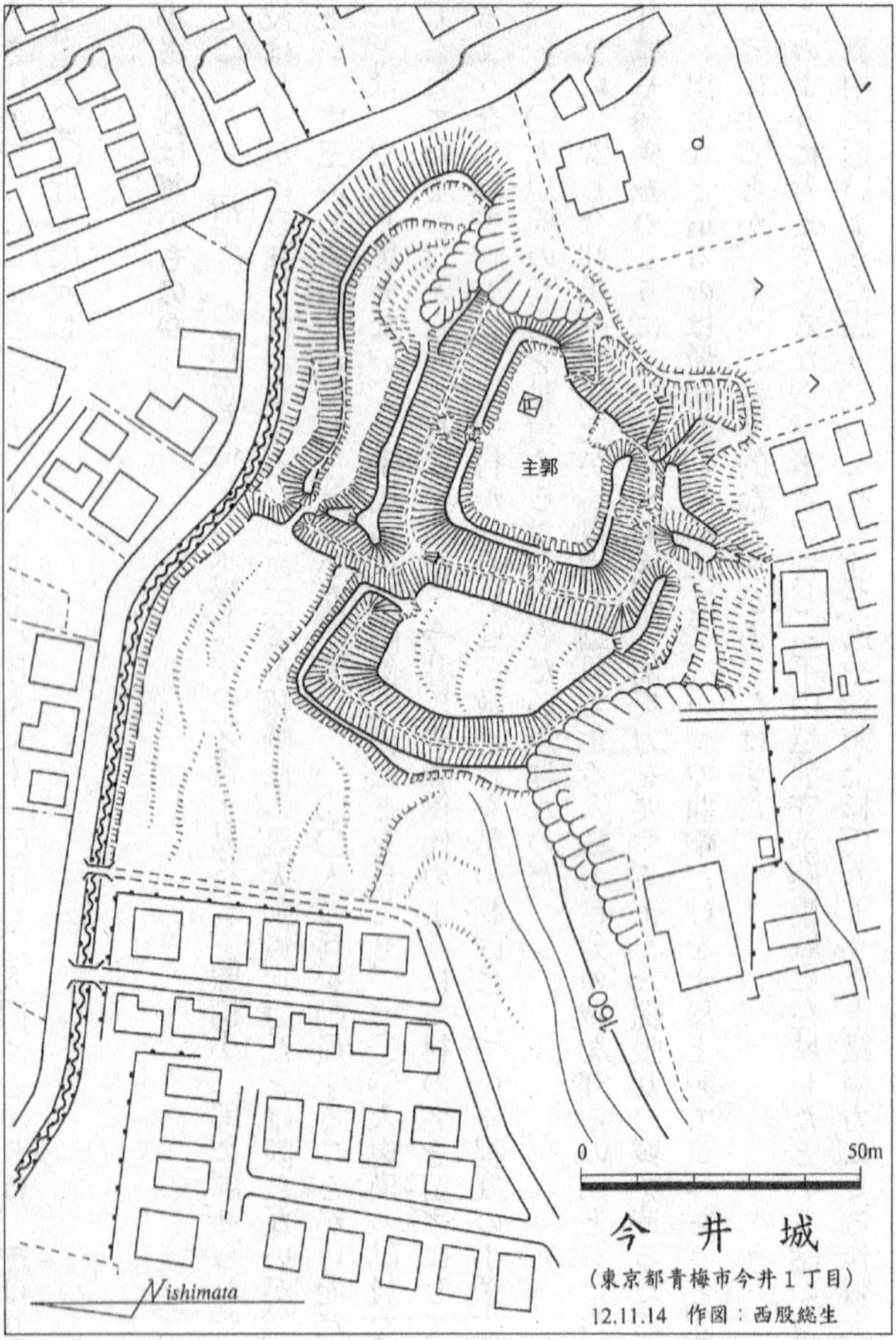

藤橋城縄張り図

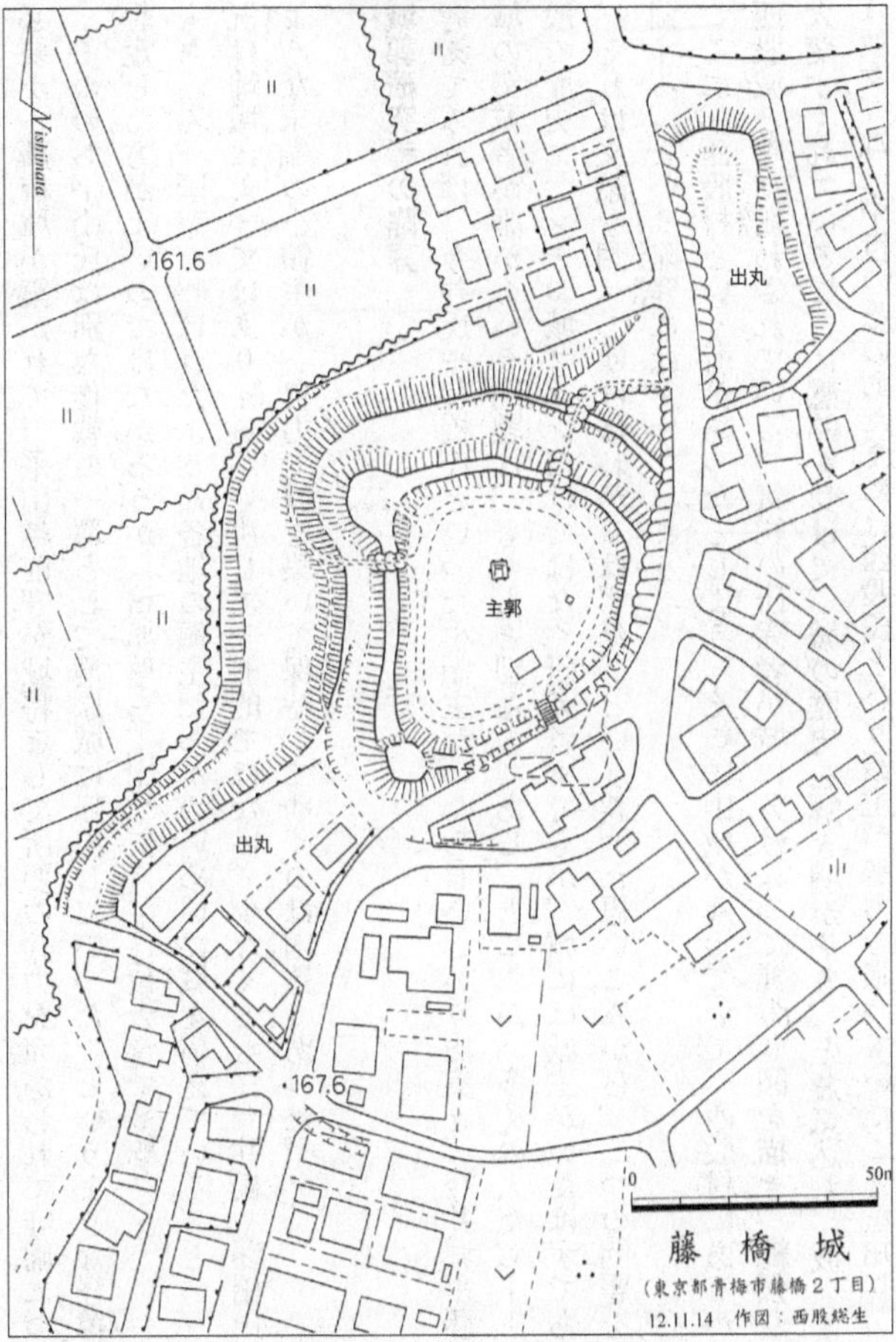
Nishimata
161.6
出丸
主郭
出丸
167.6
0
50m
藤 橋 城
(東京都青梅市藤橋２丁目)
12.11.14 作図：西股総生

の必要から藤橋城が築かれて、平山越前守が城将として所要の兵力を宛《あて》がわれて守備につき、そののち平山氏は別な作戦の一環として檜原城に転出していった、というような経緯を想定した方がよいのではなかろうか（檜原城と平山氏については第六章でも触れる）。

もちろん、国衆と呼ばれたような各地の領主たちがめいめいに城を構えている、という状況は地域によってはありえるが、決して一般的ではない。少なくとも、今井氏や藤橋氏のような末端の小領主が、自力で城を築いて保持してゆくのは困難であった。

城郭研究者の陥穽

考えてみれば、今井氏や藤橋氏といった小領主がいたらしいという史実と、今井城や藤橋城の築城者が誰かという問題は、もともと別なのである。ところが、多くの人たち——一般の歴史ファン・お城ファンだけではなく研究者までもが、城には城主がいたはずであり、それは文献を調べてゆけばわかるはずだ、という誤った思いこみから、二つの問題を混同する、という陥穽《かんせい》にはまってしまう。

ここに、西股村という所があったとしよう。そこに山城が残っていて、西股村にあるから西股城と呼び慣《なら》わされている。気鋭の研究者が城に分け入って縄張り図を描き、縄張りが大変すぐれていることに感銘を受けて、城の歴史を解き明かそう、と意気込む。彼（または彼女）は、中世のそのあたりには西股氏という領主が勢力を張っていたことを知り、文献類を片端からひっくりかえして、西股氏は系図上は清和源氏《せいわげんじ》なんたら氏流を称して、鎌倉時代のはじめには幕府の御家人となったとか、南北朝時代には北朝方として各地を転戦したとか、十六世紀には同地方に版図を広げた戦国大名××氏に臣従したとか、そうした史実を徹底的に調べ上げる。

一方で彼（または彼女）は、研究者としての直感で、現在見ることのできる城の縄張りは、どうやら戦国時代後期の所産であるらしいことを予見している。そこで、次のように結論づける。西股城は、中世に同地域に勢力をもった西股氏の居城で、地誌には鎌倉時代に創築されたとあるが、伝承の域を出ない。実際には、室町時代後期から戦国時代初めに原形となる城が構築された可能性が高く、のちに西股氏が戦国大名××氏の配下に入ったことによって、××氏の技術的影響を受けて大改修されたのであろう、と。

なかなかよくできた研究のように思えるが、ちょっと待ってほしい。彼（または彼女）がよく考えが調べ上げたのは在地領主西股氏の歴史であって、実は西股城の歴史ではない。よく考えてみると、西股氏と西股城を結びつける証拠など、どこにもないのだ。にもかかわらず、土地の歴史がいつの間にか城の歴史にすり替わっている。

残念なことに、このたとえ話と同じような研究上の悲喜劇は、現在でも全国各地でくり返されている。大変言いにくいけれど、城跡の説明板に書かれている来歴も同様だ。悪いことには、まじめで努力家タイプの研究者ほど、各種文献を渉猟して土地の歴史をみっちりと調べ上げるから、結果としてより深く陥穽にはまりこんでしまう。これは、動機こそ異なっているものの、江戸時代に起きた「城主探し」ブームの現代版ではなかろうか。

かくて、全国各地の城跡を、本来はいなかったはずの城主の〝亡霊〟が歩き回る。亡霊を退治するには、さしあたって城には城主がいなくて当たり前、城を築いたのは地元の領主とは限らない、という認識から出発する必要がありそうだ。

では、彼らは、城を築かなかったのだとしたら、どこに居たのだろう。

第四章　幻の館――リアリティーのない平板な図式

一　居館と山城

見あたらないセット

永正十六年（一五一九）、甲斐統一に邁進《まいしん》する武田信虎《のぶとら》は、甲府盆地の北の端にある躑《つつ》躅《じ》ヶ《が》崎《さき》に新たな本拠を建設し、そこから二・五キロほど北に入った積翠寺《せきすいじ》の背後に山城を築いた。二年後、駿河の軍勢が甲斐に攻め込んできた時、信虎は身重だった三条《さんじょう》夫人をこの要害山《ようがいさん》城に避難させたが、この時、夫人が城内で出産した男子が武田晴信《はるのぶ》、つまり信玄である。

戦国時代、各地の武将（大名や大小の領主）たちは、信虎のように普段は平地の館に住み、戦いになると山の上にある詰城に籠《こも》った――このような説明を読んだことのある人は多いと思う。また、山城の麓《ふもと》にある平時の居館を「根小屋《ねごや》」と呼び、山麓《さんろく》の居館と山城がセットになったタイプの城を「根小屋式山城」と称するのだ、と説明している場合もある。

だが、筆者はこの説明にはなはだ納得がゆかない。そもそも「根小屋」という名称がおかしい。城の近くに「根小屋」という地名が残っている事例はかなりあって（根古屋・根古谷などと表記する例も多い）、「根」は山麓または「寝」の意味であろうから、何らかの居住施設を指している、と考えることはできる。しかし、「小屋」とは本来、粗末な建物や仮設的な建物を指す言葉ではなかろうか。領主や大名の住居を、はたして「小屋」などと呼ぶものだろうか。

何より、各地の城を歩いていて、山麓の居館と山城がセットになっている実物を、あまり目にしたことがない。たとえば、第二章で秩父地方の山城二五例を取りあげたが、山麓に居館の遺構を伴っているものは一例もない。部分的な発掘調査で屋敷らしい遺構が引っかかっている事例もなくはないけれど、現時点では山城と同時期に併存したことの確証を得られない。

無論、山上の城に比べて山麓の居館は、後世の耕作や開発などによって失われてしまう可能性が高いのかもしれないが、二五城のうち居館が一つも残っていないのはおかしい。やはり、山麓居館と山城のセットは、この地方では普遍的な形態ではなかった、と考えざるをえない。

秩父に限らず、上野でも甲斐でも信濃でも、山城の麓に居館の存在を確認（ないしは高い確度で推定）できる事例は、皆無ではないけれども滅多に見かけない。武田氏が躑躅ヶ崎館《やかた》に住み、戦時籠城《ろうじょう》用の要害山城を保持していたのは事実としても、普段は平地の居館に住み戦いになると山上の詰城に籠もる、という図式をどこまで一般化できるものなのだろうか。

山の上に住む武将たち

山城に住んでいた武将たちがいる。たとえば上杉謙信だ。謙信が本拠とした春日山城《かすがやま》は比高一五〇メートルほどの山城だが、彼はこの城に居住していた。ドラマなどではかなり立派な御殿が出てくるが、実際の春日山城は何せ山城なので、曲輪はどこも狭い。現在、春日山城を訪れると、山麓に広大な外郭が存在しているが、これは豊臣政権下で上杉景勝《かげかつ》が会津に移ったあとに入った堀《ほり》氏が整備したものだ。毛利元就《もうりもとなり》が住んでいた吉田郡山城《よしだこおりやま》（広島県）も比高二〇〇メートルほどの山城で、山上の曲輪《くるわ》は決して広くない。

織田信長が永禄十年〜天正四年（一五六七〜七六）まで本拠とした岐阜城など、春日山城や郡山城などよりはるかに峻険《しゅんけん》な山城だ。比高は三二〇メートルもあって、ロープウェイが通じているので、文弱な筆者は歩いて登ったことがない。岐阜城は山麓にも御殿を持っていたが、信長自身は日頃は山上で起居することが多く、妻子らも山上に住んでいた。山麓の御殿は、迎賓館のような使い方をしていたらしい。岐阜城は岩がゴツゴツした痩《や》せ尾根の山城で、狭い曲輪が点在しているだけだ。石垣を積んで多少はスペースを確保できるとしても、棟々が連なる立派な御殿など、とうてい建ちそうもない。

信長が岐阜城から移転した安土《あづち》城も、比高が一一〇メートルほどあるから山城だ。本丸とされている場所は五〇メートル四方ほどの広さしかなく、天主や伝二ノ丸、伝三ノ丸などを合わせても、各地の拠点クラスの山城と比べて決して広いとは言えない。かなり無理をして、ぎっしり建物を詰め込んでいたのだろう。

信長の妹、お市《いち》の方《かた》の嫁ぎ先である浅井《あさい》長政《ながまさ》の小谷《おだに》城も立派な山城だ。山上の曲輪から御殿の遺構と大量の生活遺物が出土しているから、生活空間があったことは確かである。長政とお市は、比高二五〇メートルもある山の上で新婚生活を送り、三人の娘を育てたのだろう。小谷城では山麓の清水谷《しみずだに》という場所からも、建物の遺構や生活遺物が出土しているが、山上の御殿とどのように使い分けられたのか定説を見ていない。

城郭研究の第一人者である中井均《なかいひとし》氏は、この他にも西日本を中心とした事例を多数あげて、戦国時代には山上に生活空間をもつ城が少なくなかったことを指摘している。東日本では、山上から生活空間が見つかった事例はあまりないが、これは東日本では山城の大規模な発掘事例そのものが少ないことに起因しているのかもしれない。

山城の上は決して広くはないし、水や食料、生活用品の入手などを考えても不便であったろう。謙信もお市の方も、冬は寒かったはずである。にもかかわらず、普段から山の上で暮らすことを、あえて選択していたのだ。

丘の上の城

筆者が、「平時の居館と戦時の詰城」という図式に疑問を抱く理由が、もう一つある。日頃、研究フィールドとしている関東地方には丘陵地や台地、河岸段丘などを利用して築かれた城が多い。このタイプを、近世の平山城とは区別して丘城と呼んでおく。

丘城は、山城に比べれば比高は小さいけれども、曲輪を取りまく斜面は急で、周囲の河川と併せるとなかなかに要害であることが多い。しかも、丘陵や台地の上面が城域の中心部となるから、広い面積を確保することができる。集落や街道からも近いので、生活の便は山城よりよほどよさそうだ。したがって、このような地形に本拠を置けば、「平時の居館と戦時の詰城」をわざわざ分ける必要がない。せいぜい、城内の最高所に最終防禦拠点となる詰の曲輪を備えておく程度で済む。

北条氏の主要拠点クラスの城には、このタイプが多い。領国の首都である小田原《おだわら》城をはじめとして、滝山城・玉縄城・小机《こづくえ》城・江戸城・河越城・岩付《いわつき》城など、みな充分な広さをもった主郭を備えている。房総《ぼうそう》あたりを見ても、酒井《さかい》氏の土気《とけ》城や千葉《ちば》氏の本佐倉《もとさくら》城、臼《うす》井《い》氏の臼井城、井田《いだ》氏の坂田《さかた》城など、いずれも広大だ。

第二章（50頁）で考えた山城の六つの利点のうち、①眺望の確保は山城に比べてどうしても劣るけれども、それ以外の要素は丘城でもある程度は実現できる。右にあげた関東地方の丘城で、戦国時代の遺構が良好に残っている滝山城・小机城や土気城・本佐倉城・臼井城・坂田城などを見ると、いずれも巨大な堀と土塁を擁している。山城に比べて高さのもたらす効果が劣る分、堀や土塁を大きくして防禦力を稼ごうとしているわけだ。だから大規模な丘城は、「平時の居館」をそのまま「戦時の詰城」として使うことができる。

武将たちの選択

全国的に見れば、丘陵地や台地、河岸段丘などを利用した大面積の丘城をたくさん造っている地域は、決して珍しくない。そうした意味でも、「平時の居館と戦時の詰城」という図式は必ずしも普遍的なものではないことになる。

つまり、戦国武将の中には、不便を忍んであえて山の上に居住している者も、「平時の居館と戦時の詰城」を分けずに丘城に住んでいる者も、大勢いたことになる。丘陵地や台地の広がる地域を勢力圏としている者が、丘城を選択するのは必然であろう。

では、山がちな地域を本拠としている者たちは、みな山城を選択していたのかというと、そうともかぎらない。武田氏は躑躅ヶ崎の館に住んでいたのである。戦国大名では、駿河の今川氏、越前の朝倉《あさくら》氏、周防《すおう》の大内《おおうち》氏、豊後の大友《おおとも》氏なども、城を取るのにふさわしい山が近くにあっても、普段は平地の館に住んでいた。

こうした違いはどこから生じるのだろう。そういえば、秩父地方のように山城はたくさんあるのだけれど、麓には居館らしきものが一向に見あたらない、という地域もある。どうやら、居館と山城（詰城）との関係について、通説にとらわれずに突っこんで考えてみる必要がありそうだが、その前に、そもそも「居館」って何なのだろう。

二　領主たちの住みか

「方形館」の中世

中世の領主（武士）たちは、堀と土塁で四角く囲まれた館に住んでいた。このような形態の館を「方形館《ほうけいかん》」と呼ぶ――こんな説明を目にした方は多いと思う。千葉県佐倉《さくら》市にある国立歴史民俗博物館には、絵巻物を参考に復元した「方形館」の精密な模型が置いてあって、その写真は各種の本などでも紹介されている。

このように、「方形館」は中世における領主居館のスタンダードな形態として、多くの人たちに認識されてきた。武田氏の躑躅ヶ崎館も「方形館」の典型例と見なされている。戦国モノのドラマでは、よく躑躅ヶ崎館のセットなども登場するから、「平時の居館」というのはあのように堀と土塁を四角く廻《めぐ》らせたものだ、というイメージはかなり普及している。ところが近年、「方形館」という概念の妥当性について、城郭研究の側から重大な疑問が提起されているのである。

「方形館」が中世における領主のスタンダードな住宅の形態であった、という通念に最初に疑義を呈したのは考古学研究者の橋口定志《はしぐちさだし》氏で、今から二十年以上も前のことだ。橋口氏は関東地方の発掘調査事例を徹底的に検証し、土塁と堀によって囲まれた「方形館」が成立するのは室町時代以降であることを指摘した。また、神奈川県の宮久保《みやくぼ》遺跡や群馬県の東田《ひがしだ》遺跡などの事例をあげて、鎌倉時代における領主居館は垣根や塀で囲まれていたにすぎなかったと論じた。

ちなみに、橋口氏があげた塁壕《るいごう》を伴わない領主居館の典型例として、神奈川県海老名《えびな》市の上浜田《かみはまだ》遺跡がある。上浜田遺跡は、全面的な発掘調査が行われたのちに史跡公園として整備されたので、丘陵地の緩斜面を平坦化して屋敷地を形成し、その中に主屋や大きな廐《うまや》などが建っていた様子を、現在でも知ることができる。

作られた「方形館」

最近になって、「方形館」という概念そのものの妥当性に根源的な疑問を投げかけたのが、城郭研究者の松岡進氏である。松岡氏は、東国で「方形館」とされてきた遺構の踏査を精力的に進めるとともに、研究史も丹念に整理して、様々な角度から徹底的な検証を加えた。多岐にわたる氏の指摘の中から主要な論点を要約すると、次のようになる。

①遺構の痕跡《こんせき》や地割り、古絵図などから丹念にたどってゆくと、「方形館」とされてきたものは決して単純な方形ではなく、かなり大規模だったり、複雑で実戦的な縄張りに復

北西側から見た上浜田遺跡。史跡公園として整備され、建物の位置が表示されている。丘腹に営まれた屋敷であるため、背後の丘陵上から簡単に見おろされてしまい、防禦には適さない占地である。（著者撮影）

元できる場合も多い。

②「方形館」とされてきた遺構に伝承されている居住者には、後世の附《ふ》会《かい》（こじつけ）も多い。

③戦国時代には平地にも様々な軍事施設が築かれており、平地における軍事施設のあり方を過小評価するべきではない。平地にあって、方形を基調としたプランだから居館だと評価するのは短絡的である。

④室町時代〜戦国時代にかけて、東国では平地に多くの「陣」が構えられた。これまで「方形館」とされてきた遺構のなかには、「陣」と考えるべき事例も多い。

⑤「館《やかた》」の語には、武士・領主の居所を意味する用法はもともとなく、中世~戦国時代においては「屋敷」の呼称の方が一般的であった。

⑥「領主居館」の概念は、明治時代以降の武士団研究・領主制研究の中で生み出されたもので、平地に残る塁濠遺構がこれに当てはめられていった結果、「方形館」の概念が一般化していった。

要するに、領主たちが土塁と堀に囲まれた「方形館」に居住していた、というイメージは後世に作られた幻想にすぎず、軍事目的で平地に築かれた城や陣を、われわれが「方形館」と錯覚していた、というわけだ。松岡氏の論証はかなり緻密《ちみつ》で、主要な論点に関してはほぼ反論の余地がないように思う。

奇妙な分布

実を言うと、筆者も以前から「方形館」の普遍性には疑問を抱いていた。分布に、どうも偏りがあるように思えたからである。本当に「方形館」が領主居館のスタンダードな形態であるのなら、どの地域にもおおむね満遍なく分布しているはずではないか。そこで、ずいぶん以前に、峠道や尾根道と山城との関係を考察した際、論考の末尾に次のような展望を述べたことがある——峠のような交通路上の要所は平野部にもあるはずだから、峠道や尾根道と密接に関係して築かれた山城があるように、平地にも同様の目的で築かれた城があったはずだが、それらは「方形館」とよく似ているために区別しにくいのかもしれない――と。

後知恵で考えると、これはかなりよい着想だった。だったけれども、生来ずぼらで計画的に研究を進めることのできない性分の筆者は、そのまま山城の研究にのめり込んでゆき、「方形館」への疑問はほったらかしになってしまった。その間に、着実な探究を重ねた松岡氏が大きな成果を手にしたわけで、研究というものは地道な努力が必要ですよ、という見本のような話だが、筆者としてはやはり少し悔しい。

悔しいので、筆者なりに松岡氏の論点を補強するような材料を探すことで、少し溜飲《りゅういん》を下げてみようと思う。まず、分布の偏りという問題がある。この件に関しては、二〇〇八年に開催された第二十五回全国城郭研究者セミナーでも、少なからず議論になった。このセミナーでは「中世後期の方形城館と地域」と題したシンポジウムが行われたが、全国各地の事例を報告した研究者たちの中からも、「方形館」の分布には著しい偏りがあることが指摘されていた。筆者は、休憩時間や懇親会などの機会を利用して知己の研究者たちに尋ねてみたが、「私のいる地域には方形館らしいものはほとんどありません」とか、「特定の地域にはいくつか固まって分布しているようだ」といったようなお答えを、たくさんいただいた記憶がある。

筆者が普段歩いている南関東地方を眺めても、前節で指摘したように秩父地方には「方形館」の事例は皆無である。また、以前に武蔵南部の小机領と呼ばれた地域（ほぼ現在の川崎《かわさき》・横浜《よこはま》市域）の城跡について網羅的に調べたことがあるが、「方形館」は一例もなかった。房総地方でもほとんど見たことがない。

ただ、神奈川県でも県央、つまり相模平野を中心とした地域には、「方形館」とされる事例がポツポツとある。武蔵国に入って多摩地方へ行くと二、三例見かける。武蔵国をさらに北上すると次第に増えてきて、埼玉県北部の旧大里郡・児玉《こだま》郡あたりへ行くと、ザワザワある。ここは、荒川や利根《とね》川に沿って低地が広がる地域だ。

要するに「方形館」は、平野部にはたくさんあるが、台地や丘陵が優越する地域や、山がちな地域には存在していないことになる。この分布傾向は、領主の居館としては明らかに奇妙だ。少なくとも、戦時籠城用の山城に対する平時の住居として「方形館」が存在していたわけでないことは、これではっきりする。

躑躅ヶ崎館という虚構

もちろん、土塁と堀で四角く囲んだ中に居住した領主や大名がいるのも確かだ。たとえば武田氏である。躑躅ヶ崎館は、現在は武田神社が鎮座していて観光地となっているので、訪れたことのある読者も多いだろう。この館には、立派な水堀と土塁が四角く廻っている。

甲斐国は武田氏の滅亡後に徳川領となって、この時に躑躅ヶ崎には平岩親吉《ひらいわちかよし》が入って拡張を行っているが、主要部の四角い基本形は大きくは変わっていない。

ところが、である。松岡氏は史料を博捜して、この場所は江戸時代の前期までは、「古城」と呼ばれており、十八世紀の初めに甲府城主となった柳沢吉保《やなぎさわよしやす》が、「御館跡」と呼ぶよう指示したことを突き止めている。低い身分の出だった吉保は、柳沢家が武田遺臣の末《まつ》裔《えい》だという体裁にこだわって武田氏の事績顕彰に努めたが、そうしたイデオロギー政策の一環として、躑躅ヶ崎の「古城」を「御館跡」に改称したのである。

なるほど、と思って筆者も、武田氏研究の基礎史料として知られる『高白斎記』（信玄の側近だった駒井昌武が残した記録）や、『勝山記』（甲斐の僧侶《そうりょ》が残した記録）などをめくってみたが、信虎や信玄のことを「屋形」「御屋形様」とは呼んでいるけれども、躑躅ヶ崎の本拠のことを「屋形」「館」とは呼んでいない。われわれが「躑躅ヶ崎館」と呼んでいるものは、戦国時代には「館」ではなかったのだ。

面白いのは、こうした甲斐側の記録が、駿河の今川氏も「屋形」と呼んでいることだ。そう言えば、平地の「方形館」を本拠にしていたとされるのは、大内氏や大友氏など守護大名系の戦国大名に多い。朝倉氏はもともと守護代だが、戦国の初期に越前を統一している。山口市にある大内氏館へ行くと、現在でも土塁と堀が部分的に残っていて「方形館」だったように見える。ただし、この土塁は大内氏の全盛期には存在せず、堀も途中から拡幅されたことが、近年の発掘調査によって判明している。

どうやら、守護大名系の戦国大名は「屋形」の尊称で呼ばれており、彼らは平地に四角いプランの屋敷を建てて住んでいたが、堀や土塁をどの程度構えるのかは、あくまでケースバイケースだった、と言えそうだ。片や、彼らのライバルだった北条氏や、上杉謙信・織田信長・毛利元就らは丘城や山城に住んでいた。

比較してみると、守護大名系の戦国大名は四角いプランを格式と見なしてこだわっていたようにも思えるが、もともと公権力の側にあった彼らは最初から平地の守護所に住んでおり、下剋上《げこくじょう》組や侵入者組は最初から山城や丘城を本拠にしていた、と考えた方が実態に即しているだろう。大名・領主たちが格式や序列にこだわったのは事実だが、筆者は四角いプランや土塁が戦国時代に格式の指標になったとは思わない。格式を示す上で彼らが重視したのは、建物の造りやしつらえ、自らの装いだったのではないか。

領主たちはどこに住んだのか？

戦国大名たちの中には、平地の四角いプランの本拠（土塁・堀を伴うかはケースバイケース）に住む者も、山城や丘城に住む者もいた。一方で、戦国大名の家臣となった中小の領主たちは、めいめいに城など構えていなかったという話を前章で書いた。では、彼らが「方形館」に住んでいたのかといえば、そうではない。分布から見るかぎり、「方形館」が

大石信濃守屋敷遺構実測図

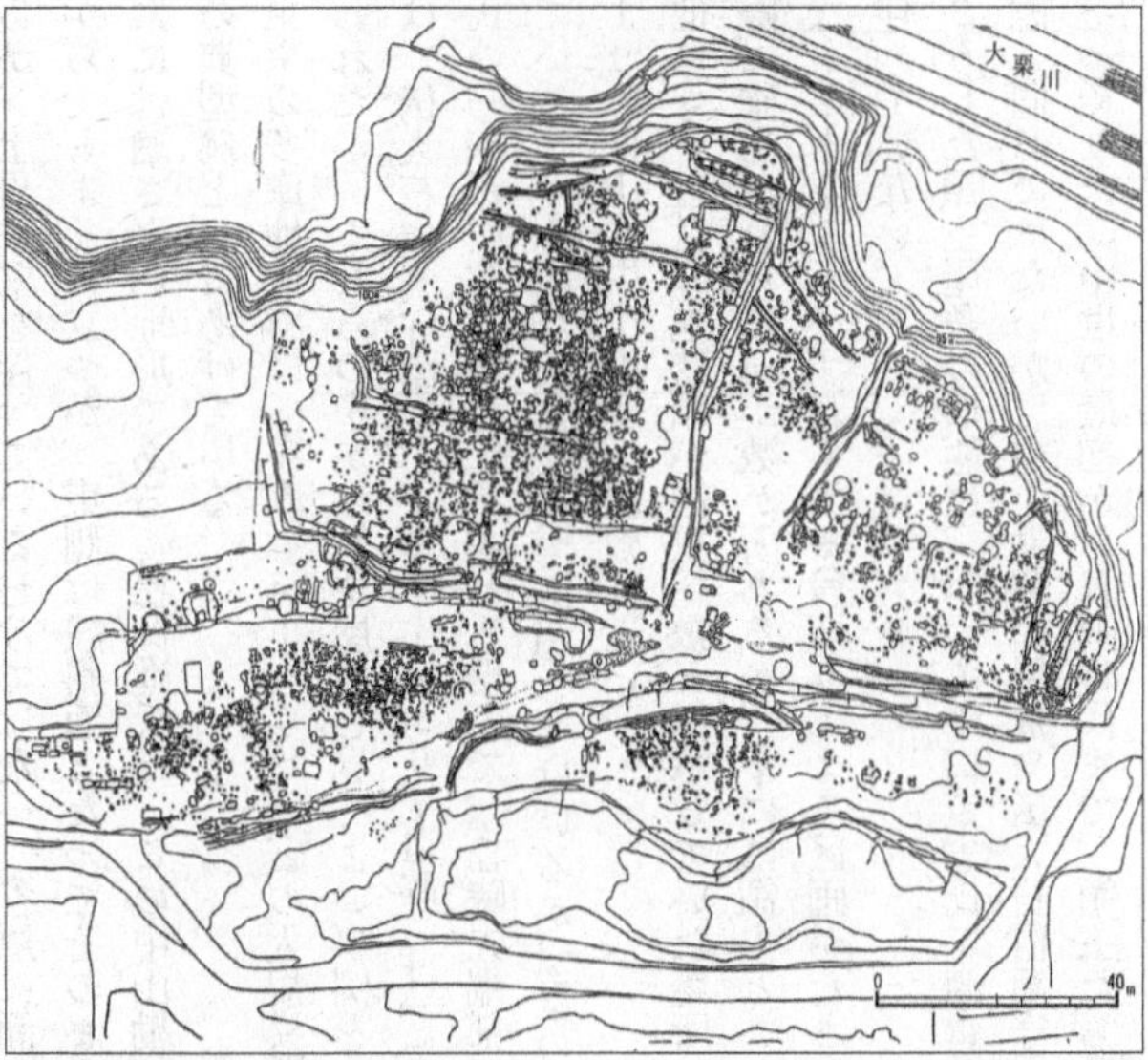

屋敷は方形ではなく、地形にあわせてプランニングしている。また区画は溝を使用しており、土塁はない。東京都教育委員会『東京都の中世城館』(2006)から

普遍的な存在だったとは、とても考えられないからだ。では、城を持たなかった領主たちは、「方形館」でなければ、どんな場所に住んでいたのだろうか。

滝山城主だった北条氏照の重臣に中山勘解由《なかやまかげゆ》という人物がいる。この中山勘解由の屋敷跡と伝承される場所が、滝山城から東に一キロほどの丘陵地にある。伝承地は、丘陵の裾《すそ》を南北一二〇メートル、東西八〇メートルほどの範囲で平坦化して

あるが、土塁や堀を伴っているわけではない。谷戸《やと》に面した西側が壁になっているので遠くからでもよく目立つが、東側は緩斜面となってそのまま背後の丘陵につづいてゆくので、防禦には適さない地形である。松岡進氏は、この中山勘解由屋敷を戦国期における領主屋敷の典型例としてあげている。

東京の多摩地域では、多摩ニュータウンなどの大規模開発に伴う大がかりな発掘調査が行われたが、これらの中から領主屋敷と見てよい事例をいくつも拾うことができる。たとえば、伝大石信濃守屋敷《でんおおいししなののかみやしき》（TNT―No.107遺跡）は、武蔵でも屈指の有力国衆だった大石氏の一族が居住したと伝承される場所で、丘陵先端部の上面を平坦化して屋敷地を形成している。中心部を大きな溝で区画してはいるが土塁の痕跡はなく、「方形館」のイメージよりは前出の中山勘解由屋敷に近い。

他にも、近世の地誌類が領主屋敷と伝承していた場所で、発掘調査によって屋敷遺構が実際に確認された場所が数か所あるが、中には領主というより農民の屋敷に近いような質素なものもある。いずれも溝や段切りによる区画がなされている程度で、土塁や大きな堀は伴っていない。

こうした領主屋敷の形態は、かつて橋口定志氏が鎌倉時代の「領主居館」としてあげた形態と同じではないか。中山勘解由屋敷や伝大石信濃守屋敷など、海老名市の上浜田遺跡とそっくりだ。中世の最初から戦国時代まで、領主たちはずっと垣根や溝で囲まれた程度の、戦闘には到底耐えない造りの屋敷に住み続けていたのであり、それは最下層の土豪クラスであろうと、国内屈指の有力領主であろうと、戦国大名の重臣であろうと基本的には同じであった。

住む場所・戦う場所

大多数の領主たちは、自分の屋敷を舞台に戦争をするつもりなどなかったのである。もちろん、彼らは時として、敵対者の屋敷に夜討ちをかけたりはしたが、所詮《しょせん》はヤクザの出入り程度の抗争だから、屋敷の周囲を塀や垣根で囲んで木戸口を固めておけばよかった。彼らが武力を行使すべき場所は、守護や管領、戦国大名などの上級権力に動員されて赴く戦場だった。中には堀と土塁を廻らせた屋敷に住んだ者もある。けれどもそれは、自分の屋敷を強力に防備しなくてはならない状況に置かれた結果、選択した形態だ。

永禄十一年(一五六八)に武田信玄が駿河へ侵攻して今川氏真を逐《お》うと、北条軍と武田軍は駿東《すんとう》方面で干戈《かんか》を交えるようになり、この地方の旧今川系領主たちも厳しい状況におかれることになる。駿東方面の戦況を伝える同十二年七月四日付の「北条氏照書状写《うつし》」には、次のような文言が見える。

駿州之内富士屋敷へ信玄取り懸《か》かり相《あい》攻められ候《そうろう》、悪地誠《あくちまこと》に屋敷同前之地《どうぜんのち》に候と雖《いえど》も、城衆堅固に相拘《あいかか》え、富士《ふじ》氏の屋敷に武田軍が攻めかかり、ただの屋敷同然の防禦に適さない場所であったが、守備兵たちが懸命に防戦している、という意味だ。富士氏の屋敷は、現在の富士宮《ふじのみや》市にあって大宮《おおみや》城とも呼ばれている。発掘調査で堀の一部が見つかっているが、もともと緩斜面を背にした平地で、たしかに防禦には適さない「悪地」だ。武田軍の侵攻に際して、屋敷のまわりに大急ぎで堀を掘ったのだろう。

中井均氏は、たとえ平地に築かれた小規模な単郭の施設であっても、土塁や堀を備えていれば、構築者が防禦を目的としたものと認めて「城」と評価するべきである、と指摘している。筆者も、この見解を支持したい。領主や大名の中には、厳重な防備を施した城、つまりは戦闘用の要塞《ようさい》に居住している者がおり、その城とは山城であったり丘城であったりした。厳重な防備を施した構造物が平地にあれば、それは平城である。

近世の城でも、広島城、丹波篠山《たんばささやま》城、駿府城、山形城などは四角く堀を廻らせた形をしている。佐賀城や米沢《よねざわ》城に至っては土塁造りだ。平地にあって四角い形をしているというだけの理由で、「方形館」との定義がなされるのだとしたら、これらも「館」「居館」と呼ぶべきではないのか。ちなみに、いま例示した近世の城は、いずれも純然たる平城である。地形的な規制が少ない平地に城を取れば、四角いプランになるのは自然な成り行きなのである。

幻影の呪縛

中世の領主たちが堀と土塁で囲まれた「方形館」に住んでいた、という通説的イメージは幻想であり、堀と土塁で囲まれた施設は、「館」ではなく戦闘を前提とした「城」として認識すべきである。これまで「方形館」とされてきた遺構は、平野部にはたくさんあるが、台地や丘陵が優越する地域や山がちな地域には存在していないという事実が、それを裏付けている。山や丘がある地域では城は高い場所に取るが、山も丘もない地域では平地に取らざるをえないのである。

一九八六年から刊行が開始された『週刊朝日百科　日本の歴史』は、現在隆盛をきわめている週刊タイプの歴史系ムックの嚆矢《こうし》となった企画であるが、その第一回配本「中世I―1源氏と平氏」には、「東国武士の館」として上浜田遺跡の精密な復元イラストが掲載されていた。橋口氏が「鎌倉武士の館＝方形館」という通説に疑義を呈したのは、この直後のことだ。橋口氏の主張は多くの研究者が受け容《い》れ、東国では「方形館」の成立が室町時代までずれ込むことが認識されたにもかかわらず、「領主居館＝方形館」という図式そのものは、その後も再生産されつづけたのである。

筆者は、領主居所のスタンダードな形態が「方形館」であるという図式が成り立たないことは、すでに松岡氏や中井氏らによって充分に論じられ、証明されたと考えているが、ほとんどの中世史・考古学研究者と少なからぬ城郭研究者が、今現在も「方形館」という概念に囚《とら》われつづけている。平地に四角く堀と土塁が廻る遺構を見つけると、彼らはためらうことなく「方形館」と認定し、あるいは断片的に残る堀や土塁をたどって方形のプランを復元し、そこに居住した領主は誰かを詮索する。通説の呪縛力、おそるべしである。

本書ではここまで、通説に従って「館」「居館」の語を使ってきたが、松岡氏が指摘したように、この言い方はどうやら適切ではないらしい。以下、本書でも大名や領主たちの居所のうち城でないものは「屋敷」と呼ぶことにしたい。

三　戦国平城の世界

上戸の陣

埼玉県川越《かわごえ》市の下広谷《しもひろや》地区は、林と畠が混在する武蔵野台地の農村風景をかろうじて留《とど》めているが、ここに土塁と堀で四角く囲んだ築城遺構の群集がある。これらの築城遺構は例によって「方形館」と呼ばれてきたが、一キロ四方ほどの範囲に同じような領主の「館」が七、八か所も集中しているというのは、どう考えても異様である。しかも、下広谷地区の北北西一・五キロ程離れた塚越《つかごし》地区にも、やや遺存状況はよくないものの同様の遺構が群在しているのである（135頁地図参照）。

戦国初期の関東平野では、古河公方《こがくぼう》、関東管領の山内上杉《やまのうちうえすぎ》氏とその庶家であった扇谷《おうぎがやつ》上杉氏などの勢力が、複雑な抗争を展開していた。その中で、扇谷上杉軍の戦略拠点であった河越城を攻めるため、山内上杉軍や古河公方軍が「上戸《うわど》」に陣を置いた、という記載が史料に見える。今から二十年以上も前、埼玉県の関口和也氏は、先行研究を丁寧に引用しながら、これらの築城遺構群が、「上戸の陣」に比定できることを指摘していた。橋口定志氏が、最初に「方形館」の普遍性に疑念を呈した少し後のことだ。

「上戸」の地名は、現在では下広谷地区の南東三キロほどの所に残っている。そこには、常楽寺《じょうらくじ》という古刹《こさつ》に隣接して「河越氏館跡」と呼ばれる場所があって、土塁や堀が残っている。桓武《かんむ》平氏《へいし》秩父氏流に属する名族だった河越氏は、平安時代末から鎌倉時代にかけてこの地方に勢力をはったものの、室町時代の初期には没落してしまったらしい。

これまで断続的に実施されてきた発掘調査によって、この地が河越氏の屋敷であったこととともに、土塁と堀は戦国時代に築かれたものであることが判明している。河越氏の没落後、その屋敷跡は常楽寺の敷地となっていたが、戦国時代に入ると山内上杉軍が常楽寺を接収して「上戸の陣」を築いた、と見てよい。下広谷や塚越地区の築城遺構も、これに連なる「陣」だったのだろう。

下広谷・塚越地区から現・上戸地区にかけては、いわゆる鎌倉街道が貫通しており、この道をたどって入間《いるま》川を渡ると河越城に至る。河越城から現・上戸地区までは三・五キロ、下広谷地区までだと六～七キロほどもあるので、城の攻囲陣としては少し遠すぎるように思うかもしれない。だが、河川以外に敵を防ぐ地形要素のない平野部では、敵城と一定の距離を保たなければ逆襲に対処しにくいし、当時の城攻めは大軍を動員して敵を圧迫し、屈服させるような戦い方をすることが多かった。山内上杉氏や古河公方の勢力圏だった上野・北武蔵や、常陸《ひたち》方面から動員した軍勢をもって河越城を圧迫するには、「上戸」はうってつけの布陣地だったのだろう。

それに、関東管領や古河公方の運用する軍団の主体は、公権によって動員した国衆（諸領主）たちの軍勢だったが、国衆たちは管領・公方に指揮されてはいても、本来は独立した「家」＝軍勢である。方形の囲郭が群在する上戸や下広谷の陣所は、こうした軍団の構成に規定された形態なのだろう。

陣・城・寺院

上戸の陣のように、軍隊が作戦行動をとる上でのベースキャンプとなる「陣」は、戦国時代には多数築かれたはずである。こうした「陣」を置く場所としては、軍勢や物資の集散が容易な平野部が適している。一定の面積を持った使い勝手のよいベースキャンプを平地に築けば、土塁と堀で四角く囲まれた形態になるのは自然な成り行きだ。

ただし、土塁と堀を伴う四角い区画が群在する上戸の陣タイプの施設は、ベースキャン

下広谷陣所群

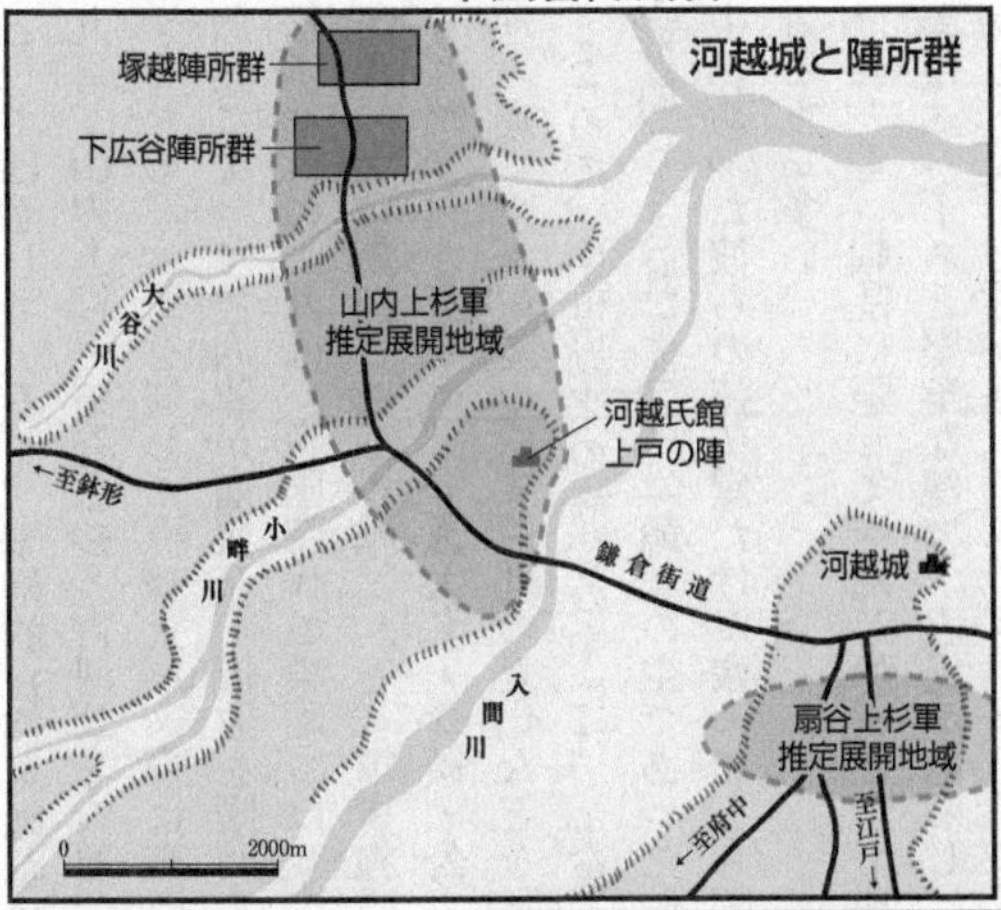

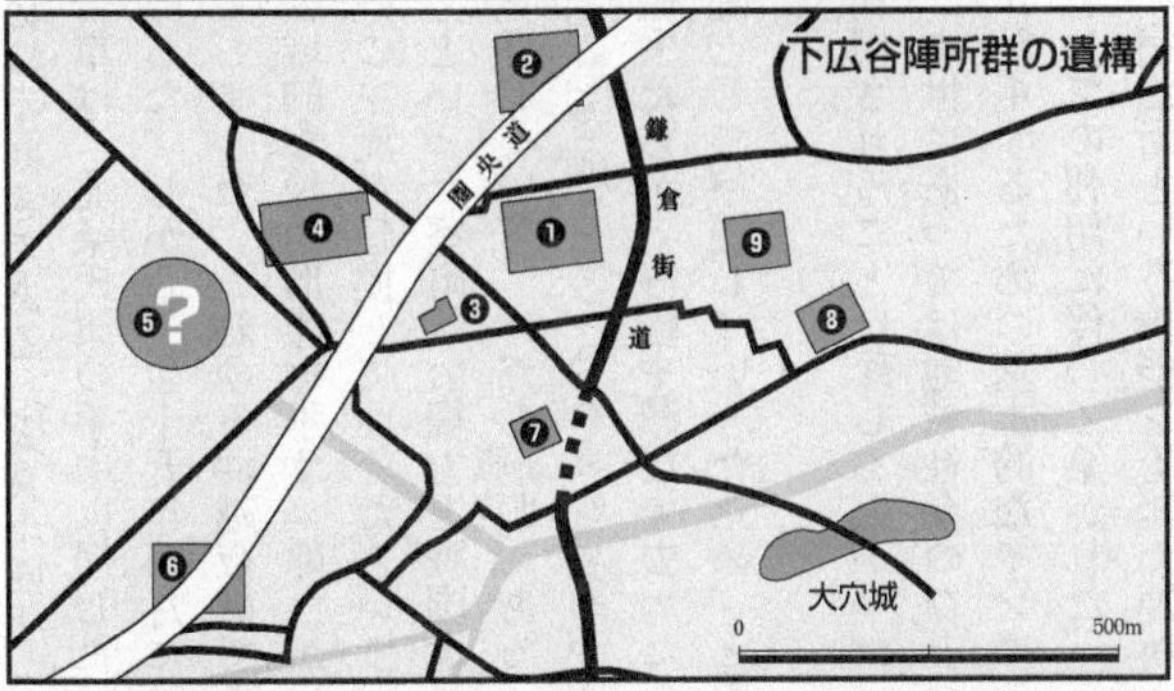

これまで方形館とされてきたものの多くが戦国時代の陣所である可能性が出てきた。上図は河越城攻囲のさいの軍勢展開地域で、下図はその中の下広谷陣所群の確認された遺構である。❶大堀山城❷圏央道建設時に発掘された遺構❸字在家の遺構❹字戸宮前の遺構❺字竹ノ内の遺構（陸軍坂戸飛行場の建設により消滅）❻字宮廻の遺構❼字往還上の遺構❽名称無しの遺構❾字宮前の遺構

プとしては適しているが、本格的な持久戦闘には不向きである。天文十四年（一五四五）の九月、山内上杉・扇谷上杉・古河公方の連合軍は、北条氏康《うじやす》の手中に帰した河越城を奪還するため、大軍を催して再び上戸一帯に布陣した。しかし、翌十五年四月には、氏康軍の急襲によって包囲陣が崩壊し、惨敗を喫してしまった。いわゆる河越夜戦である。

松岡進氏によれば、戦国時代の東国では、広域的な疎集形態を示す「陣」から、タイトに凝集した防禦拠点たる「城」へと、軍事施設の主流が転換していったという。松岡氏は、こうした変化の背景に、守護大名・管領・公方といった室町的公権力と戦国大名との動員原理の違いや、軍隊の構成原理の変化などを見通している。けだし炯眼《けいがん》である。

ところで、中世以来の寺院の中には、土塁や堀を廻らせているものがあって、これも「方形館」とされてきた。「館」の主であった領主たちが、移転や滅亡で去ったのち、「館」の中にあった彼らの持仏堂だけが残って、寺院として存続していったため、と説明されていることが多い。

けれども、戦乱に際して寺院が陣所として利用されることは珍しくなかった。寺院には大きなスペースと堅牢な建物、水場があるし、中世にあっては地域社会のひとつの中核であったから、交通の便もよい。つまり、軍勢が駐屯するための基本的なインフラが備わっていたわけだ。寺院を囲む土塁や堀は、陣所としての利用に伴って築かれた、と考えた方が自然であろう。軍勢の一時的駐屯地、幹部の宿泊所という機能をもった陣所として寺院を利用するための土塁や堀は、戦国末期まで必要に応じて築かれつづけた。

見直したい戦国の平城

考えてみれば当たり前の話だが、中世の合戦は平野部でも行われていたから、平地にだって城を取る必要は生じてくる。南北朝時代の城というと、楠木正成《くすのきまさしげ》の千早《ちはや》城や赤坂《あかさか》城などの山城が有名だが、常陸に下向した北畠親房《きたばたけちかふさ》が拠点とした小田《おだ》城は完全な平城である。同じ常陸では、関《せき》城や大宝《だいほう》城も南北朝期の平城として有名だ。近年、小説や映画で俄《にわ》かに注目を集めた忍城も戦国時代の平城だ。55頁の図で秩父地方の城の分布を確認してほしい。秩父盆地の中心部には平城が集中していることがわかる。平地には平城が、山地には山城が築かれるのである。

中世～戦国時代にかけて平城はたくさん築かれていたし、丘陵地には当たり前のように丘城が築かれていた。織田信長だって、美濃を攻略して山城の岐阜城に入る前は、丘城の小牧山《こまきやま》城にいたし、その前は清洲《きよす》城や那古野《なごや》城といった平城を拠点としていた。平地しかない尾張南部では、平城を築くしかなかったからだ。

信長は、自らの居城を平城→丘城→高い山城→低い山城（安土城）と移し、最後は陣所として利用した寺院で落命したことになる。山城・丘城・平城のどれを選択するかはケースバイケースであって、「中世～戦国時代＝天嶮《てんけん》を利した山城の時代、近世＝平城・平山城の時代」などという認識が、根本的におかしいのである。

ただ残念なことに、山城が廃城後も山林となって遺構を伝えていったのに対し、多くの平城は耕作や都市化によって消滅してしまった。それでも、高度経済成長期の以前には遺構を保っていた平城もかなりあったようで、縄張り研究の偉大な先駆者である山崎一《やまざきはじめ》氏の『群馬県古城塁址の研究』には、北関東や北武蔵に残っていた平城の縄張り図が多数、収録されている。こうした先人たちの貴重な記録や古絵図、現在もわずかに残っている遺構などから見てゆくと、戦国時代の大規模な平城の中には、低湿地の中に島のように浮かぶ微高地を巧みに利用して曲輪群を造りだし、複雑な縄張りを持つものも少なくなかったようだ。忍城もこのタイプである。

高さや険しさに依拠していた山城に対して、平城が拠《よ》りどころとしたのは城を取り巻く湿地や河川であるが、敵のアプローチを困難にするという意味では、湿地もなかなかの防禦力を発揮したらしい。小田原の役において、伊豆の山中城、上野の松井田《まついだ》城、武蔵の八王子城といった名だたる山城が次々と陥落する中、丘城ではあるが周囲を湿地に囲まれた韮山城や、純然たる平城だった忍城が善戦健闘したことは、平城の防禦力が決して侮れなかったことを示すものと言えよう。

戦国時代における平城の姿を伝える事例はあまり多くはないが、ほぼ全域が復元整備された富山県の安田《やすだ》城は平城の好例だし、埼玉県の難波田《なんばた》城や花崎《はなさき》城なども、部分的ではあるが低湿地に囲まれた平城の面影を知ることのできる例だろう。ただ本当は、中小の平城は農地や集落の中に断片的に遺構を留めている。それらは「○○氏館」という名で標柱や説明板が立てられているゆえに、平城として認識されていないのである。

平城と山城

この章の終わりに、戦国時代における平城と山城の関係について、もう少し述べておきたい。戦国大名の中には、平城から山城へ移転した者がある。たとえば下野《しもつけ》の宇都宮《うつのみや》氏だ。宇都宮氏は平安時代以来の名族で、近世宇都宮城のある場所に屋敷を構えていたが、天正十三年（一五八五）には約一〇キロ北西の多気山《たけさん》城へと移転していった。この時期、北関東では北条氏の勢力が伸長して、それまで宇都宮氏と友好関係にあった諸勢力が次々と併《へい》呑《どん》されつつあり、宇都宮氏は強い圧迫を受けていた。おそらく、平地にあった宇都宮氏の屋敷はすでに城郭化していたはずだが、彼らは山城への移転を決意した。

多気山は比高二〇〇メートルほどの独立峰で、山頂から山腹にかけては無数の曲輪群が展開しており、縄張りも複雑で防備は厳重をきわめる。存亡の危機に立たされた宇都宮氏は、一族や家臣らを引き連れてこの山城に居を移し、常陸の佐竹《さたけ》氏らと連携しながら北条軍への抵抗をつづけることとなる。

さらに、宇都宮氏や佐竹氏は豊臣政権にも支援を要請し、北条軍は結局、多気山城を攻略できないままに豊臣軍の関東侵攻を迎えてしまう。かつての宇都宮城下は、北条軍の度重なる侵攻で焦土と化したが、宇都宮氏は辛うじて命脈を保つことができたのである。

この章の最初の方にあげた小谷城の場合も、清水谷と山上の曲輪群との関係は同様なのではあるまいか。元亀《げんき》元年（一五七〇）、浅井・朝倉連合軍と織田・徳川軍が激闘を交えた姉川《あねがわ》の合戦場は、小谷城の南方四キロばかりの距離にある。この合戦ののち、織田軍は小谷城に対する攻囲を本格化させ、三年後にはついに落城に追いこむ。かかる緊迫した状況下で、浅井氏は清水谷にあった居住施設群を山上に移転したのではなかったか。

大名の本拠となれば、山城といえども大きな収容力が必要だ。山上の居住地が狭くて不便なのは時局が時局だから我慢するとしても、大名とその家臣たちが家族ぐるみで移転しなければならない。収容力のある山は山容自体が大きいから、結果として比高も高くなる。

しかも、こうした城は最終防禦拠点だから、山城の持つ防禦上の利点を最大限に発揮できるような地形を取りたいし、周囲から簡単に見下ろされるような山を取るわけにもゆかない。そうした山は比高が大きいから、必然的に山容も大きくなるが、守備兵力も大きいから山容が大きくても守りきれる（裏切り者が出なければ）。

かくて、大名居城としての山城は高い山を目ざす。武田氏の要害山城は非常時籠城用だが、比高が二六〇メートルあって、甲府盆地周辺の山城では高い方だ。岐阜城を選んだ信長は、滅亡の瀬戸際に立たされていたわけではないが、美濃に侵攻して占領地に本拠を構えるのだから、油断はできなかっただろう。

大名の居城が比高の高い山を指向するという現象は、前章で見た秩父の山城――比高の高い山は規模が小さい――とは、一見すると真逆の現象である。けれども、比高の高い山をあえて取るにはそれぞれに事情があった、という意味では同じだ。筆者は、この「それぞれの事情」こそ、城の占地や縄張りを考える時のキーワードだと思う。

低湿地の中の平城に拠って大軍の攻撃を凌《しの》ぎきった事例もあれば、山城に拠ることで生き延びた者も、山城に拠りながら滅亡の憂き目を見た者もいたのである。平城と山城との関係は、かくも複雑多様で厳しいものだった。平時の居館と戦時の山城、あるいは戦国時代は山城の時代などという単純な図式が、いかにリアリティーを欠くことか。

次章では、戦国の城における「それぞれの事情」に、縄張りという観点から迫ってみたい。何せ、複雑多様で決して一筋縄ではいかないのが縄張りだからだ。

第五章　縄張りの迷宮――オンリーワンの個性たち

一　無限の縄張り

城は尽きない

口にした本人はとうに忘れているのだけれど、耳にした者の側には深く刻まれている言葉、というものがある。もうずいぶん以前のことになるが、中世城郭研究会という縄張り図を描く人たちのグループで飲んでいたとき、会の大幹部である八巻孝夫《やまきたかお》氏が、ぼそっと洩《も》らしたのである。

「城は尽きないねえ……」

当の八巻氏は覚えていないようなのだが、筆者はこの言葉を忘れることができない。

城は尽きない――何十年と城を歩き続けていても、こんな城があったのか、と思うような発見は尽きることがないし、なぜこの城はこうなのだろう、といったような疑問や興味も尽きることがない。

筆者も、これまで数百城の縄張り図を描き、それに数倍する城を見てあるき、信頼できるものだけに限っても膨大な数の縄張り図を目にしてきたが、同じ縄張りの城というものを見たことがない。何となく特徴が似ている城はあるけれど、全く同じということはない。城の縄張りは無限に個性的なのである。ではなぜ、城の縄張りは一つ一つ違っているのだろう。また、縄張りの違いにはどのような意味があるのだろうか。

縄張りを構成する要素

城の本を開くと、城を構成するパーツについて説明しているページが、たいがいある。そうしたページをめくってみると、パーツの説明は天守から始めて、櫓《やぐら》・門などの建物についてひととおり説明した後で、縄張りを構成する土木構築物の説明にかかるのが普通だ。では、縄張りを構成するパーツの説明は、どこから始めているかというと、ほぼ例外なく曲輪《くるわ》である。

なぜ、この順番なのだろう、と筆者はいつも違和感を抱く。城という構造物でもっとも重要な機能は、敵の侵入を阻むことではないか。この原理に沿って考えるなら、城を構成するもっとも根源的なパーツは、堀のような侵入阻止のための施設であるはずだ。

ここで少し理屈っぽい話をする。機能という原理に即して、城の縄張りを構成する要素を考えてみるのだ。この原理から考えた場合、縄張りの構成要素は次の四つに大別できる。

①障碍《しょうがい》（遮断）の要素　敵の侵入を阻むための構造物や工夫である。堀や土塁、石垣など

がこの要素を構成する主要なパーツだが、中世〜戦国時代の城における重要な障碍としては、曲輪の外周などに設けられた人工の急斜面がある。この人工急斜面については、「切岸《きりぎし》」という呼び方がかなり定着してきているけれども、城郭研究者たちが慣用的に使ってきた「壁《へき》」という呼び名の方が筆者にはしっくり来る。曲輪の外周は、削り落としばかりではなく、盛土で形成されている場合もあるからだ。

②導入の要素 城の周囲を堀や土塁などの障碍でがっちり固めただけだと、造った本人も出入りできなくなるから、どこかに出入り口や通路が必要になる。これが導入の要素だ。城や曲輪の出入り口を虎口《こぐち》と呼ぶが、この虎口や通路が組み合わさって、導入のための「系」を構成する。導入系のパーツは、敵の侵入を拒むための障碍にわざわざ穴を開けるという矛盾の所産であるから、敵が侵入しにくく味方が出入りしやすいよう、築城者は知恵をしぼることとなる。導入系の構成を工夫することによって、城の縄張りは複雑なものになってゆく。

③空間構成の要素 わかりやすく言えば、城域の設定や曲輪の配置だ。城内に居住施設を作ったり、守備兵を収容するためには、相応の広さの空間が必要だが、あまり広くしすぎると外周が長くなって、守りにくくなる。また、曲輪が一つだけの城(単郭《たんかく》式という)では、障碍の一画を突破されて中に敵が侵入した段階で、落城は必至となってしまうが、曲輪を複数設けるようにすれば(複郭《ふくかく》式、多郭式)、一つの曲輪を失っても残余で

持ちこたえて、逆襲によって取り戻すこともできる（第二次大戦頃までの軍事用語では、文字どおり回復攻撃という）。つまり、多重防御《ぼうぎょ》構造をつくることによって城の抗堪《こうたん》性が向上する。したがって空間構成の要素は、実は障碍の要素と密接に関係している。

④火力発揮の要素　弓矢や鉄炮《てっぽう》などの飛び道具を効果的に使って防戦するための構造物や工夫である。土塁のラインを折り曲げたり一部を突出させたりして、敵の横合いから弓・鉄炮を射掛けられるようにした「横矢《よこや》掛《がか》り」や、土塁の一部をマウンド状にした「櫓台《やぐらだい》」などが代表的な工夫だ。

なお城の縄張りを構成する具体的要素については、拙著『土の城指南』（学研パブリッシング二〇一四）および『図解 戦国の城がいちばんよくわかる本』（ＫＫベストセラーズ二〇一六）で図を示して詳細に解説しているので、ぜひ参照されたい。

城の縄張りはどのように決まるか

以上の四つの要素を組み合わせることによって、城の縄張りは成立している。天守や櫓、門といった建物も、縄張りの上に乗っかっているパーツであるから、機能という原理に即して考えるならば、門は導入の要素、櫓は火力発揮の要素をそれぞれ補完するパーツであるし、天守は櫓の親玉のようなものだから、やはり火力発揮の要素として考えるのが筋だ。城の縄張りが無限なのは、これらの多種多様なパーツの組合せが無数に存在するからだ。

では、実際の城では、この四つの要素はどのように組み合わせられているのだろうか。言い方を換えるなら、戦国時代に城取りに携わった人たちは、これらの要素をどのように組み合わせて縄張りを決定していったのであろうか。

ここで考えなければいけないのは、城取りに際して縄張りを行うためのキャンバスが無地ではないことだ。まず、地形上の制約がある。峻険な山の上というのは、得てして尾根が痩《や》せていて思うようにスペースを取ることができないし、岩がゴツゴツしているような山なら土木工事そのものが大変だから、あまり複雑なプランは造れない。

それに、たとえば主郭を断崖《だんがい》絶壁に寄せて設ければ、そちら側からは攻めてこられないから、堀や曲輪を配置しなくて済む。城を守る側は、攻める側に比べて兵力に劣っているのが普通だから、敵を気にしなくても良い方向があれば、敵が来るであろう正面に守備兵力を集中させられる。このように城を取る地形は、縄張りを制約・規定する大きな要因である。けれども、縄張りは城を取る地形だけによって規定されているわけではない。

以下、本章では、いつ誰がその城を築いたか、という問題にはあまりこだわらずに、ひたすら縄張りを分析してゆく。

がら空きの背後

遠江《とおとうみ》の山あいに犬居《いぬい》城（現浜松《はままつ》市・旧春野《はるの》町）という山城がある。この城の主要部分は

犬居城縄張り図

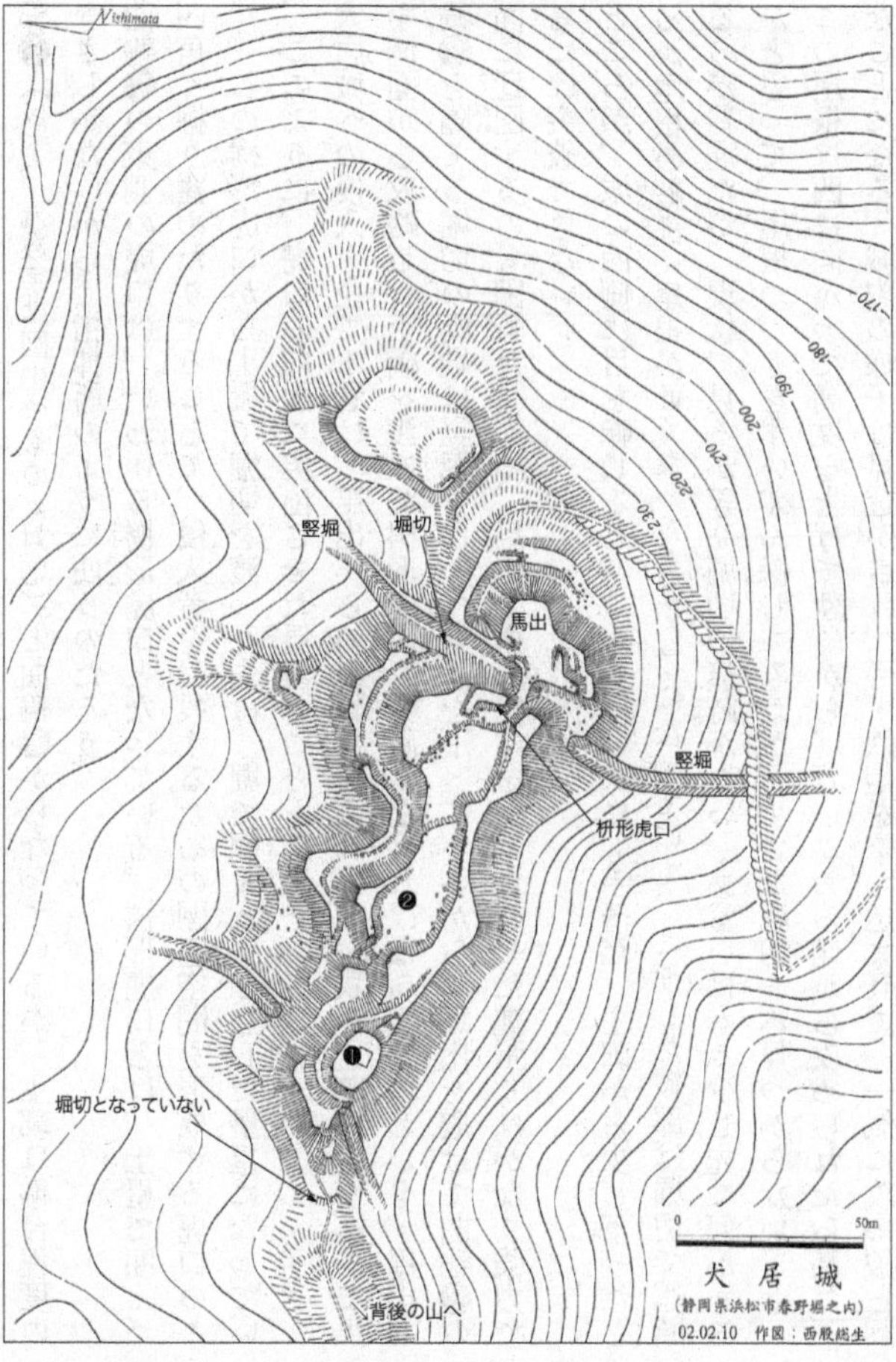
Nishimata
170
180
190
200
210
220
230
竪堀
堀切
馬出
竪堀
枡形虎口
❷
❶
堀切となっていない
背後の山へ
0
50m
犬　居　城
(静岡県浜松市春野堀之内)
02.02.10　作図：西股総生

主郭❶（以下、丸数字は図中のものに対応）と曲輪❷からなっているが、主郭は櫓台程度の大きさしかないから、指揮所のように使うのだろう。

曲輪❷の東側の虎口は、いわゆる桝形《ますがた》虎口となっている。桝形虎口とは、土塁で囲んだり四角く掘り窪《くぼ》めたりすることで、侵入者を封殺するための閉塞《へいそく》空間を形成する虎口のことだ。この桝形虎口から土橋で堀切を渡った先は、堀で囲まれて独立した堡塁になっている。このように、虎口の前面に突出させた堡塁《ほうるい》のことを馬出《うまだし》という。

犬居城への侵入を企てる者は、馬出からの射撃に曝《さら》されながら狭い通路を回り込んで馬出を側面から攻略し、土橋を渡って桝形虎口を突破しなければならない。しかも、馬出と曲輪❷を隔てる堀切の両端は竪堀《たてぼり》となって斜面を下っているから、馬出を避けて曲輪❷の側面に迂回《うかい》するのも困難だ。この、馬出と桝形虎口を組み合わせた縄張りはかなり強力で、容易には突破できない。

ところが、城の西側に目を転じると、こちらはいかにも手薄だ。主郭から少し下ったところが尾根の鞍部《あんぶ》（尾根が低くなったところ）になっていて、こうした鞍部は堀切で遮断するのが普通だが、現状で見るかぎり堀切の痕跡《こんせき》がない。あるいはもう少し先に何かあるのかと思って、尾根つづきをずいぶん探してみたが、小さな堀切一本見つからない。

この尾根は西に向かって高度を上げてゆくから、万一こちら側から攻められたら甚だ不利なことになる。城内の様子は見透かされ、弓・鉄炮を撃ち込まれて、一気に攻め破られてしまうだろう。そうしたリスクを考慮するなら、堀切を何本か入れて念入りに遮断するとか、鞍部の西側にも出丸を造るとか、やり方はいろいろありそうなものだ。にもかかわらず、西側に対しては防禦らしい防禦を施していない。城の命運は馬出と桝形虎口の所で敵を防ぎきれるか否かにかかっているのだ。

犬居城と駆逐戦車

犬居城の縄張りを見ていると、筆者は第一章で触れた突撃砲や駆逐戦車を思い出してしまう。前方に向けてしか射撃できない突撃砲や駆逐戦車（ドイツの）は、一見すると出来損ないの兵器のように思えてしまうけれども、こうした形態の兵器が生み出されるには、それなりの事情があったわけだ。

それに、突撃砲や駆逐戦車は、旋回砲塔という設計上の厄介な制約がない分、車体が同じサイズの戦車より大きな砲を積むことができるから、前面の装甲だけ強化しておけば、正面対正面の撃ち合いでは有利だ。この利点を活《い》かし、限られたサイズの車台にできるだけ強力な砲を積んで、待ち伏せやヒット・アンド・アウェイ戦法を駆使して、敵戦車を撃破することに特化したのが駆逐戦車だ。

城の場合は、戦車と違って動かないから事情は少々異なるが、限られた守備兵力を敵に向けて集中配置した方が、効率よく敵を撃破できる。一見すると偏った形で不利なように見える兵器でも、戦い方によっては大きな威力を発揮する、という原理は同じわけだ。犬居城について考えるなら、この山に城を取るに際してまったく違う縄張りはいくらでもありえたはずだが、築城者はあえて背後をがら空きにしたまま、前方に戦闘力を集中させる方針を採ったわけだ。敵が東から攻めてくるという確たる前提がなければ、このような極端な縄張りは選択しなかったはずである。

犬居城のように、城の縄張りが特定の方向を強く意識していることを、筆者は縄張りの「指向性」と呼んでいる。指向性のはっきりした縄張りには、何か築城者の具体的な意図や、築城に際しての具体的条件などが反映されているらしい。

二　縄張りの個性を読む

青山城に見る火点

埼玉県比企《ひき》郡の小川《おがわ》町は、比企丘陵が外秩父の山並みに接するあたりにある。小川の町並みはそうした山間の小盆地で、古くからこの地方における交通の要衝であり、物資の集散地でもあった。中世の文書にも「小河」の地名が散見される。

この小盆地の南に、青山《あおやま》城という城がある。標高は二六七メートル、比高は西麓《せいろく》の青山の谷筋から一六〇メートル、東麓の割谷《わりや》の側からだと二〇〇メートルだから、南関東の山城としてはまあ標準的な高さといってよい。ただ、この城は小川の町の方からは全くといってよいほど見えない。城と町との間に、仙元山《せんげんやま》という城よりも一回り高く大きな山があるためだ。しかも、青山城と仙元山とは直線距離で五〇〇メートルしか離れていないから、城は仙元山から見下ろされることになってしまう。築城者はなぜ仙元山ではなく、こちらの山を取ったのだろう。

青山城の縄張りを見てみよう（153頁図参照）。主郭（❶）のある場所から南西、南東、北の三方向に尾根が延びていて、それぞれに防御が施されている。けれどもよく見ると、南西側に造られた曲輪❷の方が南東側の曲輪❸より一回り大きく、縄張りも明らかに複雑である。特に、曲輪❷の先端が人差し指のように飛び出したところは、現地で見てもかなり印象的な遺構だ。ここに数挺《ちょう》の鉄炮（弓でもよいが）が置かれていたら、南の尾根つづきから攻め登ってくる敵には、かなり厄介だったろう。

このように飛び道具を配置するポイントを、軍事用語では火点《かてん》という。戦国時代の軍隊では、弓・鉄炮などの飛び道具は数が限られており、曲輪の縁に弓・鉄炮を持った守備兵がずらっと並ぶようなことはできなかったから、なけなしの火力を有効に発揮したければ、火点の造り方を工夫することになる。

片や曲輪❸の先端は、一本の堀切で単純に遮断しているだけだ。地形の制約があるにしても、小さな曲輪をもう一つ増設するなり、堀切を追加するなり、これで心もとないのなら縄張りを工夫する余地はあったにちがいない。それ以上に意図的なのが、北に下る尾根だ。主郭から北側に出たところは虎口を工夫しているのだが、その先は右手に短い竪堀を一本落としているだけである。尾根上はあまり広くはないけれども、小さな曲輪を造るくらいのスペースはあるし、堀切を掘ることは充分可能だったはずだ。

防禦上の優先順位

どうやら築城者は、三本の尾根に優先順位をつけていたようである。曲輪❷のある南西の尾根にもっとも厳重な防禦を施し、南東側はとりあえず曲輪❸を置いて対処し、北側の尾根は出入りだけチェックできればいい、という意図が見える。敵が南西側の尾根から攻め寄せてくることを想定して、曲輪❷に防禦の比重をかけているのである。裏を返せば、曲輪❸や北側の尾根に対しては、大きな人数を配置する余裕がなかったともいえる。曲輪❸にも防禦を施したのは、南西の尾根から曲輪❷に攻めかかった敵が、火点からの射撃に曝されてなかなか突破できず、別働隊を谷筋から迂回させて南東側の尾根に取り付くような事態に対処するためではなかったか。ただし、戦力には余裕がないから鑓《やり》などを主体として守備をする。曲輪❸の縄張りが単純なのは火点形成の工夫がないためで、飛び道具をあまり用いずに単純な動作で守備をするつもりなのだろう。また、北側の尾根を堀切などで遮断しなかったのは、曲輪❷が陥落してこれ以上の防戦が困難だと判断した時点で、この方向に脱出する予定だったからではないか。

青山城縄張り図

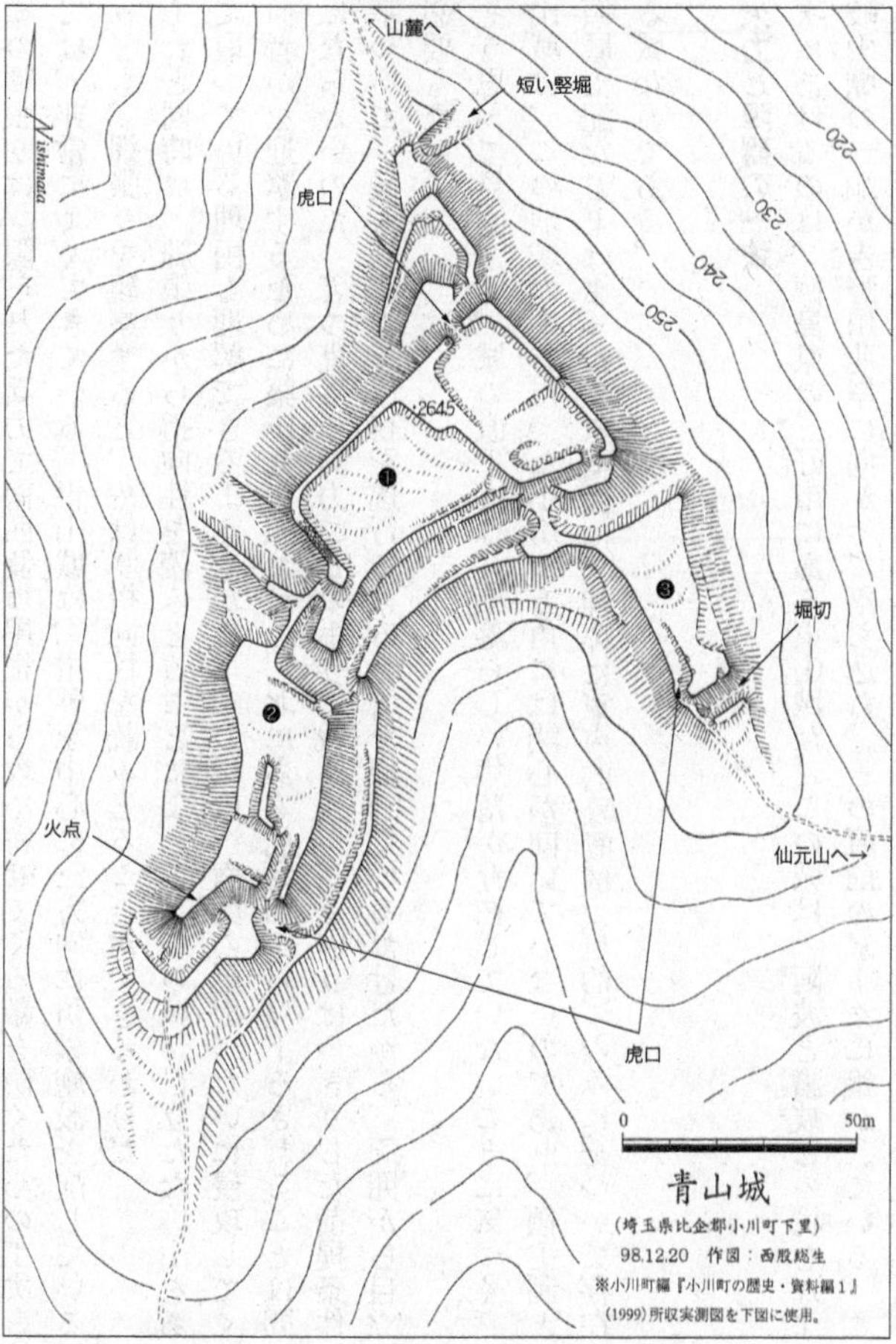
山麓へ
短い竪堀
Nishimata
虎口
250
240
230
220
2645
❶
❷
❸
堀切
仙元山へ→
火点
虎口
0
50m
青山城
(埼玉県比企郡小川町下里)
98.12.20　作図：西股総生
※小川町編『小川町の歴史・資料編 1』
(1999)所収実測図を下図に使用。

この縄張りは、限られた兵力で南西側の尾根から攻め寄せてくる敵を防ぐための工夫としては、非常によくできている。青山城は、主郭を中心に三方向に防禦施設を配しているけれども、縄張りを観察すると、やはり指向性を読みとることができるわけだ。

それと同時に、縄張りから指向性を読みとることによって、この城が目立たない山をあえて取っている理由も理解できるようになる。この城は、南西の尾根づたいに侵攻してくる何者かを迎撃するために築かれた城だから、北にある仙元山から見下ろされることは問題にならないのだ。どの程度の兵力でどのように戦うのか、というはっきりした前提条件に基づいて、最も効率よく任務を遂行できる場所を取っているだけだから、周囲から目立つ必要もない。

そう思って見回すと、城の直下には、集落らしい集落が存在していないことに気づく。青山城は、この地域の中心だった小川の方角には関心が向いていないのであり、領主制とか領域支配などとはまったく無関係に、純粋に軍事的な動機(目的)のみに基づいて存在する城なのである。

火力と障碍の一致

次にあげるのは、徳島県の三好《みよし》市にある東山城《ひがしやま》だ。この城は、阿波《あわ》と讃岐《さぬき》との境をなす讃岐山脈の一端が吉野《よしの》川北岸に向かって落ち込む、その直前のピークに築かれている。この地域の山城は、関東地方に比べると概して急峻で比高も大き目だ。東山城も、吉野川沿いから眺めると巨大なピラミッドのような山容で、比高は三〇〇メートルを超える。

東山城は決して大きな城ではないが、縄張りは巧妙である（次頁図参照）。直線的に整形された主郭の周囲は高低差の大きい横堀で防護し、要所には竪堀を落として敵の迂回を防いでいる。しかも、曲輪間の連絡は、土橋がないからすべて木橋によっていたはずで、いざとなったら橋を落として主郭への侵入をシャットアウトする構えである。少人数で効率的に守り抜こう、という築城者の意図を感じる縄張りである。

もっとも目をひくのは、主郭の北端に強力な火点として築かれた櫓台と、その外側につづく尾根に対して構えられた三重の堀切だ。三重の堀切という障碍で敵を足止めし、櫓台から射撃を加えて侵入を阻止するのである。しかも、面白いことに三重の堀切は角度を微妙にずらしてある。おそらく、突破を図る敵兵に斉一な動作をとらせないための工夫だろう。近代の戦術原則でいうところの「火力と障碍の一致」が、見事に実現されている。

この城は、少人数だが火力の充実した精鋭部隊のために築かれた可能性が高い。しかも彼らは、北の尾根つづきからの侵入を阻止する、という明確な目的を持っていたらしい。この縄張りも、やはり指向性をもっているのである。

東山城は、青山城とはちがって山麓からもよく目立つ。山麓の集落からよく目立つ山城を見ると、われわれはつい山麓に広がる世界との関係のなかで、その城を理解したくなる。

東山城縄張り図

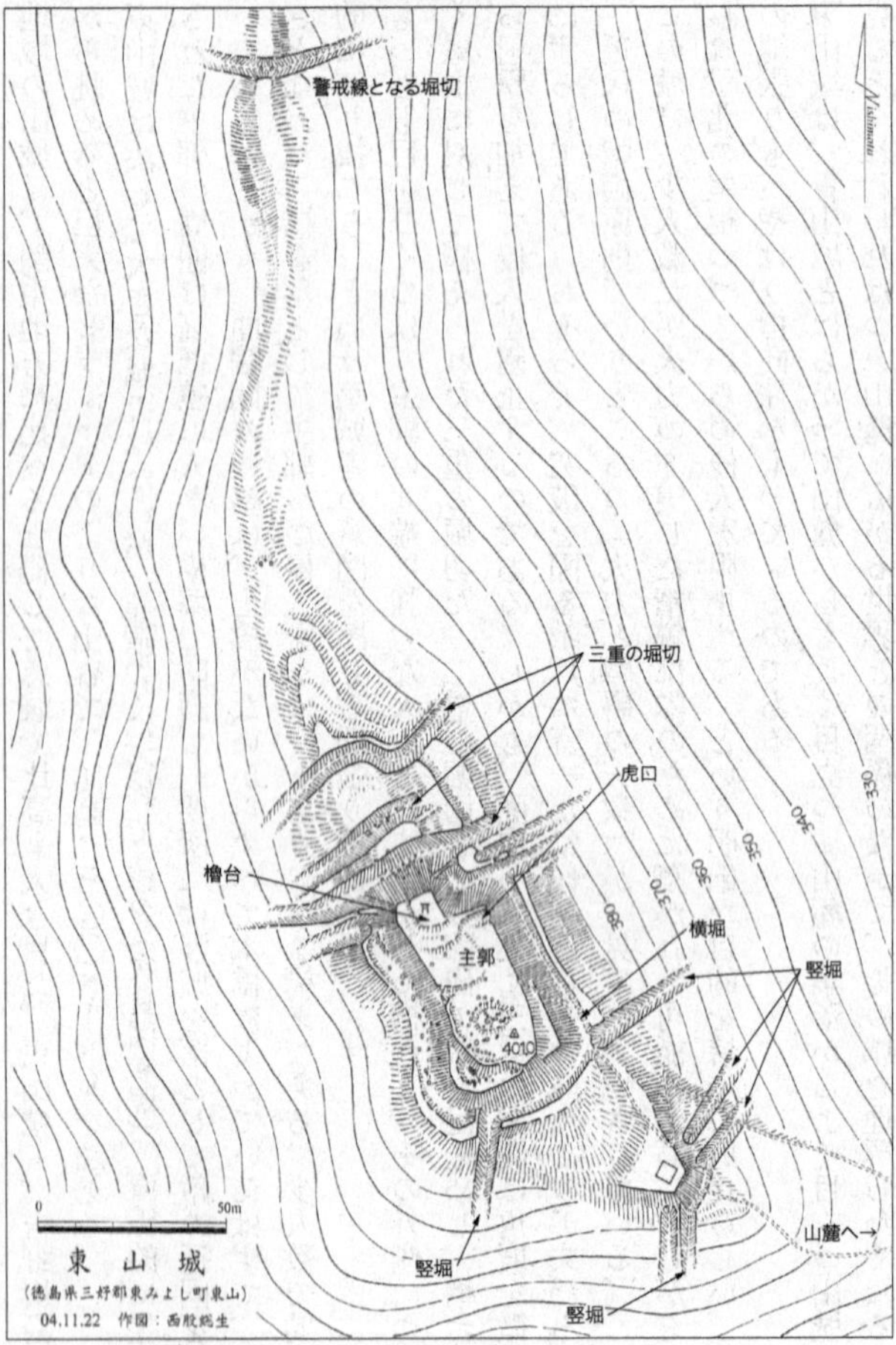

警戒線となる堀切
三重の堀切
虎口
櫓台
主郭
401.0
横堀
竪堀
330
340
350
360
370
380
山麓へ→
竪堀
竪堀
0
50m
東　山　城
（徳島県三好郡東みよし町東山）
04.11.22　作図：西股総生

いわく、この地域の支配拠点であるとか、領主の本拠であるとか。けれども、縄張りを見てゆくと、この地域における一般的な危機に対応するための城ではないことがわかる。築城者は何らかの目的を果たすために最適の山に城を取ったのであって、その山が結果としてはたから目立っているだけにすぎないのだ。

徳島県の出身で、縄張り研究については筆者の大先輩である本田昇《ほんだのぼる》氏は、角度をずらした三重の堀切という特徴的なパーツは、阿波には例がないが土佐《とさ》には比較的多いことに注目し、東山城は長宗我部《ちょうそかべ》氏の築城ではないか、と推定した（『図説中世城郭事典』三）。長宗我部氏が阿波の大半を制圧した天正十年（一五八二）以降に、讃岐方面からの侵入に備える必要が生じて東山城を築いた可能性は高い、と筆者も思う。

縄張りを読む意味

ところで、いま名前をあげた本田昇氏は、一九七〇年代に現在に至る縄張り図の図法や城の見方を大成した先人の一人だ。縄張り研究に重要な足跡を残した先人は他にも大勢いるが、本田氏が活躍した一九七〇年代以降、現在のような縄張り図が次第に〝市民権〟を得るようになったといってよい。

それ以前の城の見取り図は、おもだった曲輪と堀の位置を大まかに示した串団子のような略図が多く、虎口や横矢掛りといった縄張り上の細かな技巧は、表現されていなかった。

残念ながら現在でも、こうしたタイプの略図はかなり幅を利かせていて、戦国時代の城を紹介した一般向けの本や、自治体が発行するパンフレット、城跡に立っている説明板などにもよく載っている。

このタイプの略図では、自分が今いる場所が主郭で、その外側に堀があるのだな、というくらいのことはわかるが、縄張りの細かな工夫や指向性は捉《とら》えられていない。細かな工夫や指向性を捉えなければ、築城者の意図も読みとれないから、その城が、その場所に、その縄張りをもって築かれた具体的な必然性にも思いが至らない。具体的な必然性に思いが至らないので、城の存在理由を、歴史学の既存の一般論に落とし込んで理解せざるをえなくなる。つまり、地元の領主が自分の居城として築いたのだろう式の評価に落ち着くことになる。これでは、第三章で見た亡霊の再生産と変わらない。

けれども、城の縄張りは、実際にはもっと具体的な意図に基づいて決定されている。縄張りに現れる指向性は、具体的意図の一つの発露といえるだろう。そして、城を守備する部隊の兵力、火力、練度といった要素が、縄張りの細部を工夫するための前提となってゆくらしい。こうして、城の縄張りには個性が与えられることになる。

平凡そうな外見

もちろん、全ての城が犬居城や青山城、東山城のように、くっきりした個性を持っているわけではない。尾根の上に曲輪と堀切を並べてゆくような、単純な縄張りの城はいくらでもある。

たとえば、東京都青梅市にある桝形山城《ますがた》（161頁図）がそうだ。この城の縄張りは、主郭を中心として尾根上に曲輪と堀切を交互に配置してゆくもので、山城としてはきわめてオーソドックスな形態と言える。堀切の両端が竪堀となって斜面を下ってゆくのも、東日本の山城ではありふれたパターンで、青山城などと比べると、いかにも芸のない縄張りに見える。

けれどもよく見ると、主郭から南側では尾根を完全に掘り切っているが、主郭から北では完全には掘り切らずに土橋を残していることがわかる。また、城域の南端に位置するⒶの周辺は、壁を削り落とすなど手を加えた形跡はあるものの、あまり積極的に防備を固めようとはしていない。この場所を本気で守ろうとするのなら、最低でも南から登ってくる尾根を堀切で遮断しなくてはだめだ。積極的に防備する意志がないのは、ここまで守りきるだけの兵力的な余裕がなかったからだろう。

Ⓐの場所は、尾根上の小さなピークになっているので、主郭から山麓方向への視野を妨げる。敵が攻め登ってくる様子が、主郭からだとよく見えない。だから、Ⓐの所に前哨《ぜんしょう》の兵を出しておき、敵の接近を通報したら、弓矢や投石などで少々の抵抗を試みたのち、城内に引き上げる。堀切には簡単な木橋を渡しておき、主郭までは木橋を落として後退しな

がら抵抗する。主郭から北の尾根に土橋を残しているのは、主郭で持ちこたえられなくなった場合の退路を確保するためであろう。

このように、一見すると平凡な縄張りの城にも、築城者の意図は案外反映されているものだ。どの方向から攻め寄せて来る敵を、どの程度の戦力で、どのように防ぐのか、という前提条件をもとに、築城者が縄張りを決定しているからだ。平凡そうな外見の城にも、ちゃんと個性はある。城の縄張りは、やはり無限に個性的なのだ。

三　融通のきかない個性たち

変な縄張り

人間の世界では、強烈な個性を持った人は、しばしば「変な人」とか「不思議な人」と呼ばれる。城の世界にも、同様に強烈な個性を持った「変な城」「不思議な城」がある。

たとえば、東京の稲城《いなぎ》市と神奈川県川崎市の境にある小沢天神山城《おざわてんじんやま》だ（162頁図）。普通、城というものは、城地の最高所を指揮所にして最終防禦拠点となる主郭を置くものだ。ところがこの城では、尾根上に二か所あるピークは、いずれも元の地形にほとんど手を加えず、代わりに南側の山腹に曲輪群を造っている。ピークを取っていないので、パッと見にはあまり城っぽくないが、尾根などの要所はちゃんと堀切で遮断しているので、やはり城である。

枡形山城縄張り図

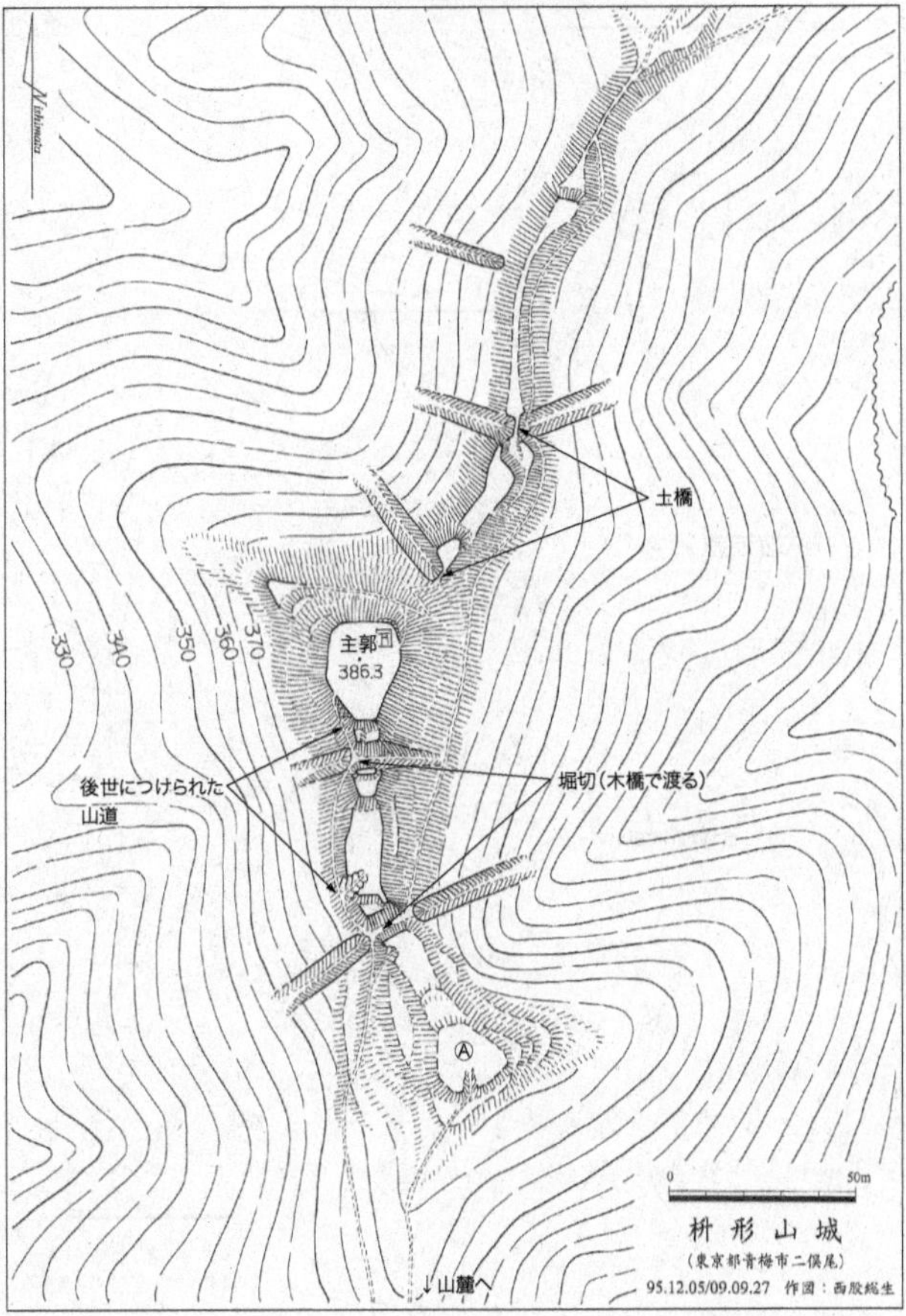
土橋
主郭
386.3
330
340
350
360
370
後世につけられた
山道
堀切（木橋で渡る）
Ⓐ
0
50m
↓山麓へ
枡　形　山　城
（東京都青梅市二俣尾）
95.12.05/09.09.27　作図：西股総生

小沢天神山城縄張り図

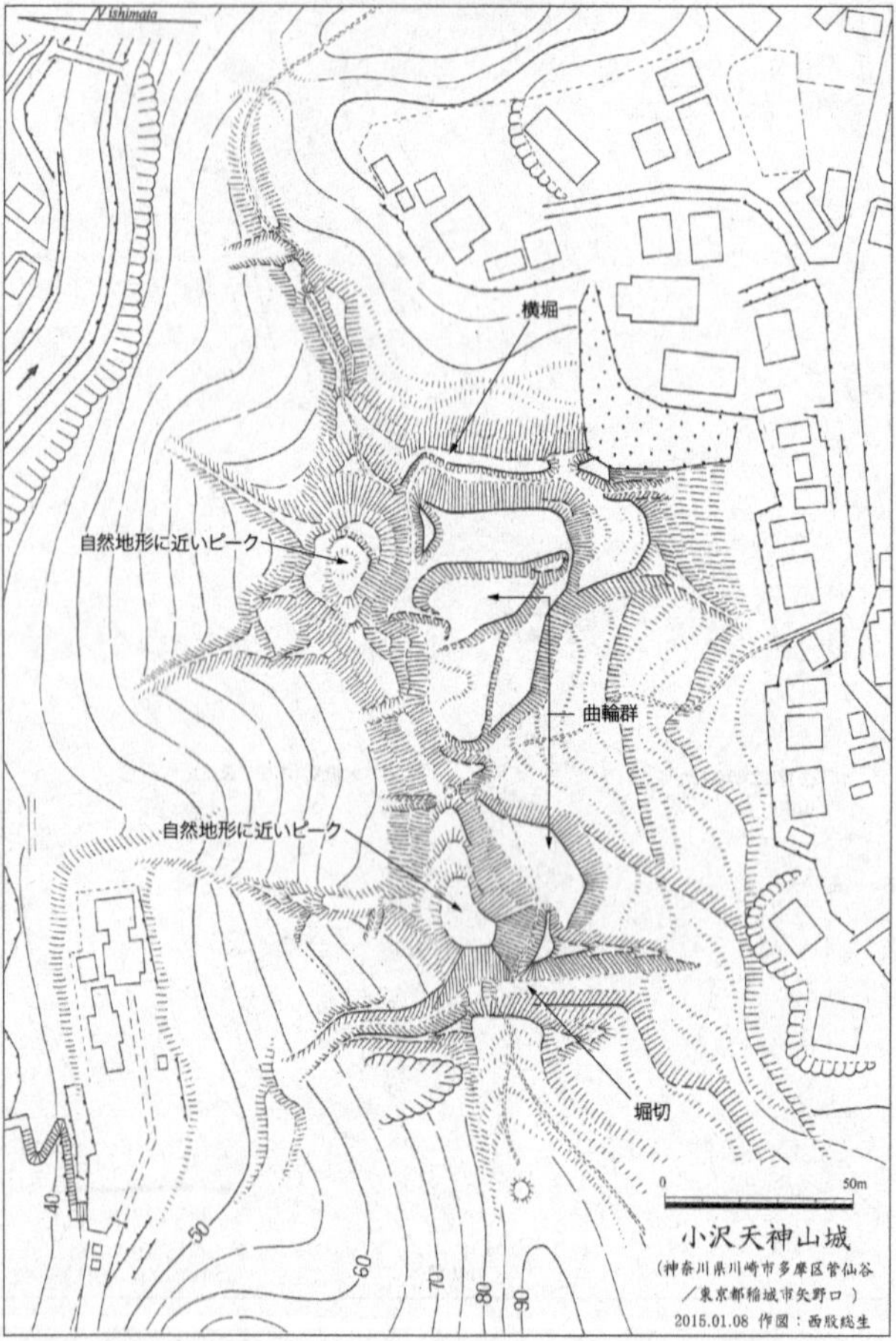
Nishimata
横堀
自然地形に近いピーク
曲輪群
自然地形に近いピーク
堀切
40
50
60
70
80
90
0
50m
小沢天神山城
（神奈川県川崎市多摩区菅仙谷
／東京都稲城市矢野口）
2015.01.08 作図：西股総生

高谷砦縄張り図

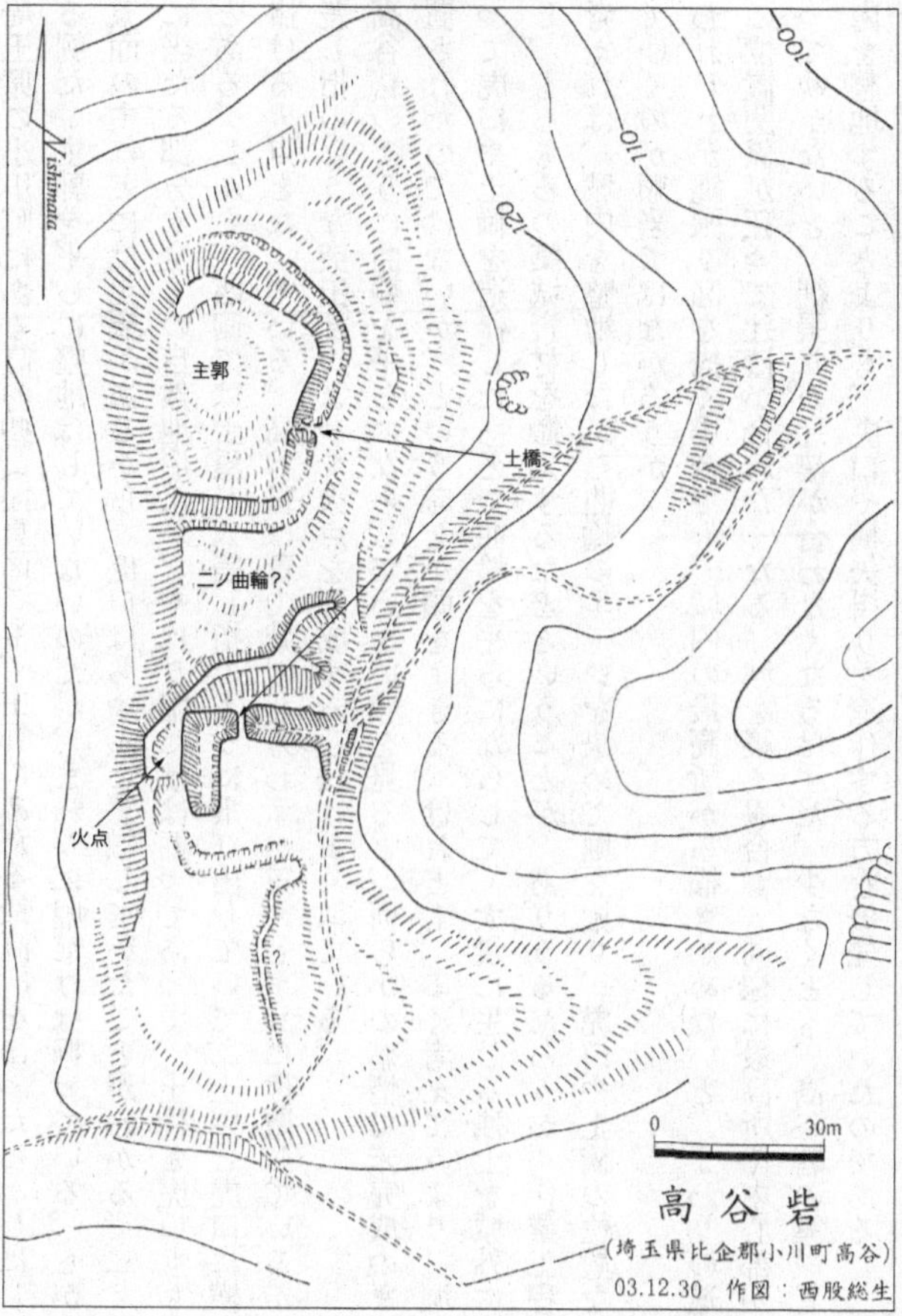
Nishimata
100
110
120
主郭
土橋
二ノ曲輪?
火点
?
0
30m
高谷砦
(埼玉県比企郡小川町高谷)
03.12.30　作図：西股総生

埼玉県の小川町にある高谷砦《こうやとりで》（163頁図）も、主郭にあたる最高所をほったらかしにしている例だ。主郭を平らに整地はしていないのだが、まわりに堀だけは掘っている。しかも、南東面の中ほどには土橋があるから、虎口はちゃんと意識していたことがわかる。二ノ曲輪に当たる部分も全くの自然地形だが、やはり堀だけは掘ってあって、土橋と虎口もちゃんとある。しかも、西側では土塁が人差し指のように飛び出していて、土橋と虎口に横矢を掛ける火点となっている。高谷砦は青山城の北方わずか三・七キロに位置しているが、人差し指のような突出部によって火点を形成する手法はよく似ている。

高谷砦のように曲輪を平らにならしていない城を見ると、何らかの事情で未完成のまま放置されたのではないか、という考えが頭をよぎる。けれども、よく考えてみよう。堀を掘って虎口や土橋を造作したあとで曲輪を平らにならして、大量に生じる残土を城外に搬出し、もろもろの築城資材を搬入するなどということが、ありうるだろうか。作業工程から考えれば、城内を整地しながら曲輪のエッジを決めて堀を掘り、虎口や土橋の位置を詰めてゆくのが順当ではなかろうか。

われわれが縄張り図を描く場合でも、城内の最高所から描き始めないと、まわりの遺構との位置関係が狂って辻褄《つじつま》が合わなくなる。城を築く場合も、同様に最高所や中心部から造ってゆかないと、縄張りの辻褄が合わなくなるはずだ。少なくとも、高谷砦の築城者は、城内を整地することよりも、虎口や横矢掛りを造作する方を優先していたのである。

城内を平らに整地することよりも、細部の造作を優先したことがもっとはっきり看て取れる例として、長野市（旧大岡村《おおおか》）の砦山《とりでやま》城をあげよう（次頁図）。この城は、四〇メートル四方ほどの単一の曲輪と、それを取り巻く堀や付属施設からなっている。曲輪の内部を平らに整地しようとした形跡は全くなく、北東から南西に向かってぐずぐずと傾斜している。その一方、虎口はかなり技巧的で、南東側と北東側には外桝形のような虎口があるし、南西側の堀の外にあるのは、どう見ても馬出だ。

築城者は堀と土塁を造ることを優先し、虎口にも工夫を凝らしているけれども、曲輪の内部を平らに整形する意志は、最初からなかったようだ。曲輪の内部が傾斜したままだと居心地が悪いし、まともな建物をたてることもできないが、ある種の城ではどうやら、曲輪の内部を平らに整地するという行為は不要だったらしい。

虎口だけの城

曲輪を造る意識がない城の典型例として、福島県南会津郡只見《ただみ》町の勝蔵山《かちくらさん》城をあげよう。この城は、勝蔵山の麓《ふもと》が台地状に広がった場所に築かれている。とは言っても、築城遺構らしいものは城域の両端にある虎口だけだ。ただし、その虎口は両方ともなかなか技巧的である。城域の三方は天然の崖《がけ》に囲まれているし、背後に連なるのはかなり高く峻険な岩山だから、そちらから敵が侵入することはないという前提に立って、虎口だけ固めれば城

砦山城縄張り図

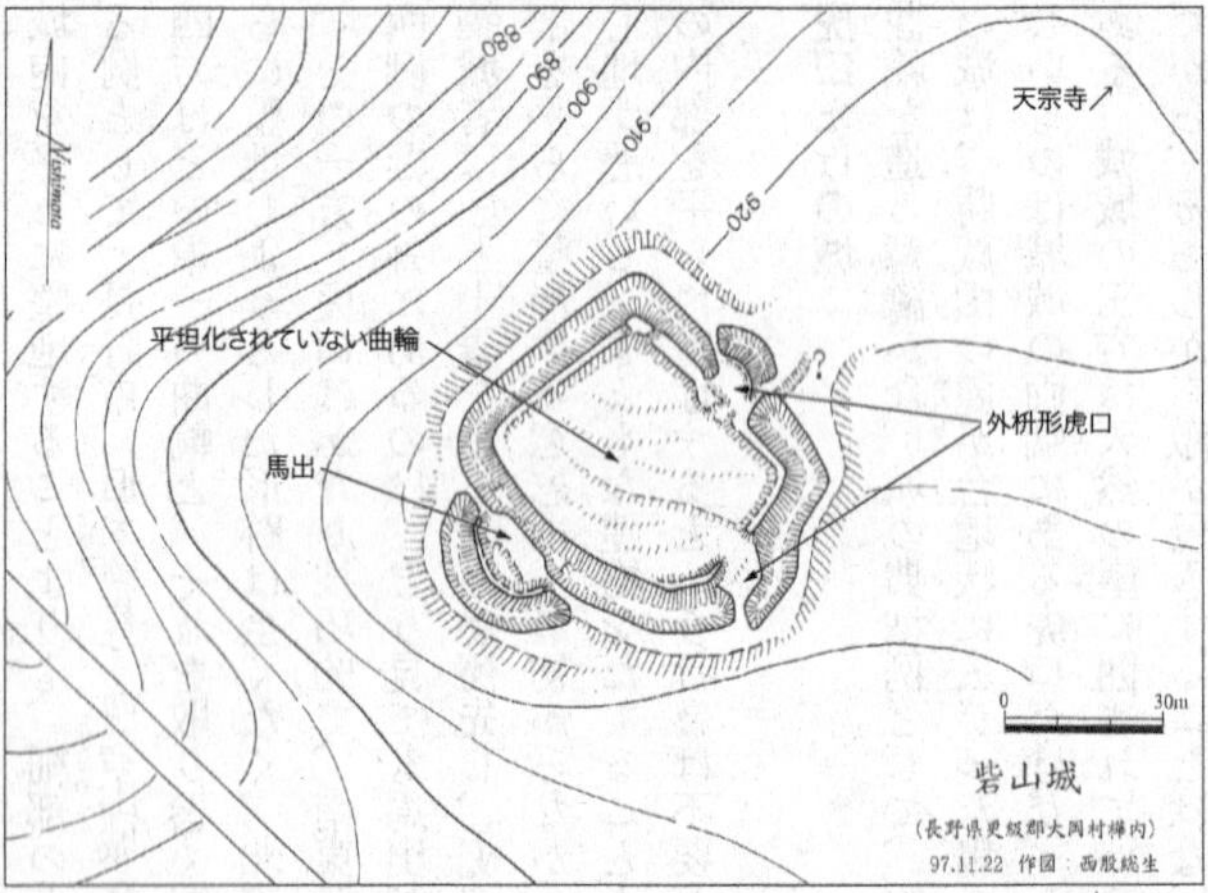

として成立するという、大変割り切りのよい考え方で築かれているのである。

この勝蔵山城は、いつ誰が築いたのかがわかっている。天正十七年（一五八九）に伊達政宗が会津に侵攻して蘆名氏を滅ぼしたのち、蘆名方の残党が奥会津の山間でひとしきり抗戦する。勝蔵山城はその際に、蘆名方の残党が立て籠《こ》もった城として史料に登場するのだ。おそらく、一定の収容力をもった抵抗拠点を大至急、造る必要から、この場所とこの縄張りが選ばれたのだろう。

割り切りがよいといえば、同じ福島県にある馬入《ばにゅう》峠の塁（岩瀬《いわせ》郡天栄《てんえい》村）もすごい。中通り地域から会津に入るサブ・ルートの一つである馬入峠を挟み込むように堀と土塁を築き、中央に虎口を開け

勝蔵山城縄張り図

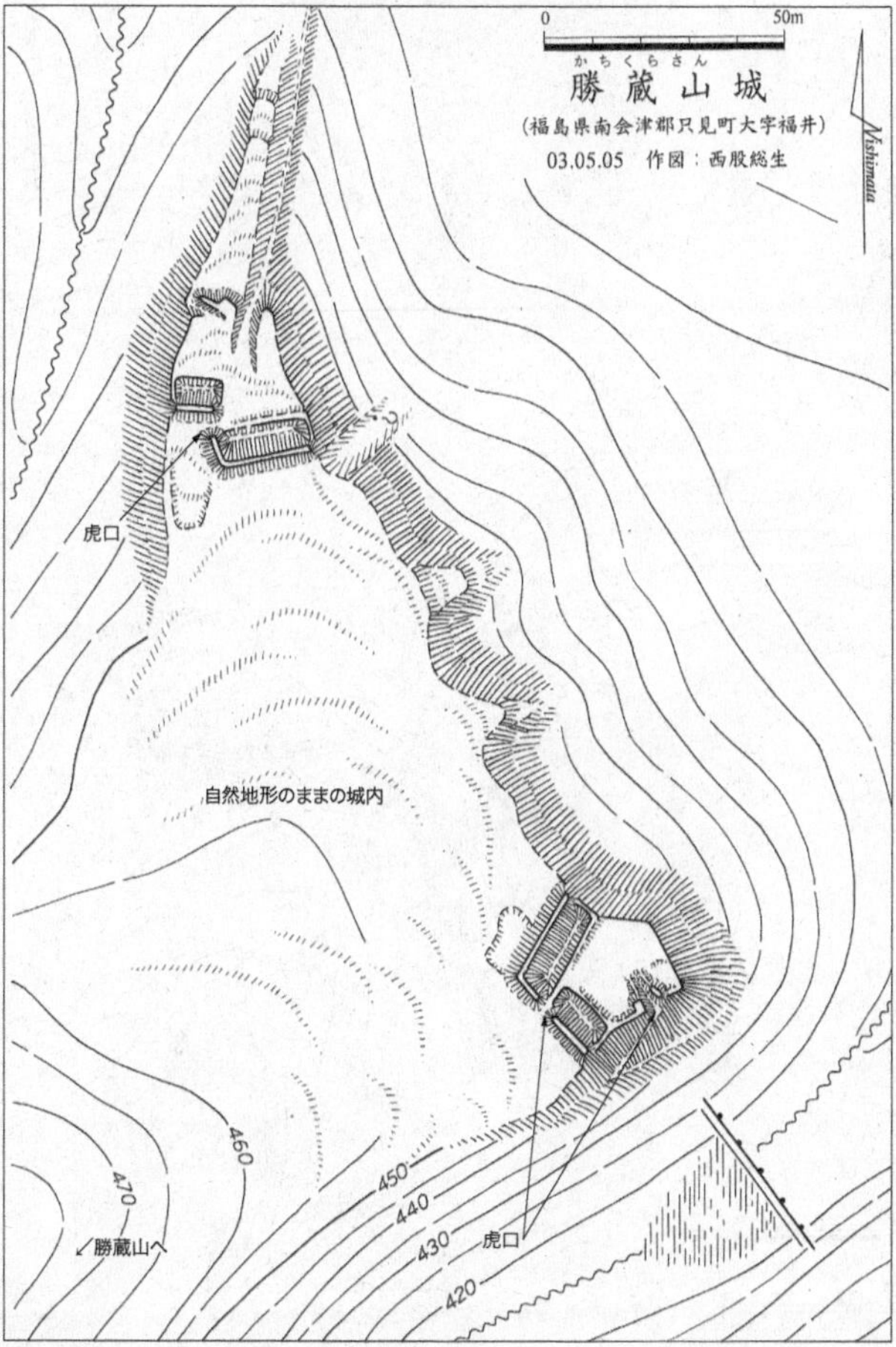
0
50m
勝《かち》蔵《くら》山《さん》城
(福島県南会津郡只見町大字福井)
03.05.05　作図：西股総生
Nishimata
虎口
自然地形のままの城内
460
470
450
440
430
420
↙勝蔵山へ
虎口

馬入峠の塁縄張り図

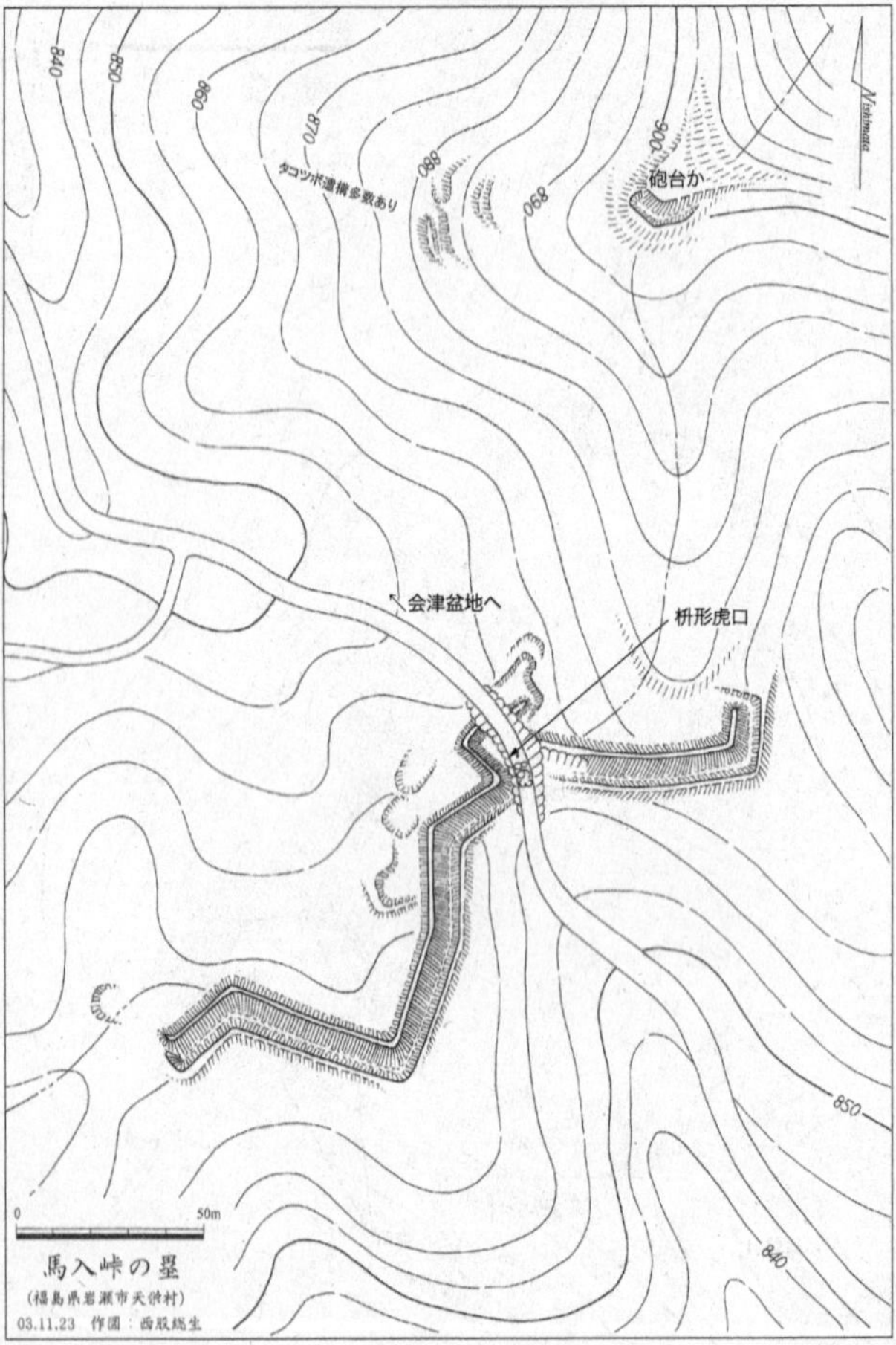
840
850
860
870
880
890
900
Nishimata
タコツボ遺構多数あり
砲台か
↖会津盆地へ
枡形虎口
850
840
0
50m
馬入峠の塁
(福島県岩瀬市天栄村)
03.11.23 作図：西股総生

ただけなのだ。現状では道路が拡張されているので少しわかりにくいが、よく見るとちゃんと桝形虎口になっている。つまり、塁壕《るいごう》や虎口はしっかり造っているが、それによって守るべき曲輪は最初から存在していないのだ。

この塁は、慶長五年（一六〇〇）の関ヶ原合戦の時に上杉軍が築いたという説と、戊辰戦争の時に会津藩側が築いたという説とがある。馬入峠の塁は、塁壕が屈曲していて稜堡《りょうほ》式築城（一六世紀から一八世紀にかけてヨーロッパで用いられた築城形式で、日本では五稜郭《ごりょうかく》がこの形式）のように見えることから後者とする見解もあるけれど、筆者は前者だと思う。

会津地方で戦国期の城跡や戊辰の戦跡を丹念に歩かれている石田《いしだ》明夫《あきお》氏によれば、戊辰戦争時の築城遺構はタコツボ陣地（射撃壕・戦闘壕とも）が基本だとのことで、実は馬入峠の背後にもタコツボ陣地がたくさん確認できるのだが、これらと峠に築かれた塁壕とでは、射線がまったく嚙《か》み合わない。別の発想で造った防御施設だと考えざるをえない。

戊辰戦争でタコツボ陣地が主体となるのは、銃の構造や性能が変化したことによって、歩兵戦闘が散兵を主体とした射撃戦に移行したためであるし、戊辰戦争では個々の戦闘も規模が小さいので、大兵力での守備を前提とした長塁状の防御施設は考えにくい。西南《せいなん》戦争の戦跡を調査しているグループの報告を見ても、やはりタコツボ陣地とごく小さな堡塁を主体とした遺構ばかりである。

一方で、馬入峠の塁と似たような長塁遺構は、福島県とその周辺で何か所か確認されている。会津と下野の境をなす山王峠《さんのう》から、下野側に少し下った鶴ヶ淵《つるがふち》というところにも、桝形虎口と馬出を伴った長塁があって、こちらは築かれている地形に沿って直線状である。筆者は、馬入峠の塁も地形に沿って屈曲した結果、たまたま稜堡に似たプランになっただけだと思う。関ヶ原合戦の際の上杉景勝は、南からは徳川軍、北からは伊達政宗や最上義《もがみよし》光《あき》の挟撃を受ける態勢になっていたから、こうした防塁遺構を築く必然性は大いにあったわけだ。

［文庫版追記］

馬入峠の塁は稜堡式築城と見なしうる形態をしており、戊辰戦争における会津藩側の築城と考えるべきではないか、とのご指摘を何人かの方からいただいている。しかし、筆者が知るかぎり、稜堡式築城の原理を長塁に応用した事例は国内にはない。稜堡式築城は、幾何学的計算に基づいて城の周囲で射線をまんべんなく交差させる、という原理に基づいており、小規模な堡塁への応用は可能であっても、両端が開放された長塁とは原理的になじまない性質だからである。

馬入峠の塁は、地形に沿って峠道を挟み込むように空堀と土塁のラインを配した結果、たまたま稜堡式築城とよく似た形態が現出しただけと愚考する。そもそも、峠道を挟み込むという発想そのものが、稜堡式築城のセオリーとは相容れないのだ。

また、稜堡式築城とは本来、小銃火力だけではなく大砲を用いて敵歩兵を制圧するための築城形態である。戊辰戦争や西南戦争の際に築かれた防御施設の中には、小銃戦用の極小の稜堡式堡塁も存在しているが、それらは小兵力での戦闘に対応しようとした形態である。

これに対し馬入峠の塁は、規模から見て中隊~大隊規模の戦闘を前提とした施設だ。そのような施設に、大砲を使用するための構造がまったく見られないのは、稜堡式築城としては不自然にすぎる。実際、長塁の背後に存在する戊辰戦争時の防御施設の中には、砲台と考えざるをえない遺構が存在しているのである。

なお、福島県郡山市在住の広長秀典氏からは、稜堡式築城との類似点とともに、大鳥圭《おおとりけい》介《すけ》麾《き》下《か》の伝習《でんしゅう》隊が馬入峠に防御施設を築いたとの記述が、当時の文献に認められることなどをご指摘いただいている。ただし、広長氏から頂戴した書状や資料等を拝読するかぎりでは、文献の解釈や稜堡式築城の原理に関する理解に疑問が多く、氏の主張をそのまま首肯することはできない。伝習隊が築造したのは、長塁の背後に残っている砲台やタコツボ陣地（射撃壕）と考えるべきだろう。この件については、広長氏の所説が論考等の形でまとめられたものを拝読した上で、正式に反論したいと考えている。

なぜ変か

本節で取りあげたのはほんの数例だが、このような変テコな城は探してゆくといくらでも出てくる。おそらく、全国各地に相当数が存在していて、戦国時代の城の中でも一大勢力を成しているのではないか、とすら思う。だが、研究者の間でも変則的な城の認知度はあまり高くない。なぜなら、変な城は研究者の目にとまることはあっても、よくわからないので系統的に追究されることが少なかったからだ。築城遺構らしいものはあるが詳細は不明だとか、未完成の城の一部だろう、などと片付けられてしまうのである。

それに、少なからぬ人(研究者も含めて)は、城の縄張りは曲輪を基本単位として構成されているような先入観に囚《とら》われているから、人工的に整形していない自然地形の平坦面も、曲輪のように作図してしまう。小沢天神山城や高谷砦などの事例では、城内の最高所を曲輪として整形していないところがキモなのだが、こうした場所を曲輪として図化してしまうと、普通の城と変わりがなくなる。つまり、変なものを含めた多様な城の縄張りを、あるべき城の姿に落とし込んで理解してしまったために、変な城の姿が見えなくなっているわけだ。

この場合、多くの人が「あるべき城の姿」だと思いこんでいるのは、端的に言えば近世の城だ。近世の城においては、曲輪は常にきちんと整地されているし、曲輪のエッジは高石垣となっている。つまり、空間構成の単位である曲輪のエッジと、障碍である石垣とが常に一致している。

これに対して、変な城では両者が一致しているとはかぎらない。高谷砦や砦山城の事例では、障碍としての堀と土塁だけで縄張りの骨格が形成されていて、空間構成の要素が著しく乏しい。曲輪に相当する場所はあるのだが、空間として用益するための造作は行われず、障碍で囲まれた範囲が結果として曲輪のように見えているだけだ。

ここに、導入系と火力発揮の要素が加わってくる。近世の城では、空間構成の主体である曲輪を連接するように導入系が構成され、曲輪のエッジであるとともに障碍でもある石垣の一部が突出するなどして、火力発揮の要素を実現している。つまり、縄張りを構成する諸要素がバランスよく統合されているわけだ。これに対して変な城では、それぞれの要素がバラバラに存在していて、バランスよく統合されていない。

言い方を換えれば、われわれが変則的と認識するような縄張りは、障碍・導入・空間構成・火力発揮の四要素のうち、どれかが欠落していたり突出していて、諸要素のバランスが悪いわけだ。勝蔵山城など、ほとんど導入の要素だけで成立している縄張りである。

突出する要素

こうした変な城は、決して造り方が下手なわけではない。諸要素のバランスが悪いだけであって、比重のかかった要素で見ると、桝形虎口や馬出などの技法も効果的に用いていることがわかる。

ここでもう一度、前節であげた青山城の縄張り図（153頁）を見てほしい。曲輪の内部に、点のようなごく短いケバで、傾斜を表現してあることがおわかりだろうか。この城は、障碍・導入・空間構成・火力発揮の四要素のバランスは一見するとよさそうだが、曲輪の内部はあまりきちんと整地されていない。青山城のような事例でも、障碍で囲まれた範囲が結果として曲輪になっているだけで、空間構成の比重はやはり低いのである。

さて、少々理屈っぽい話になってわかりにくいかもしれないが、そろそろ本題に入ろう。変な城というのは、縄張りを構成する四要素のうち、特定のどれかに比重がかかった城である。つまり、築城時に特定の要素が優先されている、と考えることができる。

これまでも書いてきたように、城を築くときに予算も守備兵力も時間も青天井ということはないから、築城者は限られたリソースをやりくりして、何とか目的にかなった城を造ろうとする。その中で特定の要素が優先されているということは、その要素さえ実現すれば築城の目的がかなうことを意味している。

たとえば勝蔵山城の場合だと、蘆名方の残党が集結する拠点を大急ぎで取り立てなくてはならない。そのためには一定の収容力が必要だし、収容力が必要ということは守備兵力には不足しないわけだから、崖に囲まれた城域の虎口部分だけ防備を固めれば、一応は城として使えることになる。城内は整地していないから住み心地はよくないが、事情が事情だからしばらくは我慢するしかない。

そのように考えれば、これはこれで合理的な縄張りなのである。要するに、築城の契機となった具体的状況に、限られた時間・予算・兵力で対応しようとした結果として、特定の要素が突出したり比重が著しく低下する、といった現象が起きるわけだ。

融通のきかない縄張り

一方で、変則的ではないよくできた城（四要素のバランスが比較的取れた城）の中にも、東山城や犬居城のように、縄張りに明確な指向性をもっているものがある。縄張りに明確な指向性が生じるのは、敵がどの方向から攻めてくるのか、という前提がはっきりしていたからだ。

犬居城、青山城、東山城、桝形山城の縄張りをあらためて見直してみると、どの城も無理に城域を広げようとせずに、全体をコンパクトにまとめようとしていることがわかる。これは、守備兵力の上限や弓・鉄炮の数（火力）といった前提条件が、かなり具体的に存在していたことの証左である。限られた兵力や火力で、具体的な前提条件に対応しようとした結果が、縄張り上のさまざまな工夫となって現れているわけだ。

このように考えてくると、指向性の明確な縄張りや、変な縄張りなどの個性の強さは、その城が築かれなくてはならなかった、具体的な状況に突き動かされて成立したらしいことが見えてくる。

ただし、指向性の明確な縄張りの城や、変な縄張りの城は、特定の状況に対応するには効率がよいけれども、前提となった具体的状況が変化すると、たちまち対応ができなくなる。高谷砦や砦山城など、どう見ても守備兵力は少なそうだし、そもそも最低限の防備しかしていないわけだから、本格的に攻められたら持ちこたえられるものではない。犬居城は背後（西側の尾根つづき）から急襲されたらひとたまりもないし、青山城も北側の尾根から攻め登られれば主郭を直撃されてしまう。いずれの城も、敵の大部隊に囲まれたら、降伏するか、城を捨てて逃げるしかない。

さらにいうと、戦況が変化すれば、その場所を保持しておく必要そのものが薄れてしまいかねない。たとえば、馬入峠の塁の場合だと、敵が他のルートから会津盆地に侵攻した時点で、馬入峠に頑張っている意味そのものがなくなってしまう。強い個性は、融通のきかない個性でもあるわけだ。

使い捨ての城

個性の強い城が日本の各地に少なからず存在しているということは、特定の軍事的状況に対応するためだけの城取りが、戦国時代には頻繁に行われていたことを示している。こうした城は、戦況が変化すれば用済みになるか、ないしは重要性が著しく低下する。その一方で、戦況の変化は新たな城取りを必要とするから、築城者は用済みになった城から守備隊を引きはがして、別な場所に送り込まねばならない。第二章で取りあげた御坂城など、北条軍が甲斐国内から撤退した時点で無用の長物だ。

戦争の当事者どうしが手打ち（和睦《わぼく》）を行ったために、前線の城が廃棄されるという事態も、当然起きる。天文二十四年（一五五五）の第二次川中島合戦では膠着《こうちゃく》状態がつづいたために、武田信玄と上杉謙信（長尾景虎）は停戦協定を結んで撤退するが、武田軍はこのとき善光寺平の西方に築いた旭山城を廃棄している。

北条氏と武田氏との同盟が決裂して、永禄十二年（一五六九）に北条氏康が上杉謙信と一時的に同盟したときも、翌年の末に北条氏政が再び信玄と結んだときにも、両者の間では前線の城の扱いが協議されている。いくつかの城を破却して守備隊を撤収させることが、同盟成立の具体的条件となっているのである。

このように、変転する戦況の中で築城と廃城がくり返されると、善光寺平周辺のような城の密集地域ができあがる。青山城のある埼玉県の比企地方には、青山城のような手の込んだ縄張りの城と、高谷砦のような臨時性の強い小さな城ばかりが存在していて、青梅の桝形山城のようなオーソドックスな縄張りの城は一つもない。おそらくこの地域もある時期、強い軍事的緊張状態に置かれて、特定の目的を持った築城と、戦況の変化に伴う廃城（＝戦力のシフト）とが、短いスパンでくり返されたものと思う。

早い話、強烈な個性をもった城は、その個性ゆえに融通がきかないから、使い捨てにせざるをえないわけだ。戦国時代の日本では、たくさんの城が使い捨てにされていた、というより使い捨ての城が次から次へと築かれていたのである。

そして、前線の都合で頻繁に造られたり捨てられたりする城は、そもそも文字として記録に残りにくい。後々まで大切に保存される文書とは、第一に権利や財産に関する内容のものだから、領主制支配とも地域経済とも関係のない使い捨ての城は、そうした文書には登場しない。武将たちが誰かに戦況を伝えたり、作戦上の指示を与えたりするための書状の中で一言、二言、触れられるのが関の山だ。これでは、史料にも土地の記憶にも残りようがないのである。

全国にゴマンとある戦国時代の城のほとんどが、いつ誰が築いたのかわからないという現象の本質も、おそらくはここにある。そこで、次章では、使い捨ての城を大量に生みだした軍事的状況、つまり戦争と城との関係について、考えてみたい。

第六章　城と戦争――城の形を決定づける人の営み

一　城と作戦

戦国の幕開け

源平《げんぺい》合戦や南北朝期の合戦をみるとよくわかるように、中世の軍隊はもともと決戦志向が強い。なぜなら、封建的な主従制原理にもとづいて編成される軍隊では、軍役を賦課された領主たちが、めいめいに兵士を連れて集合するのが原則だからだ。

この方式だと、経済力も動員力も異なる領主たちが動員した、サイズも戦力もまちまちな部隊が、一人の指揮官の下にぶらさがることになる。おまけに、兵粮《ひょうろう》などの補給も部隊ごとに自己責任で行うのが原則だから、敵地での長期間の作戦行動は不得手だ。このような軍隊では、あまり複雑な作戦行動はとりようがないから、双方ができるだけ多くの兵力をかき集めたら、いきおい決戦を志向せざるをえない。

こうした戦い方の中では、城はまず第一に策源地としての性格をもつことになる。源平合戦における一《いち》ノ谷《たに》や屋島《やしま》、南北朝期における北畠親房の小田城などが典型例だ。第四章で取りあげた上戸の陣のようなベースキャンプタイプの陣も、この系統に連なる城ということになる。

一方、決戦を志向しようにも彼我の兵力量に著しい差がある場合には、簡単に野戦を挑むわけにはゆかないから、持久拠点として機能するような策源地が必要になる。楠木正成の千早・赤坂城が代表例だ。他には、バリケードで街道を封鎖するような、ごく簡易な臨時築城も行われた。このタイプの臨時築城は、野戦や局地戦において自軍の優位を担保するための補助手段のようなものである。

上記のような枠組みで行われる戦争においては、決戦志向の強い野戦と城郭戦とはそれぞれ別個の存在だった。ところが、十五世紀の半ばに東国で享徳《きようとく》の乱（享徳三年〔一四五四〕～文明十四年〔一四八二〕）が起き、京都でも応仁《おうにん》の乱が勃発すると、戦場の様相が変わり始める。戦争が長期化する中で決戦主義をつづけていると、対峙《たいじ》する双方の戦力がともに疲弊して戦局が膠着《こうちやく》してしまうからだ。

長尾景春の挙兵と城

十五世紀の半ば頃、関東地方では享徳の乱によって、東国を支配していた鎌倉府体制が分裂してしまった。鎌倉にあった関東公方《くぼう》が、下総の古河に本拠を移して古河公方となり、下野・常陸や房総などの諸勢力を支持基盤としたのに対し、もともと公方を補佐する立場にあった関東管領の上杉氏は、関東地方の西半分である相模・武蔵・上野を勢力範囲として、両者が泥沼のような戦いを続けることとなった。

疲弊した戦力で戦線（この場合は、勢力圏の前縁という比喩《ひゆ》的な意味）を維持するためには、持久拠点としての機能を強く持った策源地を要所に配するのが効果的である。扇谷上杉家（管領上杉氏の庶家）の家宰であった太田道真《どうしん》・道灌父子が、この原理にもとづいて江戸城・河越城・岩付城・松山城などの戦略拠点を整備してゆき、城のもつ意味が次第に変わり始める。

こうしたさなかの文明八年（一四七六）、管領・山内上杉家の家宰職をめぐる争いから、長尾景春《かげはる》という武将が叛乱《はんらん》を起こした。この長尾景春の乱は、太田道灌の活躍によって足掛け四年をかけて鎮圧されるのだが、景春・道灌の双方が限られた手持ち兵力を巧みに運用して戦局をリードした結果、東国の戦場には大きな変化が生じることとなった。この乱において城がどのように用いられたのか、道灌と豊島《としま》氏との戦いを例にとって具体的に見てみよう。

まず挙兵した景春は、鉢形城を拠点として管領軍と北武蔵で戦う一方、管領軍戦線の南側を担当していた扇谷上杉家の背後で、味方勢力を次々と蜂起させることによって第二戦線を形成し、管領軍に不本意な兵力運用を強要した。対する道灌も、味方の連絡を確保するための中継拠点を要所に設置していた。

こうした中で、景春側に立って参戦したのが、江戸の西方に勢力を有していた豊島氏一族である。豊島氏が景春側に立って参戦した背景には、「戦時体制」の名のもとに、江戸城を中心に勢力を扶植する道灌との確執があったようだ。景春は、こうした不満分子を巧みに吸収して叛乱を組織していったのである。

豊島氏が石神井《しゃくじい》・練馬《ねりま》の両城（ともに練馬区）で挙兵したために、扇谷上杉軍の重要な戦略拠点であった江戸城は背後から脅威を受け、道灌は江戸方面で拘束されて管領軍主力との合流ができなくなった。兵力に余裕がなく、石神井・練馬両城の同時攻略が困難だと判断した道灌は、まず練馬城に挑発攻撃を仕掛けて退却すると見せかけ、追撃してきた豊島勢を反転急襲して破砕し、そののち石神井城を攻略した。

こののち、豊島氏や相模方面の景春方勢力を制圧した道灌は、管領軍主力と合流して北武蔵から上野方面を転戦し、ために形勢不利になった景春は、石神井城から落ちのびていた豊島氏の残党を、江戸の北方にある平塚《ひらつか》城で挙兵させた。再び背後に脅威を受けた道灌が手勢を率いて南下すると、豊島勢は平塚城をあっさり放棄して逃走し、景春方の残存勢力は南武蔵の小机城に集結した。道灌は、今度は小机城攻略を余儀なくされる。

なお、長尾景春の乱における太田道灌と景春の戦略・作戦については、「太田道灌状」や『松陰私語《しょういんしご》』などの史料から筆者が復元したものである。「太田道灌状」の史料的性格を含めた詳細については、拙著『東国武将たちの戦国史』（河出書房新社二〇一五）を参照

長尾景春の乱 戦況図—文明8年(1476)〜文明9年(1477)4月—

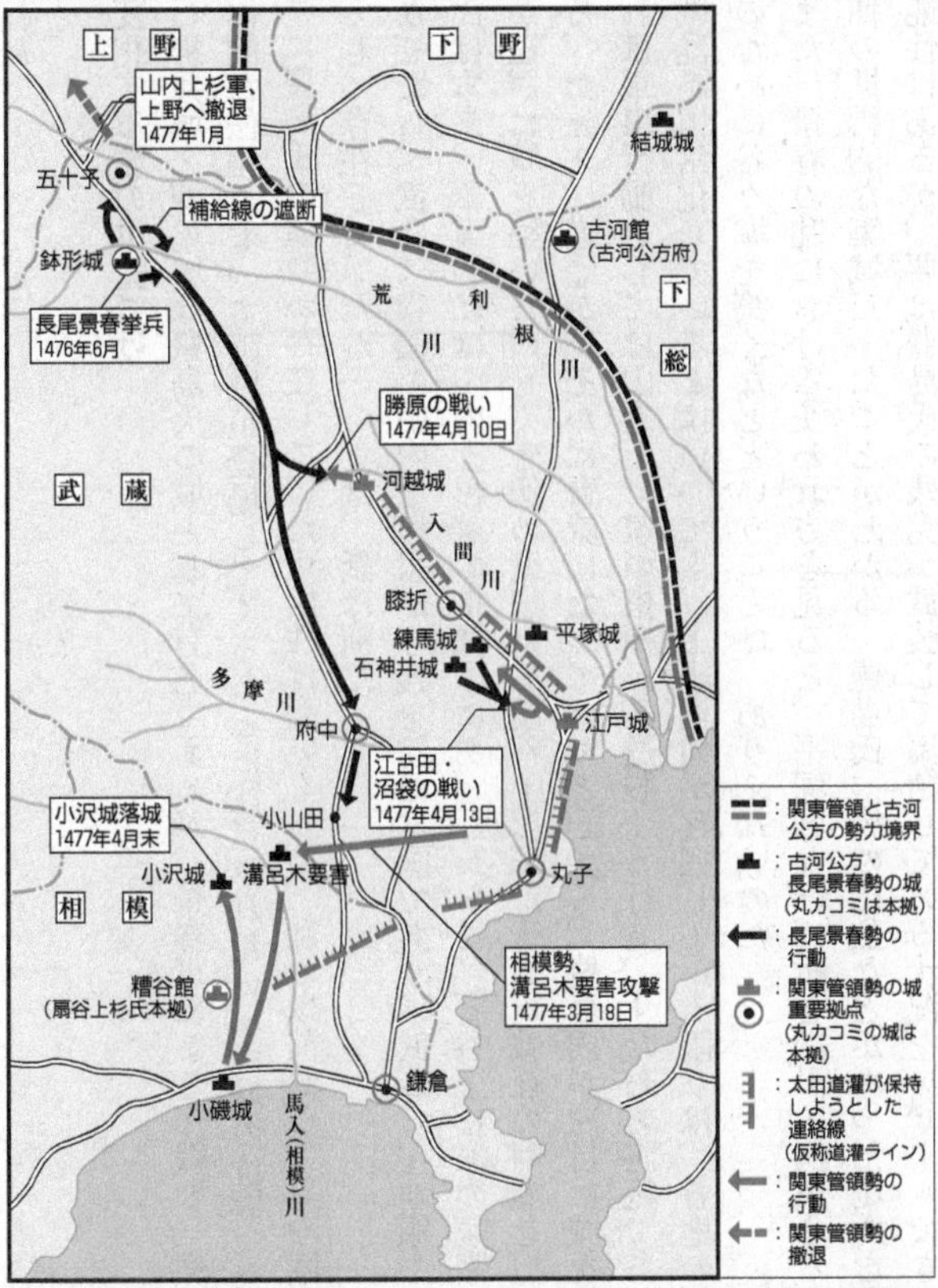

挙兵した長尾景春は五十子陣を崩壊させて管領軍の対古河公方戦線を破断し、扇谷領内で味方を蜂起させて管領軍の背後を攪乱した。こののち景春と太田道灌は、互いに城郭と野戦を組み合わせた立体的な作戦を駆使して戦うこととなる。

されたい。

変化する城の位置づけ

石神井城・練馬城は豊島氏の城として有名であるが、景春軍による作戦の一環という、具体的な任務をもって両城が登場してくることに注意されたい。両城の位置（ないしは周辺）に豊島氏の屋敷が存在していた可能性は高いものの、乱の以前から土塁や堀を伴った城として存在していたかといえば、話は別だ。

なぜなら、武蔵は管領の山内上杉家が守護を務める国であり、武蔵の在地領主である豊島氏は本来、軍事的には山内上杉家の指揮下にあったからだ。扇谷上杉家の家宰である道灌が江戸に城を築いたのも、管領の庶家たる扇谷上杉家が管領軍戦線の南翼を担うためである。たとえ、道灌がひそかに脅威になっていたとしても、豊島氏が独自に城を築くなら、それは軍事行動としては山内上杉家の指揮から逸脱する行為、すなわち謀叛《むほん》である。いくら戦乱が恒常化しているとはいっても、上級権力が存在している限りは、各地の領主が保身のために各々城を築くなどということは、ありえないのだ。

また、景春の乱における使われ方を見ると、平塚城などは敵を誘引・拘束するための、一種の欺騙《ぎへん》的な築城だったことがわかる。豊島氏一族の屋敷などがあった場所を利用した可能性はあるが、要は豊島氏の残党が武装して集結している状況をアピールできればよいわけだ。

平塚城をはじめとして、この時期の城跡には明確な遺構が確認できずに所在不明とされてきたものが少なくないが、築城目的次第では、木柵《もくさく》やバリケードなどの仮設物だけで機能を果たす城もあったのではないかと思う。土塁や堀で厳重に防禦《ぼうぎょ》されたイメージを前提に、すべての城を探し求める必要はないように愚考する。

こうして東国の戦場には、敵兵力の分断・拘束や味方連絡線の確保といった、具体的な任務を宛がわれた城が各地に築かれるようになり、城砦《じょうさい》と野戦を複雑に組み合わせた立体的な「作戦」が出現したのである。景春の叛乱が終息し、道灌が謀殺されたのちも、山内上杉家・扇谷上杉家・古河公方らは、甲斐や越後といった周辺諸国を巻きこみながら対立抗争をくり返した。このため、景春と道灌によってもたらされた戦場の変化は、東国一円にばらまかれることとなった。

おそらく、多少の時期差はあるものの、他の地域でも概《おおむ》ね似たような戦場の変化が起きていたのではないかと思う。たとえば畿内では、応仁の乱がウヤムヤになったのちも、将軍家とそれを支える諸勢力——畠山氏・細川氏やその被官であった三好氏・松永氏——らとの抗争がつづき、京都の周辺に多様な城が築かれるようになっている。

戦国的な城の成立

天下が麻のごとくに乱れた戦国時代とは言っても、たいがいの地域には何らかの形で上級権力が存在している。公方・管領・守護といった上級権力は、各地の領主たちを軍事的に束ねる存在であるとともに、地域で起きる領主間の紛争を調停する存在でもある。したがって、上級権力の指揮下にある領主たちは、権力が規定する集団的な安全保障体制の構成員でもある。これは、武家政権のもっとも基本的な原理だ。だとしたら、各地の領主が自分の城を築くという行為は、上級権力の指揮下からの離脱を意味する。

戦国大名とは、権力の再編強化によって守護大名から脱皮するか、または室町的な上級権力(公方・管領・守護など)が弱体化した所に、それに取って代わる新たな上級権力として成長してきた勢力だ。各地の領主たちが戦国大名の配下に入るということは、新しい集団安全保障体制に参加して——公方・管領・守護の側から見れば謀叛への加担だ——、新体制の維持・拡張のために武力を提供するということだ。こうして、大名の家臣となった領主たちは、大名軍の作戦上の必要性に従って、自分の所領から離れた地域にある城の守備に任ずるようになる。

つまり、各地の領主たちがめいめいに持っていた城が、上級権力の軍事力に包摂されたり、謀叛勢力によって組織化されてゆくのではなく、領主たちの武力が上級権力や謀叛勢力の作戦の中に位置づけられたとき、はじめて彼らと城との関わりが発生するのであり、作戦上の具体的な位置づけがあってはじめて城は築かれるのである。

戦国時代の山城が、比高の小さい里山を選んで築かれるのも、無数に存在している城の縄張りが一つとして同じでないのも、つまるところはこのためだ。軍隊は道に沿って集落を縫うように行動するのが常であるから、作戦上の必要性から城を築くのであれば、人里はなれた高山や深山では具合が悪い。道が高い山の上を越えてゆくとか、どうしても遠くへの眺望が欲しいとか、大名や領主が自己の存亡をかけて難攻不落の山を選ぶなどの理由がない限りは、里山の範囲内に城を取ることが多くなる。

しかも、作戦の中で生じた具体的な理由によって築かれる城は、どのくらいの戦力でどのような任務を果たすか、という条件が最初から決まっている。具体的条件に従って地形を取り、城を築いてゆくから、縄張りも個別具体的なものとなる。

領主たちの城

もちろん、地元の領主たちがめいめいに城を築いて頑張っている、という状況もないわけではない。守護などの上級権力が弱体化して、中小の領主たちが自力での存続や勢力拡大を目論《もくろ》んで抗争をくり広げていた地域である。

けれども、地域的な領主間抗争は、実際には領主たちが合従連衡《がっしょうれんこう》をくり返しながら、隣国の勢力を引っぱり込んで展開することが多かったし、そうした地域はいずれ近隣の有力大名たちの草刈り場となってしまう。したがって地域の中には、領主連合や外来勢力が作戦上の都合から築いた城も混じってくる。上級権力が有名無実化した地域だから、領主たちがめいめいに城を持っていたことを前提に、それぞれの城を領主の本拠に対応させて済むほど事は単純ではないはずだ。

たとえば、左頁に示す長野県の芦田城《あしだ》（北佐久郡立科町《きたさくぐんたてしなまち》）は、この地方の領主だった芦田氏の城とされている。城は比高六〇メートルほどの独立丘に築かれており、主郭の全周を土塁が取り巻いているほかは、平坦地が段々に展開するのみで、縄張りには技巧が乏しい。おそらく、切り立てた壁によって敵を防ぎ、少しずつ後退しながら守るような戦い方を想定していたのだろう。

佐久地方には、芦田城のように縄張りの技巧に乏しい、比較的小さな城が群在している。それらは芦田氏のような領主たちが築いたものかもしれないが、それとて彼らが平素から保持していたとはかぎらない。

天文九年（一五四〇）、甲斐の武田信虎は、配下の軍勢を大挙して佐久地方に侵攻させ、『甲陽軍鑑』によれば一日に三六もの城を陥《お》としたという。芦田城もこの時、武田方に降《くだ》ったとされる。

信濃はもともと地域ごとの独自性が強い上、守護の小笠原《おがさわら》氏は戦国大名化の流れに乗り損ねて弱体化していたから、佐久地方の領主たちはめいめいに城に拠《よ》って抵抗を試みた可

芦田城縄張り図

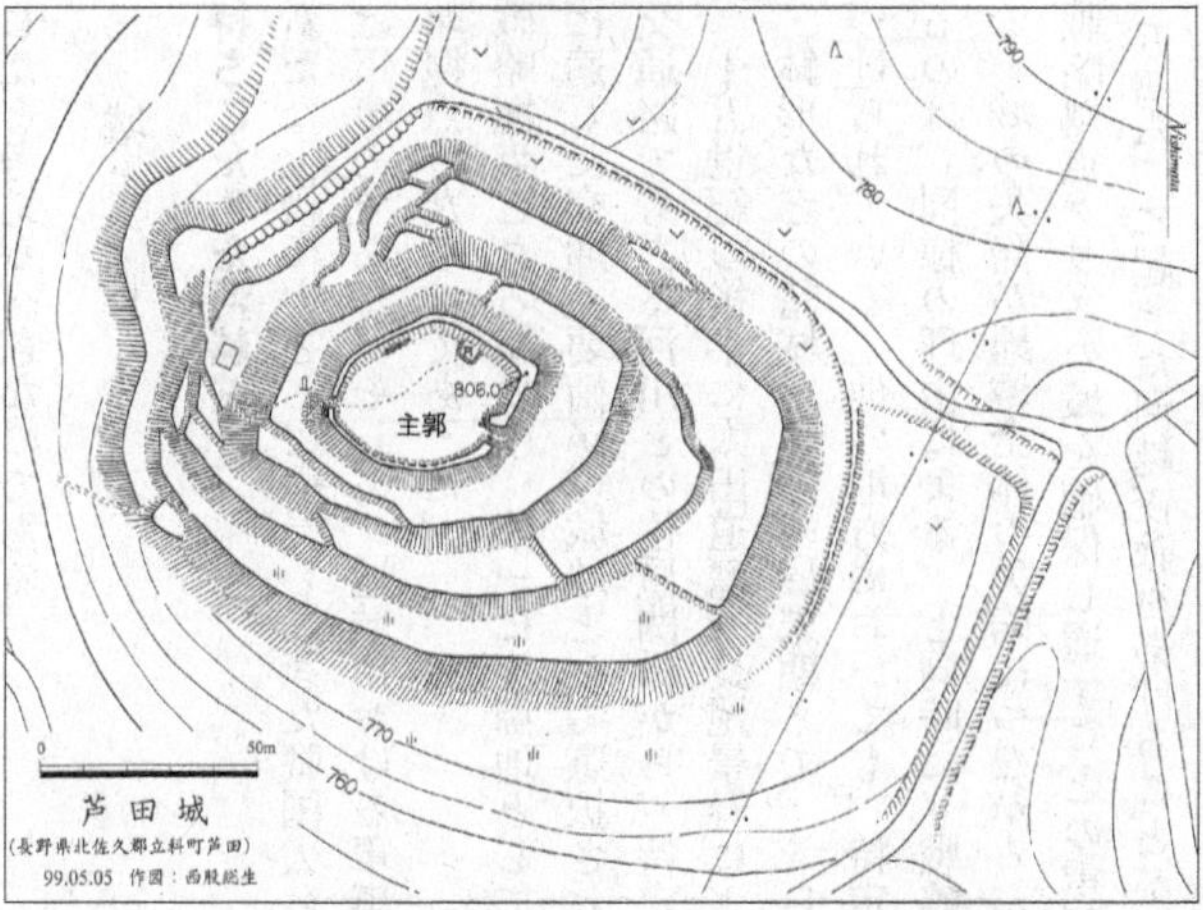

能性が高い。一日に三六城は少しオーバーだが、強大な武田軍を前にした領主たちの城がドミノ倒し的に自落してしまった可能性は、充分に考えられる。だとしたら、芦田城も武田軍侵攻に自力で対処しなければならないという、具体的な状況を前提として構築された可能性が高い。

しかも、実際には武田氏が佐久地方を完全に掌握するには一〇年以上の年月を要しているし（信玄の代までかかる）、天正十年（一五八二）に武田氏が滅亡したあとも、この地方はきわめて複雑な軍事的状況下に置かれている。したがって、佐久地方に群在する城の全てを地元の領主たちが築いたものと、単純に見なすことはやはりできない。結局ここでも、城は何らかの具体的状況への対応として成立したと考えるべきなのである。

二　城と決戦

持ちこたえた河越城

新たな上級権力として伸長してきた戦国大名にとって、自己の覇権を担保する最大の要素は軍事力である。そして、地域における軍事的プレゼンスを維持するために必要なのが、戦略拠点となる城であった。

戦略拠点となる城には、第一に策源地としての能力が必要であるから、兵力や物資の集散に適した交通の要衝が、城地として選択されることとなる。そうした要衝は、道路や水上交通路でもある河川との位置関係から、特定の場所に収斂《しゅうれん》する傾向がある。関東地方では、十五世紀の後半に太田道灌や長尾景春によって取り立てられた江戸・河越・岩付・松山・鉢形などの諸城が戦国の最末期まで、さらに一部は近世まで、改修を重ねながら使いつづけられている。他の地方においても、特定の城がくり返し争奪の対象となる例が見られるのは、同様の理由による。と同時に、戦略拠点クラスの城には強靭《きょうじん》な抗堪性も要求される。城の失陥が地域全体の失陥につながるからだ。

戦略拠点クラスの城を確保し通すことの重要さを如実に示す戦例として、天文十五年（一五四六）に起きた河越夜戦をあげることができる。河越城は、もともと扇谷上杉家の重要拠点であったが、天文六年（一五三七）には北条軍によって奪取されていた。同十四年九月、扇谷朝定《ともさだ》を支援する管領の山内憲政《のりまさ》は、古河公方足利晴氏《あしかがはるうじ》らと連合して、河越城を奪回すべく攻囲の陣を布《し》いた。

しかし、連合軍がリスクを冒して強襲に出る策を避けたため、北条軍の守備隊は七ヶ月もの期間を耐えぬくことができた。この間に北条氏康は、武田信玄や今川義元との停戦を成立させて主力の転用が可能な状況を作り出し、同十五年の四月には河越城外において攻囲軍を急襲撃破することに成功した。

この戦いの結果、関東における北条氏の一人勝ち状況が現出することとなった。北条軍が河越城を維持しつづけたことと、城の救援に成功したことによって、劇的な勝利がもたらされたのである。

このとき河越城の守備に当たっていたのは、北条綱成《つなしげ》・幻庵《げんあん》以下、相模方面から抽出された部隊だった。適切な戦力の部隊を抽出・編成して、前線の重要拠点に迅速に送り込むことなしには、戦国大名は勢力圏を維持できなかったのである。

川中島合戦の裏事情

十六世紀も半ばを過ぎて戦国大名どうしの戦いが本格化すると、城と合戦の関係も複雑になってくる。第三章で取りあげた桶狭間や川中島の合戦が、その好例といえる。ここでひとつ指摘しておきたいのは、有名な第四次川中島合戦が起きた永禄四年（一五六一）には、上杉・武田の両軍は関東地方でも対戦していたことだ。

関東管領の名跡を嗣《つ》いだ謙信は、関東地方に勢力を扶植しようと図ったが、北条氏康と同盟を結ぶ信玄は上野や北武蔵に兵を出して、上杉軍の側背を牽制《けんせい》していた。こうした状況があったがゆえに、謙信は川中島で武田軍の主力を撃破する機会を窺《うかが》っていた。対する信玄は、善光寺平における覇権を維持するために海津城を保持しなければならず、そのためには上杉軍主力との激突もやむなし、との決心を下すことになったのだ。

川中島や桶狭間をめぐる城と合戦のあり方は、築城と野戦を組み合わせた立体的な作戦と、それによって規定される戦場の複雑な様相をよく表している。このような戦場では、軍事的な急所（チョークポイント）を陥れて相手方の作戦上の自由度を奪いながら、地域における自軍の優位を確保してゆくような戦い方が主流となるから、いきおい大規模な決戦は起きにくくなる。決戦の主役となる野戦軍の動きそのものが、城によって掣肘《せいちゅう》されるからだ。

前後五回に及ぶ川中島の対陣において、大規模な主力決戦は一度しか起きていないし、桶狭間における今川軍の潰走《かいそう》は、戦場における不可測・流動的な戦況の推移によるものという色あいが強い。室町時代のような単純な図式の決戦は、もはや起こるべくもなかった。

もっとも、新しい複雑な戦場は、戦国大名軍にとって決して居心地のよいものではなかった。双方の兵力や作戦能力が拮抗《きっこう》してくると、駒組みの整った将棋のように、お互いが容易には仕掛けられなくなるからである。第二次川中島合戦のように、身動きの取れない対陣が何か月もつづいた例は、枚挙に暇《いとま》がない。膠着状況が長引けば、参陣している領主たちは消耗を余儀なくされるし、消耗ばかりで得るもののない戦役は、主君である大名本人に対する不満につながりかねない。そこで、自軍に有利な状況を作り出して、決戦に持ちこむ工夫が必要となった。

長篠城をめぐる思惑

現在に至る戦史・城郭研究の先導者となった藤井《ふじい》尚夫《ひさお》氏は、城を攻囲する軍勢とこれを救援（後詰《ごづ》め）に来た軍勢との間で、決戦が生起するケースが戦国期に多発していることに着目し、この形態の戦いを「後詰め決戦」と名付けた。けだし炯眼《けいがん》である。

先に述べた河越夜戦なども「後詰め決戦」の一種ではあるが、連合軍らが漫然と河越城を攻囲していて作戦に失敗したのに比べ、大名間戦争が激化する戦国の後半には、より積極的な決戦が画策されるようになった。敵方の重要拠点を攻囲することによって、敵の主力を戦場に引きずり出し、決戦を強要するのである。第四次川中島合戦の際には、謙信が武田軍の勢力圏内に楔《くさび》を打ち込むように侵入して妻女山《さいじょさん》に布陣し、海津城を圧迫することによって、信玄に決戦を強要したわけである。

積極的な決戦を策して行われた攻城戦の好例が、武田勝頼による天正三年（一五七五）の長篠《ながしの》城攻めである。この年、勝頼は遠江から三河《みかわ》に侵攻して徳川家康の領国を深くえぐったのち、奥三河に転進して長篠城を囲んだ。長篠城を守備していたのは奥平信昌《おくだいらのぶまさ》（当時は定昌《さだまさ》）以下一〇〇〇ほどの兵力であったが、仮に家康が長篠城を見殺しにすれば、武田軍の脅威を受けている遠江や奥三河の諸領主は、雪崩をうって勝頼になびくであろう。勝頼は、自軍に有利な状況下で家康に決戦を強要しようと企図したのだ。

結果として、武田軍のこの作戦が失敗に終わるのはご存知のとおりである。家康の同盟者である信長が、勝頼の予想をこえる兵力と決戦意図をもって来援し、逆に勝頼を決戦場に誘い出すことに成功したからだ。

ところで、長篠城は河川の合流点に築かれた難攻不落の堅城であったうえに、城兵が奮戦して武田軍の攻撃を凌《しの》いだように言われることが多いが、これは勝者となって、のちに徳川家の譜代に列せられた奥平信昌らの手柄話のようなもの、と考えた方がよいだろう。家康をおびき出すためのエサとして長篠城を生殺しにしておくのが、勝頼の狙いだからである。戦国時代における作戦のセオリーや、城と兵力運用との関係をきちんと理解していないと、城や武将の評価を誤ってしまう。

備中高松城、水没せず

同じような意味で、多くの点で誤解されつづけている例として、羽柴《はしば》秀吉による備中高《びっちゅうたか》松《まつ》城の有名な水攻めがある。天正十年（一五八二）五月、織田軍の中国方面司令官の立場にあった秀吉は、毛利方の清水宗治《しみずむねはる》が守る高松城を囲み、長大な堤を築いて微高地にある城を水没させようと企図したが、本能寺の変の凶報に接して毛利方と急遽《きゅうきょ》講和し、宗治の自害と引き換えに城兵を助命する条件で兵を返した、とされている戦いである。

近年、城郭研究者である畑和良《はたかずよし》氏や松岡進氏らの精力的な研究によって、高松城の攻囲戦をめぐる複雑な状況が解明されてきた。両氏の論考をもとにこの戦いの概要を整理すると、次のようになる。

まず、備中国府を中心としたこの地域では、もともと備中の石川《いしかわ》氏と備前《びぜん》の浦上《うらがみ》氏との抗争が展開していた。これが浦上領を継承して織田方に服属した宇喜多《うきた》氏と、石川領を併呑した毛利氏との戦いに発展してゆくなかで、秀吉が宇喜多方を支援する形で出動し、川中島周辺と同じような城郭の群集地帯が形成されて、織田軍対毛利軍の前線となっていった。その中にあった毛利方の拠点の一つが、高松城である。

このように備前・備中の国境付近で、羽柴・宇喜多方と毛利方との複雑な駆け引きが展開してゆく中で、毛利軍に決戦を強要するための手段として、秀吉は高松城の攻囲を選択したのだ。実際、本能寺の変が起きた六月初めの段階で、毛利軍主力は備中国府域の西方に進出しており、戦機が熟しつつあると見た秀吉は信長にも出動を要請していた。信長は、自分が戦場に向かうまでの間、秀吉が毛利軍主力の圧迫を受けても戦線を維持できるよう、当座の手当として明智光秀《あけちみつひで》に出陣を命じたが、その光秀がにわかに変心してしまったわけである。

だとしたら、秀吉には高松城を水没させる意図も必要もなかったことになる。それどころか、もし本当に水没させてしまったら、せっかく準備していた決戦が不発に終わってしまう。これでは、切腹するのは宗治ではなくて秀吉の方だ。秀吉が堤を築いて高松城の周囲を水浸しにしたのは事実だが、それは城を水没させるためなどではなく、毛利方からの増援部隊や兵粮《ひょうろう》が城内に搬入されるのを阻止するとともに、城兵の突出を防いで、城を確実に生殺し状態に置き、毛利軍主力の誘引を企図したため、と考えるべきである。

三春回廊への手当て

城と野戦軍を巧みに組み合わせて決戦を実現した、もっとも鮮やかな例として、伊達政宗による摺上原《すりあげはら》の合戦がある。この合戦は、天正十七年（一五八九）六月に、伊達政宗が会津の蘆名義広《よしひろ》を滅ぼした戦いとして知られているが、摺上原における両軍主力の会戦に至る経緯は複雑である。

まず、この戦いは、伊達政宗対蘆名義広という単純な図式で行われたものではない。会津の蘆名氏は、浜通《はまどお》り地域の相馬《そうま》氏・岩城《いわき》氏と同盟を結んで政宗の南進に対抗していたが、その背後には常陸の佐竹義重《よししげ》があった。蘆名氏の当主義広も岩城氏の当主貞隆《さだたか》も、ともに佐竹氏からの養子だったからだ。

一方、南奥における政宗の唯一の同盟者は、彼の室の実家でもある三春《みはる》の田村《たむら》氏だ。つまり、佐竹氏を中心とした「反伊達南奥連合」対「伊達・田村枢軸」という図式による緊張が高まるなかで、戦機が熟していったのである。以下、これも松岡進氏の詳細な検討に基づいて戦いの経緯を整理し、分析を加えてみよう。

当時、伊達側の勢力は中通《なかどお》り地域の郡山《こおりやま》付近まで前進していたが、問題だったのは三春の田村領が連合軍側の勢力範囲に突出していたことである。政宗は、連合軍が「三春回廊」の分断を策する事態に備えて、大平《おおだいら》と門沢《かどさわ》の二か所に築城し、回廊の維持を図っていた。政宗は、決戦の一〇日ほど前の五月二十四日付で家臣の鬼庭綱元《おににわつなもと》に宛てた書状で、次のような見通しを示している。

さたけ殿たとえうちいてられ候とも、さかい□□（二字欠）五日もけんこニ候わば、はや□□やすく候、

佐竹義重がたとえ攻勢に出てきたとしても、境目の諸城が五日間ほども堅固に持ちこたえられれば、その間に迅速に決着をつけられるだろう、という意味だ。

摺上原合戦と城郭―天正17年(1589)―

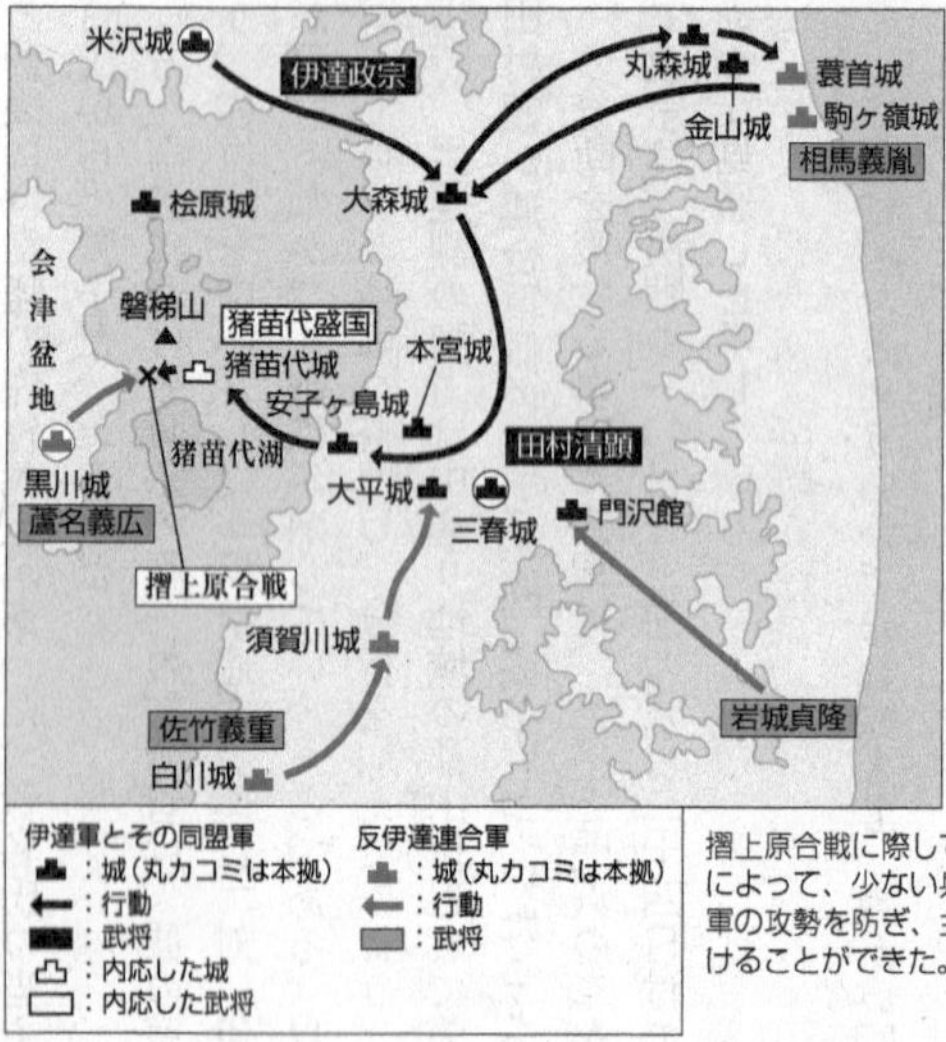

摺上原合戦に際して、伊達軍は城郭によって、少ない兵力で反伊達連合軍の攻勢を防ぎ、主力を蘆名軍に向けることができた。

勝利の陰の犠牲

この書状を出す直前、政宗は主力を率いて相馬方の前衛である駒《こま》ヶ《が》嶺《みね》城と蓑首館《みのくびだて》を強襲によって陥とし、一旦《いったん》は本宮《もとみや》付近まで南下した。対する佐竹・岩城軍は中通り方面に進軍中であったが、蘆名領の東の入口にあった猪苗代盛国《いなわしろもりくに》が調略によって伊達方に寝返ると、政宗は直ちに会津方面に転進した。そして、六月五日には猪苗代討伐のため出撃してきた蘆名義広を、摺上原の決戦で撃破したのである。

対する佐竹・岩城軍は、摺上原で決戦が生起したことを知らないまま、門沢館と大平城を攻略した。

しかし、この間に政宗は会津方面での追撃掃討戦を徹底して、蘆名氏の本拠だった黒川城《くろかわ》（のちの若松城《わかまつ》）を占領し、戦勝を確実なものとしていた。

おそらく佐竹義重は、三春回廊を圧迫することによって伊達軍主力を引きずり出し、蘆名・相馬軍とともに挟撃する構想だったのだろうが、相馬軍は緒戦における駒ヶ嶺・簑首両城の陥落によって戦意が低下していた。かたや政宗は、猪苗代氏の調略によって挟撃を防いだばかりでなく、会津盆地の東端に新たな戦局の焦点を作り出し、迅速に反転させた主力をそこに集中することによって、勝機をものにした。

松岡氏は両軍の動向を詳細に分析して、政宗が主力を自由に動かすことのできた時間は、せいぜい六日間程度だったと指摘している。門沢館と大平城が伊達軍の側面を支えていなければ、政宗は戦い全体を決する地点（決勝点）に主力を集中することも、会津盆地を制圧することもできなかった。境目の諸城が五日間ほど持ちこたえれば、その間に決着をつけられる、という政宗の読みは実に的確だったことになる。

と同時に、緒戦における駒ヶ嶺・簑首両城の失陥が、連合軍側の作戦を大きく制約したことも見逃せない。作戦上の必要から、具体的任務を帯びて前線に構築される城が、時として戦争全体を大きく左右することを、この戦例は示している。

上田城攻防戦

もう一つ、よりスケールの大きな戦略の中で、決定的な役割を果たした城の攻防戦について語ってみたい。慶長五年（一六〇〇）九月に、関ヶ原合戦の前哨戦として起きた上田《うえだ》城攻防戦（第二次）である。東山道《とうさんどう》を進んでいた徳川秀忠《ひでただ》の大軍を、上田城の真田《さなだ》昌幸《まさゆき》・信繁《のぶしげ》（幸村《ゆきむら》）が巧妙な抗戦によって翻弄《ほんろう》し、城の攻略にこだわった秀忠が時間を空費したために、関ヶ原の決戦に間に合わなくなってしまった、と言われている戦いである。

慶長五年、豊臣政権の実質的中枢を握っていた徳川家康は、会津の上杉景勝を討つため、豊臣方諸将からなる討伐軍を率いて東に向かったが、下野の小山《おやま》付近に至ったところで石《いし》田《だ》三成《みつなり》挙兵の急報に接した。家康は、福島正則以下の豊臣系東軍諸将をひとまず先発させるとともに、嫡男の秀忠に対し、下野にとどまって上杉軍への備えを固めたのちに、主力を率いて中山道《なかせんどう》を進むよう指示し、自身は江戸城に入った。

景勝の背後にある伊達政宗や最上義光は、家康と挟撃態勢をとってはいるものの、彼らの真意は容易には図りえない。したがって、この時点では東部戦線（会津方面）と西部戦線（上方）のどちらが先に動くのか、また両戦線が連動するのか否かを読むことはできなかった。家康は両にらみで事に対処せざるをえなかったから、秀忠への指示は、上田城の真田昌幸が石田方に属することへの対処を含んだ措置であった。

秀忠は、家康の指示に従って八月二十四日には宇都宮を発《た》ち、徳川軍の主力を率いて中山道を西に向かったものの、上田城の真田昌幸は案の定、敵対姿勢を示していた。上田城外に展開した徳川軍は九月六日に城に殺到したが、真田軍の抵抗にあって攻撃は進展しなかった。一方、美濃方面に進出していた東軍諸将と西軍（石田方）との間では前哨戦が始まり、両軍が駆け引きをくり返して戦局が動き始めた。

家康は、九月一日には江戸を出立していたが、美濃方面の戦局が急迫しつつあるとの続報に接して、秀忠に真田攻めを切り上げるよう指令を発した。本腰を入れて上田城を攻略しようとした矢先に、家康から作戦変更を命じられた秀忠は、九月九日には上田城攻略を断念したものの、真田軍主力が健在である以上、何らかの迂回や遅滞行動をとりながら慎重に離隔をはからざるをえない。こうしている間に、美濃方面の戦局が一気に流動化して、九月十五日の決戦に至ってしまったのである。

秀忠の立場、真田家の殊勲

慶長五年の上田城攻防戦に関する通説的評価には、二つの点で大きな問題がある。第一に、秀忠が真田攻めに固執した結果、関ヶ原に遅参したという理解だ。そもそも、秀忠が信濃に向かった時点で、決戦がいつどこで起きるのか予見できた者など誰もいなかった。リアルタイムで連絡を取り合うことが不可能な状況下で、いつ、どこで起きるか未定の決戦に「遅参」したという評価は、明らかに不当だ。

第二に、上田城と、それを守りきった真田軍の能力が過大に評価されている。実際に秀忠が上田城で拘束されていたのはわずかに三、四日で、真田軍は緒戦を辛うじて凌ぎきったにすぎない。三万八〇〇〇を擁する徳川軍が本腰を入れて攻めていた場合、十分の一ほどの守備兵力しか持たない上田城が、どこまで持ちこたえられただろう。控え目に言っても真田氏は絶体絶命の危機にあり、彼らは徳川軍の予期せぬ作戦変更という、「他力」によって窮地を脱したにすぎない。

だが同時に、そこが城という軍事施設の存在意義でもあるのだ。とりあえず、最初の攻撃を凌ぎきることができるか否かが、城とそこに拠る人々の運命を大きく左右する可能性がある。籠城軍《ろうじょう》がまったく関与できないところで、戦局が決定的に動くかもしれないからである。上田城の場合、わずか三、四日を持ちこたえたことが、結果として歴史上小さからぬ意味を持つこととなったのだ。

わずか数日間ではあるが、上田城が秀忠を拘束していたために、結果として、家康は徳川軍の主力を欠いた不本意な状態で、決戦にのぞむこととなった。ために、家康は関ヶ原で勝利をおさめながらも、西軍側から収公した膨大な所領を、東軍として参戦した豊臣系諸将に手厚く分配せざるをえなくなった。この論功行賞のあり方は、ひいては幕藩体制のあり方をも大きく規定してゆく。その意味において、たとえ秀忠の遅参という評価が不当だったとしても、また上田城が「他力」によって落城を逃れえたのだとしても、真田家にはなお武勲を誇る資格があるといえる。

筆者はここに、城がもつ戦略的価値とは何か、という問題の本質を見る。戦局がどのように動くのかは、流動的で予測しがたいのが常だ。だが、それゆえに城という固定されたポイントをめぐる戦いでは、一日でも、場合によっては一時間でも長く敵を拘束して持ちこたえることが、しばしば結果として重要な意義を持ってくる。城には、少しでも長く持ちこたえるための構造を追究してゆく必然性があったのだ。

三　「大名系城郭」は存在するか

縄張りの地方色

この節では視点を転換して、城と戦争との関係を、今度は縄張りの側から考えてみたい。いろいろな城の縄張り図を集めて眺めていると、城には地域ごとに特有のカラーのようなものがあることに気づく。

たとえば南九州や東北北部、信州の佐久や伊那地方には、台地上を巨大な空堀で大胆に区画した城が蟠踞《ばんきょ》している。阿波（徳島県）の城は概して小ぶりで、曲輪《くるわ》と堀切からなるような単純な縄張りの山城がほとんどだ。第五章で取りあげた東山城は阿波では特例中の特例だから、長宗我部氏の築城ではないか、という推測が出てくるわけだ。また、伊賀や甲賀では、丘陵地帯に小さな方形の城が異常な密度で群集している。

前章までの話を総合して考えると、この現象は、その地域ごとの地形・地質の特質の上に、戦国時代のその地域における戦争のあり方や政治的状況が作用して生じたものだろう、と想像がつく。けれども、それだけではちょっと説明のつかないような、縄張りの特徴が地域的に偏る現象が存在している。以下の話は、頭の中に日本地図を思い浮かべながら読んでほしい。

土の城の場合、横矢掛りや虎口の技法がもっとも発達しているのは関東地方で、東北南部や甲信地方、東海の一部がこれに次ぐ。一方、竪堀《たてぼり》を何本も並べて斜面を切り刻んでしまう畝状《うねじょう》竪堀群は、北陸を中心とした日本海側や九州、四国の一部には濃密に分布するけれども、関東・東海地方にはわずかな例しか存在していない。内陸部で見ると、美濃の北部や飛騨《ひだ》には分布しており、信濃ではおおむね善光寺平あたりが分布の境界になる。

察しのよい読者なら、お気付きかもしれない。畝状竪堀群がほとんど分布せず、代わりに横矢掛りや虎口の工夫が発達しているエリアは、ほぼ北条氏と武田氏の勢力圏に重なっているのである。このように、縄張りの特徴が偏った分布を示すエリアが戦国大名の勢力圏に重なるところに、城郭研究者たちは「大名系城郭」という枠組みを想定してきた。「北条氏系城郭」「武田氏系城郭」といったような、築城スタイルの系列である。

「大名系城郭」は実在したか

この「大名系城郭」という考え方に疑問を投げかけたのが、すぐれた中世史研究者であるとともに城郭研究にも精通する齋藤慎一《さいとうしんいち》氏だ。齋藤氏は、従来の縄張り研究では築城主体や年代を特定する方法に弱点があったことを指摘するとともに、中世社会ではさまざまな職能集団が諸国を遍歴しつつ、社会の需要を満たしていたことを明らかにしている。そして、戦国大名が築城技術を軍事機密のように独占していたのではなく、築城技術の担い手も職能集団と考えるべきだ、と論じた。

中世史研究の成果を前提とした齋藤氏の立論はなかなかに魅力的で、少なからぬ戦国史や考古学の研究者たちに支持されることとなった。齋藤氏の指摘のうち、築城主体や年代を特定する方法に関する部分は、かなり専門的な内容になるのでここでは立ち入らないけれども、縄張り研究者の一人としては耳の痛い指摘である。戦国時代の城とは、やはりいつ誰が築いたのかわからないことを前提に考える必要があることを痛感しながら、筆者はこの原稿を書いている。

ただ、築城技術の担い手を職能集団とみなすべきだという所論については、素直にうなずくことができない。筆者も「大名系城郭」について論じたことはあるけれど、家ごとに軍事機密を独占しているようなイメージでは考えていなかったからだ。そこで、筆者なりの方法で、「大名系城郭」が本当に存在したのか、もし存在したのであれば、それは軍事機密の独占であったのかを論じてみたい。

筆者が着目したのは、東国における馬出の形態だ。馬出には大きく分けて、平面が四角い形をした角《かく》馬出と、半円形の丸馬出とがあるので、これを地図上にプロットしてみる(207頁地図・表参照)。すると、角馬出が顕著な分布を見せるのは伊豆・相模・武蔵・下総《しもうさ》・上野の範囲で、下野や房総南部では事例が乏しい。これは、北条氏の勢力圏に重なるといってよい。

一方の丸馬出は、甲斐・駿河から善光寺平以南の信濃に分布しており、上野以外の関東には全く存在しない。これはまさに、武田氏の勢力圏(正しくは武田軍の戦域)ではないか。しかも、両氏が争奪をくり広げた上野では、角馬出と丸馬出が混在している。

実際には、越後や常陸にも若干ながら角馬出は存在するし、会津地方にも二例ばかり丸馬出の事例が確認されている。他にも、筆者が把握していない事例だってあるだろう。また、図示した範囲以外の地域においても角馬出は存在しているが、筆者の知るかぎりごく散発的で、関東地方ほどの密度にはならないようだ。

したがって、武田氏は必ず丸馬出を作るとか、角馬出があれば北条氏の城と割り切ることはできない。けれども、東国においては相対的に見れば武田氏が丸馬出の、北条氏が角馬出の使い手だった、とはいえそうである。ちなみに、諏訪原《すわはら》城・伊那大島城などで見られる丸馬出+[]型の桝形《ますがた》虎口という組合せは、武田氏の勢力圏以外では全く事例が検出できない。すべての戦国大名がそれぞれに築城技術を軍事機密として独占していたわけでは

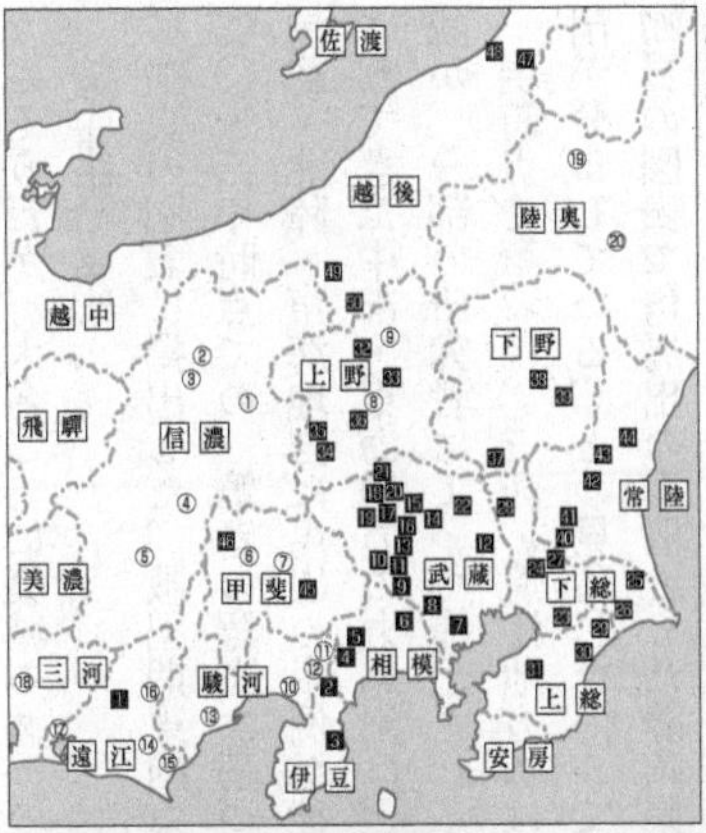

戦国期東国における馬出の分布状況

各種先行業績・報告書から事例を収集した。遺構または図面から明確に「馬出」と認定できた事例のみを拾ってあるが、筆者が遺構または図面を実見できていないために、漏れている事例も存在するものと思う。なお、絵図のみが根拠となる事例や、近世城郭は除外してある。

角馬出			
遠江	1	犬居城	静岡県浜松市
伊豆	2	山中城	静岡県三島市
	3	鎌田城	伊東市
相模	4	足柄城	神奈川県南足柄市
	5	浜居場城	南足柄市
	6	深見城	大和市
武蔵	7	小机城	横浜市
	8	小山田城	東京都町田市
	9	片倉城	八王子市
	10	高月城	八王子市
	11	滝山城	八王子市
	12	岩槻城	埼玉県岩槻市
	13	滝ノ城	所沢市
	14	松山城	東松山市
	15	杉山城	嵐山町
	16	菅谷城	嵐山町
	17	青山城	小川町
	18	天神山城	長瀞町
	19	千馬山城	皆野町
	20	鉢形城	寄居町
	21	雉ヶ岡城	児玉町
	22	花崎城	蓮田市
下総	23	土気城	千葉県千葉市
	24	箕輪城	柏市
	25	森山城	鹿取市
	26	新城	匝瑳市
	27	屋代B遺跡	茨城県龍ヶ崎市
	28	栗橋城	五霞町
上総	29	小西城	千葉県大網白里町
	30	津辺城	山武市
	31	雀ヶ崎城	市原市
上野	32	中山城	群馬県高山村
	33	長井坂城	渋川市
	34	松井田城	安中市
	35	愛宕山城	安中市
	36	箕輪城	高崎市

角馬出			
下野	37	小山城	栃木県小山市
	38	飛山城	宇都宮市
	39	杉山城	市貝町
常陸	40	牛久城	茨城県牛久市
	41	東林寺城	牛久市
	42	小田城	つくば市
	43	片野城	石岡市
	44	見川城	水戸市
甲斐	45	御坂城	山梨県笛吹市
	46	白山城	韮崎市
越後	47	上関城	新潟県関川市
	48	江上館	胎内市
	49	今井城	津南市
	50	荒砥城	湯沢町

丸馬出			
信濃	①	岡城	長野県上田市
	②	牧之島城	信州新町
	③	砦山城	長野市
	④	的場城	伊那市
	⑤	伊那大島城	松川町
甲斐	⑥	新府城	山梨県韮崎市
	⑦	躑躅ヶ崎館	甲府市
上野	⑧	箕輪城	群馬県高崎市
	⑨	名胡桃城	みなかみ町
駿河	⑩	興国寺城	静岡県沼津市
	⑪	深沢城	御殿場市
	⑫	長久保城	長泉町
	⑬	丸子城	静岡市
遠江	⑭	諏訪原城	島田市
	⑮	小山城	吉田町
	⑯	小長井城	川根本町
	⑰	佐久城	三ケ日町
三河	⑱	丸根城	愛知県豊田市
陸奥	⑲	柏木城	福島県北塩原村
	⑳	曲師館	郡山市

なさそうだが、大名ごとに築城のクセのような傾向は存在するようだ。

［文庫版追記］

207頁の図表に掲出した、戦国期東国における馬出の分布状況は、本書の原本を刊行した二〇一三年時点での、筆者の認識に基づいている。実際には、この図表に示した以外にも、房総・北陸・東海地方に馬出の事例が存在している。また近年、これまで武田氏の築造とされてきた中部・東海地方の丸馬出は、実際には徳川氏の手になるものではないかという説が、一部の研究者によって提起されるなど、馬出の研究には進展が見られる。

現時点で筆者は、三河・遠江地方には典型的な角馬出とも丸馬出とも異なる不整形の馬出が分布している、との見通しを持っており、これを「三遠系馬出」と仮称しておきたい。207頁の図表で角馬出の事例とした静岡県浜松市の犬居城は、この三遠系馬出に含めて理解すべきであろう。

以上のような状況を踏まえるなら、207頁の図表は、現時点では不充分な内容といわざるをえない。ただし、東国において相対的に北条氏は角馬出の、武田氏は丸馬出の使い手であったという基本的な認識については、筆者は大枠で変更の必要を感じていないし、丸馬出徳川氏説についても支持しない。馬出の分布と築造主体については、丸馬出徳川氏説と三遠系馬出との関係などを含めて、あらためて充分な紙幅をもって論じるべきであり、本書の図表や本文記述を部分的に修正して済ませるのは適切ではないと考えたので、207頁図表はあえて二〇一三年版のままとした。

築城技術とは何か

齋藤氏は、「技術は情報や人の移動によって列島を懸けめぐっており、その余波を受けて大名家は築城という行為をなしていた。戦国大名北条氏の築城も決してその例外ではなく、列島社会の結合から決して独立してはいないのである」と述べている。現在までの中世史研究の成果に立脚するならば、この指摘は正鵠《せいこく》を射ている。技術が、情報や人の移動によって列島を駆けめぐる、というのは当然ありうることだ。

しかし一方で、大名ごとに築城のクセのような傾向は存在しているらしいし、縄張りのスタイルにも地域ごとの特徴や偏向があるようだ。少なくとも、職能集団の担う築城技術が列島を駆けめぐっていたのだとしたら、越後には無数にある畝状竪堀群が、武田や北条の勢力圏には入ってこない、などという事態は説明がつかなくなる。

問題を解く鍵《かぎ》のひとつは、「技術」という言葉の指す内容にあるのだと思う。齋藤氏を含めて城や考古学の研究者たちは、城を築くための具体的なすべ、つまり石を積んだり、櫓を建てたりするだけではなく、虎口や横矢掛りといった縄張りの工夫に属する要素も、全部ひっくるめて「築城技術」と呼んできた。

原理的に考えるなら、城は軍事技術・土木技術・建築技術という三つの「技術」の上に成り立っている、と考えることができる。その意味では、三つを含めて「築城技術」と称するのが正しいことになる。この場合、縄張りは軍事技術に属する。ただし、石を積んだり、櫓を建てたり、瓦《かわら》を焼いてそれを葺《ふ》いたりするすべ、つまり土木技術や建築技術は、築城者が城に要求する形態を実現するための方法であるが、縄張りとは築城者が城に要求している形態、スペックそのものである。

だとしたら、土木技術・建築技術の担い手が、齋藤氏の指摘するような職能集団だったとしても、軍事技術の担い手はやはり築城の発注者であり職能戦士、つまりは戦いのプロでもある侍たちだった、と考えるべきではなかろうか。もちろん、こうした軍事技術に関する情報にしても、人の移動に伴って地域をこえて移動することは、充分に考えうる。けれども、縄張りに地域的な偏向があるという現実に鑑《かんが》みるなら、縄張りを含めた軍事技術には土木技術・建築技術とは異なる、何か別のモメントが作用していた、と考えざるをえない。では、そのモメントとは何か。また、武田氏や北条氏のような有力大名は、なぜ築城のクセのような傾向を持つのだろうか。

戦国大名のドクトリン

いくつもの国を版図に収める有力大名の場合、前線の城を守備する部隊は、地元の領主たちを単純に糾合したものではなく、本国や支配の安定したあちこちの地域から、抽出・

編成された派遣部隊であることが多い。しかも、彼らは在番衆という形で、しばしば入れ替わる。

だとしたら、彼らの戦闘力を最大限に発揮するためには、城の守り方や城をめぐっての戦い方に、共通の約束事を設けておいた方が合理的、ということになる。このように、ひとつの軍隊の中で共有される戦いの方法を、その根底にある運用思想も含めてドクトリン（教義）という。本書の冒頭で述べたように、縄張りとは築城者がその場所を「どう守るか」という防禦プランを、地面に刻みつけたものだ。有力大名が持っている縄張りのクセとは、このドクトリンを具現化して地面に刻みつけたものではなかろうか。ドクトリンの担い手は、あくまで軍隊の中核をなす侍たちであって、職能集団ではありえない。

丸馬出＋[]型の桝形虎口という組合せは、武田氏の勢力圏以外では全く事例が検出できない。こうした特徴的な形態を持つ虎口の背後には、その虎口を効果的に用いて戦う軍隊を想定できることになる。武田軍に属する一定レベル以上の侍ならば、出身地が甲斐であろうが、諏訪であろうが、西上野であろうが、丸馬出＋[]型の桝形という虎口を使って戦う方法を心得ている、というわけだ。

この発想は、決して突飛ではないと思う。有力な戦国大名は、家臣たちの軍役を数字で管理したり、大量の足軽・雑兵を兵種別に組織化するような志向と方法論を持った、軍事政権なのである。しかも彼らは、必要に応じて部隊を適正な規模に編成して配置し、前節で見たような複雑な作戦を遂行してゆく軍隊でもある。戦国大名の城とは、そうした複雑な作戦の中に位置づけられた軍事施設なのだ。兵種別編成による軍隊の組織化と分節化、用兵形態の複雑化、城郭の形態と運用法の変化という、三つの軍事技術の進化は、相互に影響を及ぼしつつパラレルに進行していった、と考えた方が自然であろう。

戦国大名のドクトリンは、近代軍隊のように明文化されたものではなかったが、おそらく領国のあちこちから集まってきた部隊が、広大な戦域を転戦する中で、経験則として身につけて共有していったものだと思う。江戸時代の早い時期に、『甲陽軍鑑』のような書が編まれ、軍学が理論化されてゆくのも、経験則として共有されていたドクトリンが平和の中で失われつつあることの反映だったのではなかろうか。

武田勝頼の「御普請衆」

戦国大名のドクトリンが、軍団の中で経験則として共有されていたのだとしたら、実在を証明するのはかなり難しそうだ。ただ、ドクトリンの存在を裏付けられそうな事例がないわけではない。

大井《おおい》川上流部の山間、お茶とSLで有名な大井川鐵道《てつどう》の千頭《せんず》駅からほど近い場所に、小《こ》長谷《ながい》城という城がある（現・川根本町《かわねほんちょう》）。城のある場所はかつての駿河だが、川の対岸は遠江だ。武田家の重臣だった穴山梅雪（信君《のぶただ》）が、天正九年（一五八一）六月六日付で土《つち》

小長谷城縄張り図

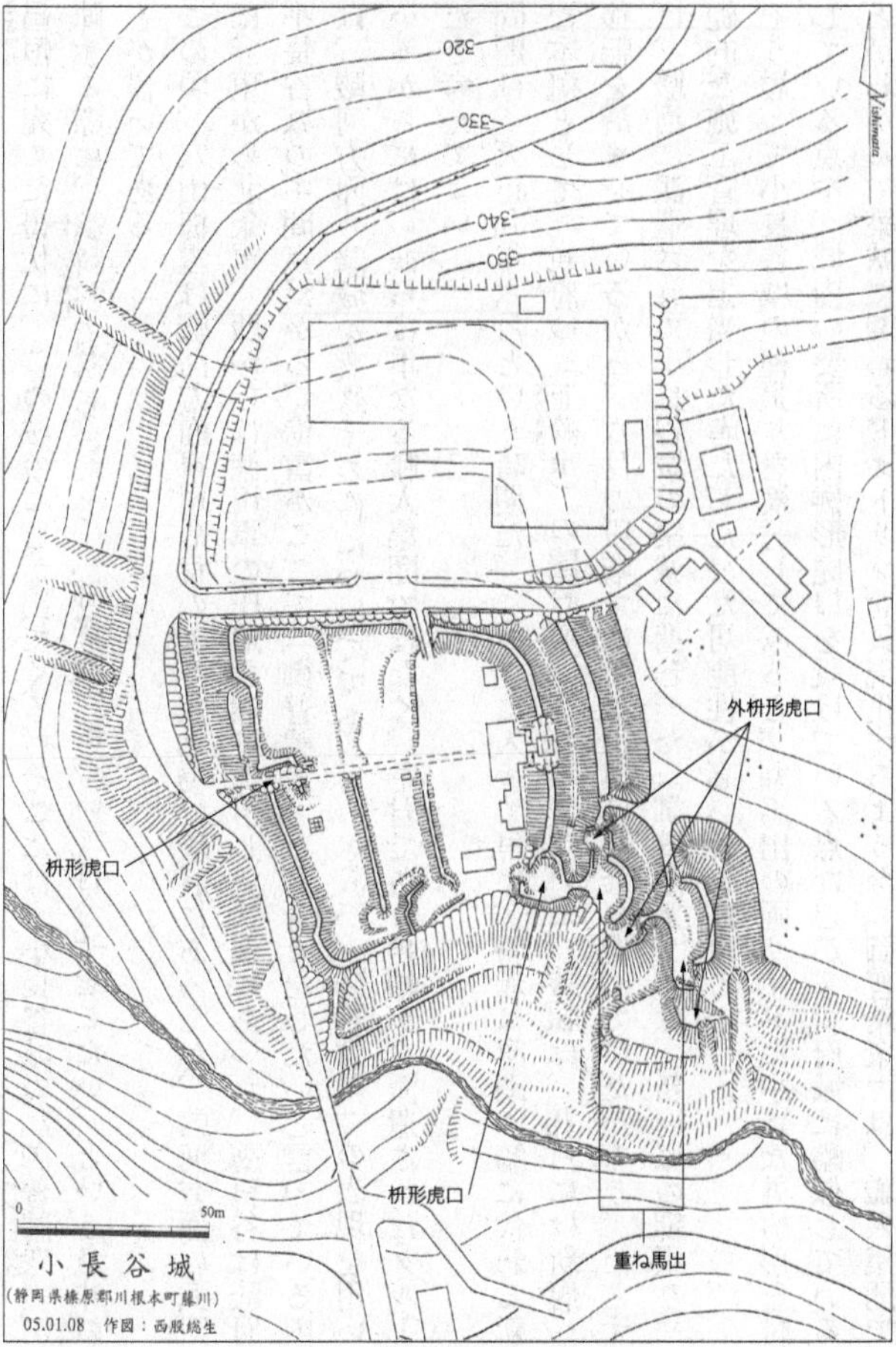
320
330
340
350
Nishimata
外枡形虎口
枡形虎口
枡形虎口
重ね馬出
0
50m
小長谷城
(静岡県榛原郡川根本町藤川)
05.01.08 作図：西股総生

屋昌恒《やまさつね》に宛てた書状に、この城のことが出てくる。そこには、小長谷城の「御普請衆《ごふしんしゅう》」が帰陣する際に、藁科谷《わらしなだに》で落ち合って、「御普請」について打合せをしたい、という意味のことが書いてある。

この頃、穴山梅雪は駿河方面軍司令官のような立場で駿府にあったが、駿河方面の武田軍は、東から北条軍、西からは徳川軍の圧迫を受けて苦しい状況にあった。藁科谷は駿府と小長谷城の中間点だから、梅雪がここで「御普請衆」と打合せをしたいと言っている内容は、駿河方面の諸城を改修する件についてであろう。また、「御普請衆」の表現を用いているからには、彼らは単なる職人集団ではなく、主君である勝頼から派遣されたグループだと考えてよい。

問題は、天正九年六月という時期だ。この年に入って早々、勝頼は躑躅ヶ崎に代わる新たな本拠として、新府《しんぷ》城（韮崎《にらさき》市）の建設に取りかかっていた。勝頼は、九月には新府への移転を済ませているから、六月の段階では土木工事はかなり進んでいただろう。だとすれば、駿河に派遣されて小長谷城の築城に携わった「御普請衆」とは、新府城の縄張りや基礎的な施工管理を担当した者たちだった可能性が高いことになる。

そう思って小長谷城の縄張りを検討してみると、丸馬出の両サイドに小さな外桝形を付加している点や、城内の要所に内桝形虎口を設けている点などが、新府城に酷似していることがわかる。築城に関わるドクトリンを具現化するような「御普請衆」は、職人集団で

檜原城縄張り図

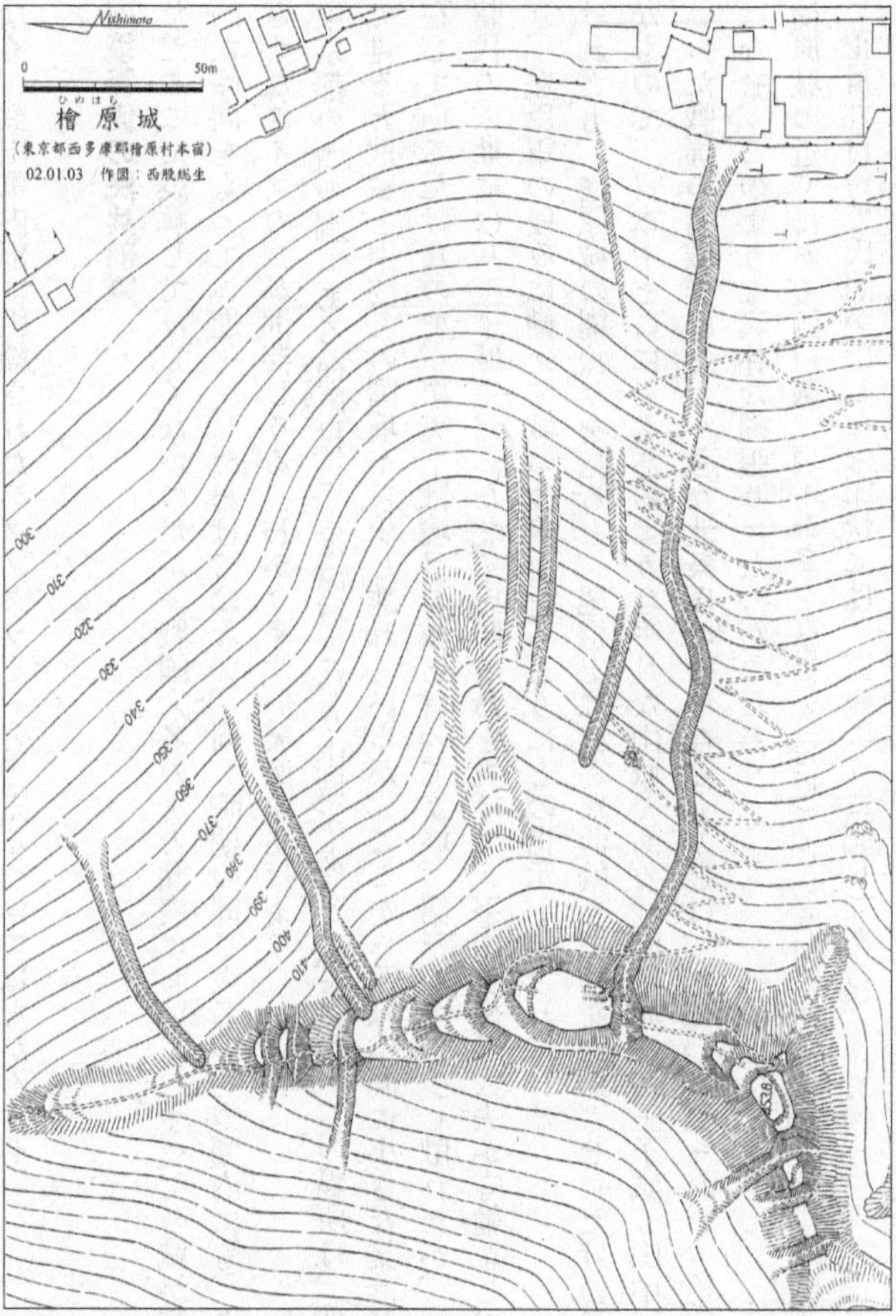
Nishimata
0
50m
檜《ひの》原《はら》城
（東京都西多摩郡檜原村本宿）
02.01.03 作図：西股総生
300
310
320
330
340
350
360
370
380
390
400
410

はなく、武田軍内部に組織されたテクノクラートと考えるべきではなかろうか。

国境警備の民兵部隊

ただここで誤解してほしくないのだが、戦国大名の勢力圏内において、すべての城が斉一的な傾向をもって「進化」したわけではない。同じ時期の同じ大名の勢力圏内にも、さまざまなタイプの城が併存しうる。わかりやすい実例をあげよう。

東京都の西の端にある檜原村《ひのはら》に、檜原城という山城がある（215頁図）。この場所は、地図で見ると武蔵と甲斐との国境から少し離れているが、ここから西は山間に小さな集落が点在しているだけなので、事実上は境目の城と言ってよい。第三章でも少し触れたが、戦国時代の末期には八王子城主だった北条氏照の命を受けて、平山右衛門大夫が守備をしており、豊臣軍の侵攻に備えて城の改修を行うようにとの指示も出されている。

けれども、檜原城の縄張りを見ると、尾根上に小さな曲輪と堀切を連鎖させただけの単純なもので、日本中どこにでもあるような平凡な山城である。滝山城や八王子城、山中城といった戦国の名城群を生んできた北条氏の手になるものとは、ちょっと思えない。檜原城はなぜ、このような素朴な縄張りになったのだろう。

檜原城の近くにある西戸蔵《とくら》（現・あきる野市戸倉付近）という村に、天正十六年（一五八八）正月九日付で氏照が出した朱印状には、次のように記してある。

当郷ニ有る之男たる程之者は、先年之吉例に任せて、檜原谷御加勢として仰せ付けられ候、平山右衛門大夫一左右次第、速やかに男たる程之者は、彼の谷に相集まり、走り廻るべく候、

と書いてある。西戸蔵村の成人男子は、先年の吉例にしたがって、檜原谷の加勢とすることを命令する。平山右衛門大夫の指示があり次第、速やかに村の成人男子は檜原谷に集まって軍務に就くように、という意味である。

期待されなかった城

兵力において劣勢にある北条軍が豊臣軍に対抗するためには、主力部隊を効果的に集中運用する必要がある。そうすると、境目の城の警備や後方任務などに充てる兵力が払底するから、民兵部隊を徴発して充当しなくてはならない。檜原城は小さな城ではあるが、平山の手勢だけでは守りきれないから、近郷の住民を民兵として動員し、守備隊を編成しているわけだ。

とはいえ、こうした民兵部隊は、主力となる精鋭部隊に比べれば装備も戦闘能力も当然劣る。同じ北条軍でも、ドクトリンを共有していない部隊だ。城を守る場合でも、精鋭部

隊のような高度な戦術動作はとれないから、堀切によって敵を足止めしながら後退してゆくような、単純な戦い方をするしかない。檜原城の縄張りは、このような理由で決定されたのだろう。

ちなみに、勝頼が駿河に「御普請衆」を派遣していた天正九年前後には、甲斐・武蔵の国境でも小ぜり合いが頻発していたから、「先年之吉例」とはそのことを指すようだ。地侍のような連中を中心としたゲリラ的な襲撃を、檜原や西戸蔵の民兵たちが撃退した経験があったのだろう。

ただし、今度の相手は豊臣政権であり、侵攻してくるのは精鋭の正規軍部隊だ。氏照も本心では、檜原城が熾烈《しれつ》な攻防戦を演じてくれることまでは期待していなかっただろう。この城の任務は、敵の侵入を監視・通報することであり、せいぜい敵の先遣部隊に抵抗して多少なりとも時間を稼いでくれれば御の字、といったところではなかったか。檜原城には、最新の築城法を投入する意味も必要もなかったのである。

第七章　鉄炮と城の「進化」――大きい・小さい・強い・弱い

一　鉄炮は城をどう変えたか

三点セットの成立

戦国時代の半ばに日本に伝来した鉄炮《てっぽう》=火縄銃は、またたくまに全国に広まり、当時の合戦や社会に大きな影響をもたらした、と言われている。では、鉄炮は城造りにはどのような影響を与えたのだろう。

考古学の立場から戦国末期における城の変化を追究した中井均氏は、織豊《しょくほう》系近世城郭の成立する指標として高石垣・礎石・瓦《かわら》の三点をあげており、この三点セット論は、現在多くの研究者に支持されている。このうち、礎石と瓦はともに建物を構成する要素で、近世の城に見られる重厚な櫓《やぐら》や天守を作る上では不可欠の技術だ。

こうした櫓や天守は、表面は漆喰《しっくい》や下見板張（横方向に壁板を張る技法）で仕上げられているけれども、壁そのものは非常に分厚い土壁で、その上に瓦葺《ぶ》きの屋根を載せる構造は、基本的には土蔵と同じである。全国各地に残る蔵造りの町並みを訪ねると、たいがいは大火に遭った歴史があって、防火のために蔵造りの町並みが成立していたことがわかるが、土蔵というのは、そもそも火災から財産を守るための建物だ。

城の櫓や天守も基本機能はいっしょで、当時の技術的リソースを用いて、可能なかぎり耐火性・耐弾性にすぐれた建物を作ろうとしているわけである。だから、寛永の『江戸図屛風』を見ると、櫓や天守・門・塀などが瓦葺きとなっているのに対して、御殿などの多くは檜皮葺《ひわだぶき》やこけら葺きとなっている。近世の後半になると、延焼対策から御殿類も瓦で葺かれるようになってくるが、もともとは戦闘時に矢弾に曝《さら》される建物を優先的に瓦で葺いていたことがわかる。

分厚い土壁と瓦葺きの屋根をもつ建物は重量がかさむから、掘立柱では支えることができず、必然的に礎石立ちの建物となる。中井氏は、こうした重量建物を射撃のプラットホームとするよう、塁線の天端一杯にせり出して建てるためには高石垣が必要であり、三点セットは鉄炮を城の防禦《ぼうぎょ》に活用するための構造として成立した、と論じている。高石垣がなぜ必要だったかという問題については、第九章で改めて検討するが、少なくとも三点セットのうち礎石と瓦（＝重量建物）は、鉄炮の普及によってもたらされた城の変化と考えて間違いないだろう。

鉄炮の射程と堀幅

ただし、鉄炮の恩恵に与《あずか》ったのは織豊系大名だけではない。東国や九州の大名たちだって、たくさんの鉄炮を装備していた。前著『戦国の軍隊』で書いたことだが、小田原の役に際しての北条軍の火力は――少なくとも城の防禦に関するかぎり、決して侮ることのできないものだった。では、鉄炮の普及は、三点セットを持たない土造りの城にはどのような影響を与えたのだろう。

先込め式の火縄銃は、俯角《ふかく》をつけて撃とうとすると弾が転がり出てしまうから、鉄炮の普及によって山城が不利になった、という説明を読んだことがある。けれども、鉄炮がかなり普及した戦国時代の末期になっても、山城はさかんに造られている。それに、火縄銃でも弾込めの工夫によって銃口を下に向けて撃つことは可能だし、防戦の足場となる曲輪《くるわ》や土塁の前面に堀を掘ってあれば（実際の城はたいがいそうなっている）真下に向けて撃つ必要もない。この説明を案出した人は、多分あまり城を歩いたことがないのだろう。

また、鉄炮の普及によって飛び道具の射程が延びたために堀幅が広がった、という説明がある。たしかに、名古屋《なごや》城や大坂城といった近世の城は、抜群に堀幅が大きい。では、織豊系以外の戦国時代の城ではどうだろうか。

いろいろな城跡を歩いていると、大きな堀だなあと思う時と、小さな堀だなあと感じる場合とがある。正確な統計を取ったわけではないのだけれど、経験則からザックリした感想を述べると、戦国時代の城の堀幅はだいたい一〇メートル前後、しいて言えば八～一二、三メートルのあたりに標準がくるように思う。いろいろな地方の研究者と城を歩いても、この感覚は大体共通するようで、堀幅が一五メートルくらいになると、ほとんどの人が大きいと感嘆するし、逆に七メートル以下になると小さいと漏らすから、堀幅の標準が八〜一二、三メートルあたりというのは、それほど間違っていないと思う。

前章で見た石神井城は、区の教育委員が行っている発掘調査を見ると改修の形跡がないようなので、文明九年（一四七七）に太田道灌が攻め落としたあと、廃城になったようだ。石神井城の主郭をめぐる堀は、残りのよい箇所では一五メートルを超えており、筆者も訪れるたびに大きな堀だなあ、と思う。また、神奈川県平塚市《ひらつか》にある岡崎城《おかざき》は、永正九年（一五一二）に三浦道寸《みうらどうすん》が守備していたところを伊勢宗瑞《いせそうずい》（いわゆる北条早雲《そううん》）が攻略したもので、史料によるかぎり北条氏時代に使用された形跡がない。この城も、中心部には幅二〇メートルもの堀がめぐっている。

さらに、栃木県小山市に残る鷲城《わし》は、康暦《こうりやく》二〜三年（一三八〇〜八一）にかけて起きた小山義政《おやまよしまさ》の乱に際して史料に現れる城で、その後に使用された徴証が全くないので、十四世紀末の姿を留《とど》めていると考えてよいが、主郭の堀幅は二〇メートルを軽くこえる。他にも、発掘調査や文献によって年代が確認されている城で、古い時代に大きな堀を掘っている例はいくらもある。

堀のサイズを決めるもの

これとは逆に、戦国時代末期でも堀幅が小さい城の事例もたくさんある。加えて言うなら、一つの城で大きな堀と小さな堀とを併用する例も珍しくない。つまり、堀のサイズは城が築かれた年代とは何の関係もなく、したがって鉄炮の普及とも関係がないのだ。

では、堀のサイズは何によって決まるのだろうか。答えは簡単だ。投下される土木量である。一般論で言うなら、堀はサイズが大きいほど防禦力も大きくなる。大きな防禦力を得るために大きな土木量を投下することができれば、小山義政であろうが、三浦道寸であろうが、織田信長であろうが、同じように大きな堀を得られるわけだ。

そしてこの場合の土木量とは、作業に投入される人の数と日数（時間）の積、いわゆる人工《にんく》数に他ならない。つまり、一〇〇人で一〇〇日間掘っても、一〇〇〇人で一〇日でも、あるいは一〇人で一〇〇〇日でも、土木量は同じということだ。実際には工程の組み方や作業効率が違ってくるから、単純に同じにはならないけれども、大人数を短期間に投入しても、少人数で長期間作業を続けても、同じように大きい堀ができあがるわけだ。

堀を掘ったり、土塁を積んだりという普請を行うためには、配下の兵士たちを働かせるのが手っとり早いが、より多くの人手が欲しければ周辺の領民を動員することになる。城普請などの労役提供は領民にとっては一種の税金のようなもので、無尽蔵に動員して働かせるわけにはゆかないし（そんなことをしたら領地が荒廃してしまう）、動員した人には最低でも食費程度の手当を支給するのが当時の慣例だから、大量に人手を動員するにはコストがかかる。占領地や外征地で城普請を行う場合、手当をケチると人手が集まらないという事態も起こりうる。大きな土木量を得るためにはコストがかさむ。

戦国時代の後半になると、地域ごとの統合が進んで有力な大名は高い経済力を手中にするようになるから、相対的に大規模な普請を行う条件が整いやすくなる。けれども古い時代にも、その時代なりに大きな経済力を持っていた勢力はいるわけだし、経済力のあまり大きくない領主でも、貯め込んだ資金をここぞとばかりにつぎ込めば、大きな普請を行うことは可能だ。

熊本県（肥後《ひご》）の和水町《なごみ》に田中城《たなか》という城がある。豊臣秀吉の九州征服によって肥後には佐々成政《さっさなりまさ》が入封したが、強引な統治を行ったため、地生えの小領主たちが肥後国衆一揆《いっき》と呼ばれる叛乱《はんらん》を起こしてしまった。このおりに、和仁《わに》氏の一族と領民あわせて約一〇〇〇人が立て籠《こ》もり、小早川秀包《こばやかわひでかね》・立花宗茂《たちばなむねしげ》・鍋島直茂《なべしまなおしげ》らの討伐軍によって攻囲されたのが田中城で、継続的な発掘調査の成果をもとによく整備されている。

この城の中心部を取り巻く堀は、幅が二五メートル、深さが一六メートルもあって、見る者を圧倒する。和仁氏の経済力などタカが知れたものだが、存亡の危機に立たされた家臣・領民らが必死になって土を掘りまくった結果、巨大な堀ができあがったのだ。

逆に、戦国時代末期の有力な大名軍でも、侵攻地でいつ敵襲があるかわからないような状況に置かれれば、大急ぎで陣場を固めてしまう必要があるから、とりあえずは小さな堀で凌《しの》ごうという話になる。近世の城のバカでかい堀は、大きな経済力と動員システムを手にした大名たちが、大きな労働力を集中投下した結果である。

低く小さく進化する

堀のサイズは、年代とも鉄炮とも関係がない。では、土塁はどうだろう。土塁のサイズも土木量によって決まるから、基本的には年代とは関係がない。ただし、鉄炮との関係で考えるかぎり、こちらには面白い現象が看《み》て取れる。

中世城郭研究会の田嶌《たじま》貴久美《きくよし》氏は、北条氏末期の主要な城郭では、低く小さな土塁を積極的に使って長大なラインを形成する傾向があることを指摘している。土塁は山の斜面から直接立ち上げている例もあるが、前面に幅広の堀を伴う例も多い。田嶌氏はこの現象を、射撃戦に適応して土塁が低く小さい方向に進化を遂げた結果だ、と論じている。つまり、城兵が土塁の上に立って戦闘を行うのではなく、土塁を直接、胸壁（遮蔽物《しゃへいぶつ》）として使用し、幅広の堀で足止めした敵に城内から射撃を加えるのである。

この指摘は首肯できる。筆者の見るところでは、武田氏末期の城郭でも小さめの土塁を引き回してラインを形成する傾向があるようで、静岡県の高天神《たかてんじん》城、丸子城などが代表例だ。類似の傾向をもつ城は北関東から東北南部にかけても散見できるから、射撃戦に適応して土塁が低く小さい方向に進化する、というのは戦国末期の東国におけるひとつのトレンドだったのかもしれない。

さらに北条氏の場合、塁線を長く引き回すだけではなく、土塁囲み（石塁の場合もある）の堡塁《ほうるい》のような施設を塁線で連鎖させてゆく築城法も用いている。筆者が最初にこの特徴に気づいたのは、今から十五年以上も前のことで、中井均氏や中世城郭研究会の仲間といっしょに伊豆の韮山城へ行ったときのことだ。

韮山城は戦国の末期には北条氏規の居城となっていて、豊臣方の大軍に攻囲されながらなかなか陥《お》ちなかった。この城の主郭から背後の尾根上に土塁のラインが延びていて、その先端に土塁囲みの堡塁がある。ちょうど草が刈られて遺構がよく見えたので、中井氏と土塁の上を歩きながら「これ、何だろう、近代要塞《ようさい》みたいで妙にカッコいいんだけど、戦国時代にこんなものあるのだろうか？」と話し合ったのを覚えている。

その後もいろいろと調べてゆくと、対豊臣戦に備えて築城ないしは改修をした八王子城や、太田《おおた》金山《かなやま》城にも同様の構造が見られる。小田原の役の緒戦で力戦し、秀吉軍を大いに苦しめた伊豆山中城の岱崎《だいざき》出丸《でまる》（拙著『戦国の軍隊』第一章参照）も、同じ原理でできている。八王子城など石塁でできているので、復元図に描くと本当に近代要塞のように見える。見ていると、何だか時代を突き抜けていると言うか、われわれが知っている土の城から三点セットを備えた近世の城へ、というコースとは全く別の進化がありえたのだ、という気がしてくる。こうした、射撃戦に対応した城の変化については、今後もいろいろと解明されてくるにちがいない。

横矢掛りの発達

低く小さく進化する土塁は、先にあげた縄張りの構成要素に照らすなら、火力発揮に関する工夫だ。火力発揮に関する縄張りの代表的な工夫としては、横矢掛りがある。横矢掛りは、一般には敵の側面から弓・鉄炮を射掛ける──つまり側射《そくしゃ》のための構造、と説明されている。側射の有効性は原理としては普遍的なもので、「横矢」という語からもわかるように、弓矢の時代から知られていた。城の縄張りとしては、塁線を屈曲させたり、一部を突出させて櫓台を造ったりする。

前章で取りあげた石神井城でも、主郭の南西隅に横矢掛りの折《おれ》（塁線を屈折させた場所）がある。十五世紀の末～十六世の初めに扇谷上杉氏が築いたとされる神奈川県藤沢《ふじさわ》市の大《おお》庭《ば》城では、二の曲輪と三の曲輪の塁線を大きく折り曲げて、強力な横矢掛りを形成している。他の事例から見ても、関東地方では遅くとも戦国時代の初め頃には、塁線を折って横矢掛りを形成する縄張りが広く用いられるようになっていた、と見てよい。

石神井城や大庭城の横矢掛りを見ると、ここぞという場所で塁線を大きく折って、一定のスペースに射線を集中させられるようになっている。筆者は、戦国時代の前半までに築かれたことが文献史料によって確認できて、なおかつ後の時代に改修された徴証のない城の事例を、南関東一円からできるだけ多く拾ってみたが、みな同じように塁線を大きく折っていることがわかった。西日本の事例を多く検討した中井均氏も、早い時期の横矢掛りは塁線を大きく折る傾向が強いことを指摘している。

これに対し、有力な戦国大名の築いた戦国時代後半の城では、全体に縄張りの工夫が細かくなる傾向がある。特定の場所に飛び道具を集中配置して、火点を形成するような横矢掛りが増えてくる。しかも、堀切で侵入者を足止めしたり、導入路の屈曲点や土橋、虎口の前面など、侵入者が減速や方向転換を余儀なくされる場所を狙うように、ピンポイントで火点を設定していることが多い。

また、筆者が拾った事例でみるかぎり、戦国時代前半の城は概して曲輪取りが大きいのに対し、有力な戦国大名の城では城域がコンパクトに抑えられていたり、曲輪取りを相対的に小さくして城域内を刻んでゆくような縄張りが多い。これは、空間構成の要素だ。どうやら、戦国時代に入ると火力発揮の工夫や空間構成のあり方が変化してくるらしい。ではなぜ、そうした変化が生じるのだろう。

二　戦国の軍事革新と縄張り

兵種別編成の軍隊

筆者は以前、『戦国の軍隊』において、戦国時代には軍事上の劇的な革新が起きていたことを論じた。要点をかいつまんで説明すると、中世の軍隊は職能戦士身分に属する侍（武士）を基幹戦力として編成されていたが、戦国時代に入ると足軽や雑兵といった非侍身分出身の非正規雇用兵を大量に動員して、鉄炮・弓・鑓《やり》・旗などの兵種別に編成するようになった。鉄炮は、威力や射程が使用する者の膂力《りょりょく》と無関係であるゆえに、非侍身分出身の軽装歩兵を戦列化するうえでは、うってつけの武器であった。

軍隊の編成にこのような革新が起きているのであれば、城の縄張りにも当然、何らかの影響が及ぶはずである。前節で見たように、侵入者を足止めする場所を狙って、ピンポイントで火点を形成してゆく城では、弓や鉄炮をここに三挺《ちょう》、あそこに五挺という具合に配置し、火点ごとに狙う目標を具体的に割り振りながら、「火力と障碍《しょうがい》の一致」を実現しているわけだ。また、城域内を細かく刻むということは、兵力の部署が具体的にイメージされていることを示しているのではないか。

こうした縄張りの特徴は、総じて軍隊の兵種別編成化に対応した工夫だと思う。つまり、必要な兵種を必要な人数ずつ部署することで、効率のよい防禦を試みているのである。逆に考えれば、曲輪取りが大きく、塁線を大きく折って特定のスペースに射線を集中させるような、戦国時代前半の縄張りは、兵種別編成の進行していない軍隊による守備を前提とした縄張りなのであろう。

北条氏や武田氏は、縄張りに先述したような細かな工夫を重ねる一方で、戦略上重要な城には鉄炮を集中配備して、効果的に火力を発揮する方法を追求していったのであろう。土塁が小さく低い方向に進化するのは鉄炮の利用に適応した現象であるが、そうした小さく低い土塁を引き回して長大なラインを形成したり、堡塁を連鎖させてゆくのは、鉄炮隊のような形で火力を組織的に運用するための形態といえる。

逃げられない縄張り

兵種別編成の軍隊を前提にした縄張りとして理解できる典型的な事例に、新潟県湯沢《ゆざわ》町の荒砥《あらと》城がある。天正六年（一五七八）に上杉謙信が急逝したあと、越後では景勝と景虎という二人の養子が跡目を争って内乱が勃発してしまった。景虎は、もとは北条氏政の実弟だったから、氏政は軍事介入に乗りだしてくる。かたや、関東と境を接する上田荘（現在の魚沼《うおぬま》地方）は景勝の本貫地であったから、北条軍の侵攻に備える必要が生じて、上越国境の近くに前哨《ぜんしょう》拠点として荒砥城が取り立てられた。

荒砥城の縄張りはコンパクトな無駄のないもので、数に限りのある弓・鉄炮は、前線を担う曲輪❷・❸の縁辺や、火点である櫓台に集中配置するようになっているし、曲輪❷・❸の虎口は桝形《ますがた》虎口としている。この城の桝形虎口は縦長の形をしているので、弓や鉄炮ではなく、鑓によって侵入者を仕留めるつもりなのだろう。

荒砥城縄張り図

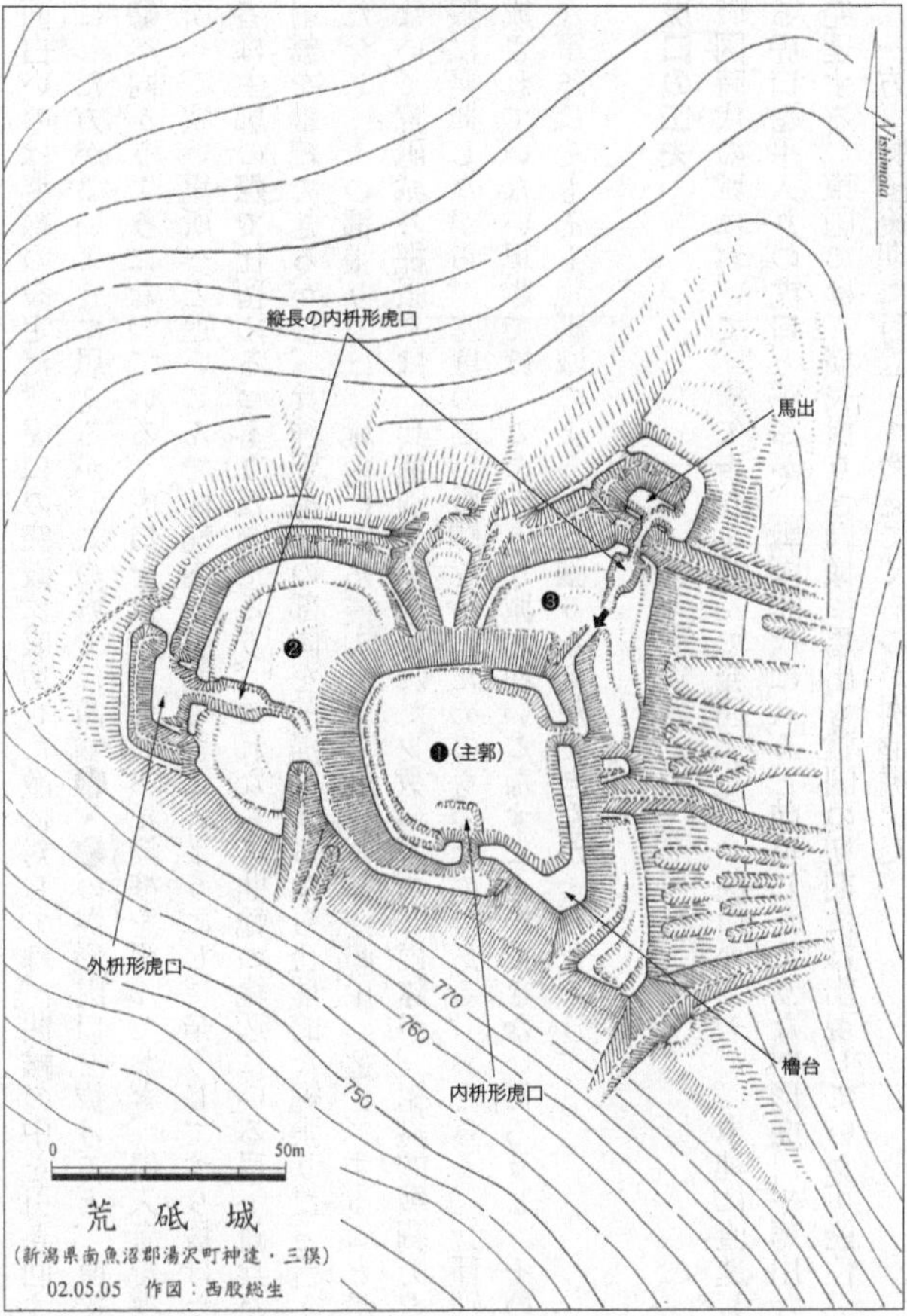
Nishimata
縦長の内枡形虎口
馬出
❸
❷
❶(主郭)
外枡形虎口
770
760
750
内枡形虎口
櫓台
0
50m
荒　砥　城
(新潟県南魚沼郡湯沢町神達・三俣)
02.05.05　作図：西股総生

面白いのは導線の設定だ。虎口の突破に成功した敵に対しては、曲輪の中を引き回すようにした方がよいように思えるが、この城では曲輪❷・❸の桝形虎口を抜けると、直接主郭❶へ向かうようになっている。虎口を抜けたところに鑓襖《やりぶすま》を組んでおき、侵入者を狭い場所へ、狭い場所へと追いこんで曲輪内へ展開できないようにし、辛うじてすり抜けた侵入者は主郭の際で仕留めるつもりなのだろう。これなら、曲輪の縁辺にいる弓・銃兵たちは射撃を継続できるから、兵種別編成の部隊を前提にするなら合理的な縄張りだと言える。

ただし、この縄張りでは、城内に敵が侵入しても城兵たちは脱出（逃亡）することができない。荒砥城の縄張りは、兵種別に編成された少数精鋭の守備隊が、組織的戦闘力を最大限に発揮しながら、密度の高い戦闘を行うためのものなのである。おそらく、兵種別に編成されていない軍隊では、このような城を使いこなすことができないだろうし、そのような軍隊はそもそも荒砥城のような縄張りを発想できなかっただろう。

虎口の工夫

戦国時代の城において、横矢掛りと並んで発達するのが虎口の工夫だ。単純に直進して入る虎口を平入りの虎口と呼ぶが、戦国時代に入ると前述したような桝形虎口や馬出などが発達する。東国では、横矢掛りと同様に馬出も戦国の初期には出現していた可能性が高い。一方、戦国後期に目立って増えてくるのが桝形虎口だ。

桝形虎口の中でも、閉塞《へいそく》空間を曲輪の内部に食い込ませたタイプを特に内桝形、曲輪の外に突出させたタイプを外桝形と呼ぶ。地域によって多少は前後するけれども、東国で内桝形虎口が一般化するのは、戦国時代の後半に入ってからのようである。天正年間に築かれた荒砥城には内桝形虎口が徹底的に用いられているが、石神井城や大庭城には内桝形虎口は存在しない。戦国時代初期の城で、明確な内桝形虎口を備えた事例はあまり見たことがない。

さて、桝形虎口とは閉塞空間を備えた虎口のことであるから、侵入阻止効果は当然大きい。だが、馬出も閉塞空間を堀の外に突出させていると考えることができるから、侵入阻止には効果があったはずだ。では、なぜ内桝形虎口の方が、馬出よりも遅れて普及するのだろうか。

一般には、外側に突出する馬出や外桝形はより攻撃――つまり出撃や逆襲に向いており、内桝形はより守勢的だと説明されている。だとしたら、戦国後期の城の方が、より強く守勢を指向していたのだろうか。筆者は、この現象の背景にも軍隊の兵種別編成化が影響していたのではないか、と考えている。

ドイツ人の発想転換

話は変わるが、第一次世界大戦の後半にドイツ軍が案出した戦術に、浸透《しんとう》戦術というものがある。ご存知のようにこの大戦では、連合国側・枢軸国側の双方が延翼《えんよく》運動（相手の包囲や側面攻撃に備えて戦線の端を延ばしてゆく動き）をくり返した結果として、長大な戦線が形成された。

両軍はともに幾度となく攻勢を試みたものの、なかなか相手側の戦線を大きく突破することができず、戦況は膠着《こうちゃく》状態に陥ってしまった。実際の戦線は、塹壕《ざんごう》・鉄条網・機関銃で固められた幾重もの陣地から成っていたので、前線で部分的な突破に成功しても、ほどなく攻勢が頓挫《とんざ》してしまい、敵戦線を大きく破断させることができなかったのである。

そこでドイツ人たちは、一旦《いったん》前線に穴を開けたら（小さな穴なら比較的開けやすい）、小部隊ごとにそのまま敵の後方に浸透してゆくこととした。小部隊ごとにバラバラと浸透してこられると、守備側は態勢や指揮通信系統が混乱して対応できなくなるからだ。これなら、手間をかけて（当然人命も消耗して）敵の前線部隊に物理的な大打撃を与えなくても、戦線を崩壊に導くことができると考えたのである。

この浸透戦術は、実際かなりの効果を発揮した。のちに第二次大戦初期に猛威をふるったドイツ軍の電撃戦《ブリッツクリーク》も、発想としては浸透戦術の延長線上にある。

戦場の缶切り役

話を戦国時代の日本に戻そう。足軽・雑兵といった非正規雇用兵を大量動員して兵種別に編成するようになった結果、それまで軍隊の基幹戦力を担っていた侍たちはどうしたか。彼らは決して、指揮官として足軽・雑兵どもの尻《しり》を叩《たた》いていればよかったわけではない。わかりやすく言うと、彼らは侍だけの精鋭部隊を構成するようになったのである。もともと職能戦士階級に属している侍たちは、馬・鎧《よろい》・兜《かぶと》などの装備を自前で持っているし、武器の使い方や人の殺し方も訓練されている。しかも彼らは、常に周囲から一目置かれることを望み、戦功をあげて恩賞を得ることに汲々《きゅうきゅう》とし、そのために自分の武功を誇示したがるようなメンタリティーの持ち主であったから、戦場では最前線に立って誰よりも先に敵と刃を交えたがる。

つまり、侍たちは騎馬で移動し、状況によって乗馬戦闘と下馬戦闘を使い分ける、重装備で個人技に長《た》けた勇敢な戦士だった。城郭戦では当然、徒歩戦闘が基本となるから、重装歩兵として活動することになる。こうして兵種別編成の軍隊においては、侍たちは敵陣に穴を開ける缶切り役を担うこととなった。

山中城攻防戦に参加した渡辺勘兵衛《わたなべかんべえ》という侍が残した手記を読むと、彼らは驚くほどの蛮勇をふるって敵の銃火をかいくぐり、城内への突入を試みている。当然、死傷率も高い。しかも、自分の属する部隊の主力や同僚の侍たちが、城兵と白兵戦を交えているのを横目に見ながら、本丸一番乗りを目ざしてひたすら城内の深部へと、単身で侵入してゆくのが大好きだった。

侍たちの浸透戦術

こうした侍たちの行動は、軍事史的観点から見るならば、浸透戦術の原理を体現している、と言ってよい。実際、山中城は、効果的な火力発揮に支えられた北条軍の頑強な抵抗にもかかわらず、一日で陥落している。戦闘経緯から見るかぎり、山中城攻防戦の決め手となったのは、火力でも兵力量でもなく歩兵の突撃力だったと分析できる。しかも、山中城にかぎらず戦国時代における城の攻防戦は、攻撃側が強襲を選択してそれが成功すれば、ほぼ例外なくその日の内に決着を見ている。

反対に、初日の強襲が頓挫すると、そのまま長期の攻囲戦に移行するのが普通だ。攻囲軍側は、一旦城から距離を取らないと、城兵が逆襲を仕掛けてきた場合に対処できなくなるからだ。なにせ、地の利は城側にある。そこで、攻城軍側は城を取り囲むように陣地を築いて逆襲に備えながら、バリケードを連ねたり塹壕を掘ったりして城に接近し、突入口を形成してゆく。そして、充分城に接近したら、最後はやはり強襲によって突入することになる。ちなみに、火砲の発達した近代戦においても、要塞の攻略は最終的には歩兵の仕事である。

これを城側から見るなら、初日の強襲をいかに凌ぎきれるかが死活問題、ということになる。最初の一日さえ凌ぎきれば、あとは敵が突入態勢を整えるのと、味方の援軍が来着するのとどちらが先か、あるいは敵があきらめて撤退するのと、自分たちの戦意や兵粮《ひょうろう》が尽きるのとどちらが早いか、といった根比べになる。だとしたら、強襲を凌ぐ際にもっとも脅威となるのは、蛮勇の侍たちによる浸透ではなかったか。たとえ少数でも、重装備で個人技に長けた侍たちが城内の奥深くに浸透したら、軽装の足軽・雑兵たちは浮き足立って、兵種別編成による組織的守備が崩壊してしまう。

戦国時代の後期に内桝形虎口が普及したのは、こうした侍たちの浸透戦術に対抗するためではなかったか。筆者は、ピンポイントで火点を設定してゆくような縄張りの工夫も、浸透戦術への対抗策ではないかと考えている。兵種別編成の進行によって、侍たちが戦場の缶切り役を担う重装歩兵となったことが、内桝形虎口やピンポイントの横矢掛りのような、縄張りの工夫を促したのではなかろうか。

鉄炮の普及によってもたらされた変化とは、堀幅が広がったとか、城の特定のパーツが変化するような単純な現象ではなかった。鉄炮の普及と相まって軍隊の兵種別編成化が進行したことによって、城の構造はさまざまに変化していったのである。

三　築城における進化と適応

小さいものは弱いか？

城に関する研究報告などを見聞きしていると、しばしば「この城は土塁や堀が小さいので軍事性が弱い」とか「軍事的でない」といったような表現に出くわす。これは奇妙な言い方ではないか。たとえば、あなたがどこか最寄りの米軍基地へ行ったとする。周りを囲っているのは高さ数メートルのフェンスだけだから、アルミのハシゴとワイヤー・カッターを用意すれば、物理的には難なく乗り越えることができるだろう。しかし、そのことをもって厚木《あつぎ》基地や嘉手納《かでな》基地を「軍事性が弱い」と評価する人がいるだろうか。これは「軍事的」「軍事性」という言葉を正しく使わないために生じる混乱である。

「小さいから軍事性が弱い」式の論法を持ち出す人は、しばしば小さな土塁や堀は「形式的」な施設だと評価する。その場所を死守するつもりはないのだが、一応「城」という体裁は整える必要があるので、小さな土塁や堀で囲んでおく、といったような意味である。

しかし、戦場で命のやり取りをしている将兵が、形式的な城などというものを構築するだろうか。そのようにお考えの方はぜひ一度、アルミのハシゴとワイヤー・カッターをホームセンターで買って来て、米軍基地の「形式的な」フェンスを乗り越えてみてほしいものである。

城の場合も同じことで、土塁の大小と「軍事的」な強弱——あるいは「軍事性」の有無とは、そもそも次元の違う話なのである。戦国末期の東国において、鉄炮の組織的運用に対応して土塁が低く小さく進化することは、先に説明したとおりだ。単純に戦闘の次元だけで考えても、小さいから防禦力が低いとは言い切れないことがわかる。

また、堀や土塁の大きさが、築城主体の権力のあり方や築城年代とは何の関係もないことも、すでに説明したとおりだ。「大・小」「強・弱」「新・旧」のそれぞれの間には、基本的には相関関係はないのである。

箱庭の迷路

新しい時期の築城であるにもかかわらず、ごく小さな堀や土塁しか備えていない例として、織豊系陣城《じんじろ》と呼ばれる一群の城がある。織豊勢力の軍隊が侵攻地に築いた臨時性の強い城砦《じょうさい》のことで、敵城を攻囲するための「付城《つけじろ》」「向城《むかいじろ》」を指すことが多い。代表例としては、羽柴秀吉が播磨《はりま》の三木《みき》城（兵庫県）を長期攻囲した際の付城群がある。先に紹介した畑和良氏の研究でも、備中高松城の周囲に多数の小規模な築城遺構が存在することが報告されている。

こうした織豊系陣城について特徴的であるのは、ごく小さな堀や土塁を複雑に配して、箱庭のような縄張りを構成する事例が多いことだ。実地に踏査してみると、堀幅は五〜六メートルくらいしかなく、埋没していることを考慮に入れても、消え入りそうなくらいに浅い。土塁もひどく小さい。東国大名の小さな土塁が射撃戦用の胸壁として機能しうるのは、前面に相応の堀や壁を伴って長大なラインを形成しているからだが、こちらは堀も小さくラインにもなっていないので、胸壁としては使えそうもない。ただ、虎口だけは手の込んだ造りになっていたりする。

こうした箱庭のような縄張りが何のためのものなのか、多くの研究者が頭を悩ませてきた。そして、城としての体裁を整えるための施設であり、手の込んだ虎口は在陣する武将の「格」や、築城技術の優位を誇示するための縄張りだと考えたりしてきた。

けれども、あらためて見直してみると、虎口や導入路を複雑にしている割には、塁線は直線的で細かな横矢掛りなどは設けていない場合がほとんどである。要するに、狭い城域全体を迷路化しているわけだ。

攻囲戦の進展と陣城

攻囲戦の陣地が、迷路化した狭い城域を必要とする理由は何だろう。筆者は、夜襲対策だと考える。カール・フォン・クラウゼヴィッツは、軍事学の古典的名著である『戦争論』の中で、夜襲について、攻撃側に比べて防禦側には布陣地の地形に精通している利点があることを指摘している（第四篇第十四章「夜間戦闘」）。だとしたら、陣城とは防禦側に有利な布陣地の地形を、人工的に造り出すことではないか。

城側が、夜間に攻囲軍側の陣地に逆襲を仕掛けるというのは、戦国時代にはしばしば行われたことだ。夜襲に期待できる成果としては、①敵陣の兵粮等を強奪する、②敵の戦意喪失と味方の士気高揚をはかる、③敵の混乱を図る、などが考えられる。

攻囲軍にとって最悪なのは、夜襲による混乱の中で大将が敵に捕捉《ほそく》され、討死してしまうことだ。軍隊は、指揮官や幕僚が戦死すると指揮命令系統が混乱して機能不全に陥ってしまうが、封建制的な軍隊においては、大将は単に指揮官であるのみならず部隊の所有者《オーナー》でもあるから、大将の戦死は部隊そのものの崩壊や、権力の消滅をも招きかねない。

夜襲を受けて混乱を生じた陣中では、大将のいる陣の中心部に襲撃側が到達するのと、味方の部隊がショックから立ち直って防戦態勢をとるか、あるいは大将が脱出するのと、どちらが早いか、事態は暗闇の中で文字通り寸刻を争うように進行するのではなかろうか。だとしたら、たとえ小さくても陣の中枢部を複数の曲輪に分割して堀や土塁で囲んで、自分たちにしかわからない人工地形を造り出し、導線を折り曲げて迷路化しておく措置は、夜襲対策として有効ということになる。

箱庭のごとき縄張りをもつ陣城はごく短時間、おそらくは数時間からせいぜい数日程度の普請によって築造されるのであろう。近代の軍隊では、行軍を停止して野営する際に兵士たちが散兵壕を掘ったり野営地の周囲にバリケードを作るが、戦国時代における野戦陣地の設営も基本的には同じ要領ではなかろうか。このタイプの陣城は、軍事用語で言うところの野戦堡塁や設堡《せっぽ》野営に相当するものであり、小さな土塁と堀でも軍事施設として立派に機能するのである。

では、攻囲戦が長期化すれば陣城も拡大強化してゆくかと言えば、そうはならない。なぜなら、攻囲戦の目的は自分の城を築くことではなく、敵城を封鎖して陥落に追いこむことだからだ。最初に指揮中枢を確保したら、そこから先は別の作業に労力を費やした方がよい。敵の逆襲を防ぐために、とりあえず陣の前面に設置してあった木柵《もくさく》を土塁と堀に造り替え、陣と陣の間をつなぐ設堡線を造り、封鎖線を敵城に向けて前進させながら、敵城への接近経路を設けてゆくことになる。攻囲戦がこのような経緯を辿《たど》るのであれば、最初に確保した指揮中枢は夜襲対策用の箱庭的縄張りのままでも充分である。

北海道のチャシ

城の一種と言われながらも、小ささのゆえに防禦施設としての有効性に疑問が投げかけられてきたものに、北海道のチャシがある。以下、話が少々脇道にそれるように感じるかもしれないが、ここで北海道のチャシと琉球のグスクについて私見を述べてみたい。戦国の城を、独自の文化的、社会的特徴をもつ日本列島の両端から逆照射するためである。

チャシは、「内地」における中世の後半から近世にかけて、アイヌの人々が築いたものだ。チャシの規模は、単郭式の場合は二〇～三〇メートル四方程度が普通で、同じサイズの曲輪を連ねて複郭式とする事例はあるが、極端に大きな面積をもつ曲輪の事例はほとんどない。曲輪を囲む堀の幅も三～六メートル程度で、内地の城にくらべればあきらかに小さい。ただし、堀の内側には土塁や木柵を伴うことが多いので、一応は人の侵入を防ぐこ

上山田陣城縄張り図

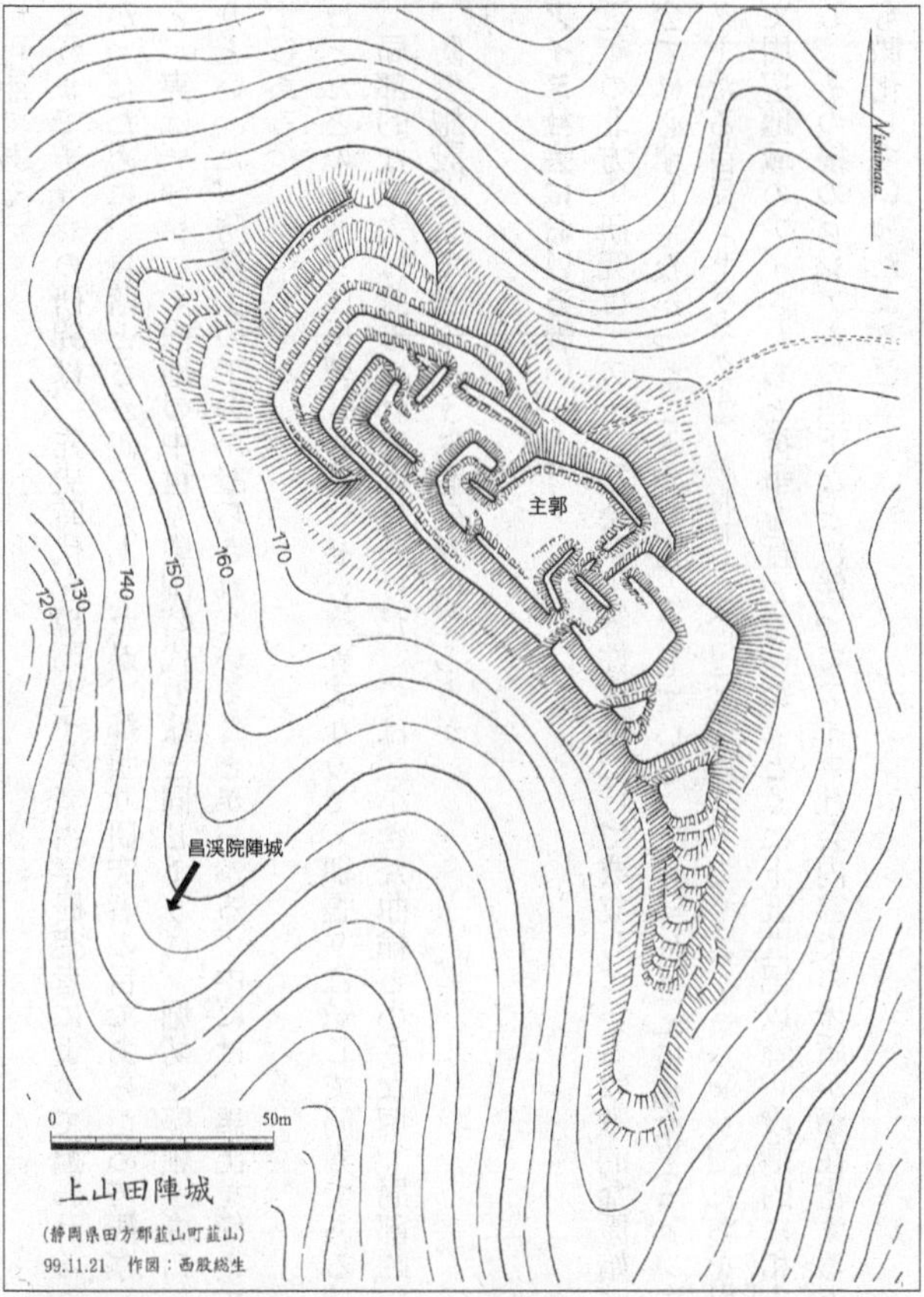

上山田陣城は、小田原の役に際して豊臣軍が韮山城攻囲陣の一つとして築いた。小規模な土塁と空堀を複雑に組み合わせて城内を迷路化している様子がわかる。

とが可能である。

これまでチャシの研究は、先史時代を専門とする考古学研究者によって担われることが多かったために、見落とされがちであったが、縄張り研究者の目であらためて観察してみると、実はチャシにも内地の中世〜戦国時代の城と同じように、堀切・竪堀《たてぼり》・虎口・横矢掛りといった、防禦上の工夫が凝らされていることがわかる。中には、馬出を備えている例すらある。

ほとんどのチャシは単郭式かせいぜい複郭式なので、縄張りは総じて簡素であるけれども、局部的な工夫は凝らされているわけだ。では、小さな曲輪と小さな堀、局部的な工夫は、防禦施設としてどのように有効なのだろうか。

アイヌ社会における戦い

近年の北方史研究は、アイヌ社会が平等性原理だけで成立している牧歌的な原始共産制社会では必ずしもなかったことを明らかにしている。アイヌ社会には集落（コタン）のリーダーたる首長（サパネクル）がおり、彼らは時に手下（テッパ・テッケシ）たちを引き連れて周辺地域のアイヌたちと抗争を行っていた。とくに十五世紀以降、段階的に和人《わじん》が進出し、その後のロシア人の南下などに伴ってアイヌ社会内部での矛盾が顕在化すると、抗争も激化していったようだ。

では、彼らは何を目的として戦ったのか。アイヌ社会では雑穀農耕が広く行われてはいたものの、彼らの経済は狩猟採集と交易とに大きな比重をおいていたから、土地や食料をめぐって戦う必要はなかったし、貨幣経済の枠外にあったから、金銭も争奪の対象となる富ではなかった。

アイヌ社会において富の中核をなしていたのは、交易によってもたらされる「宝」であった。漆器《しっき》、刀剣類、槍《やり》、刀装具類、甲冑《かっちゅう》、銀器、錦《にしき》、銅製香炉など、アイヌ社会では生産できない品々を、彼らは「宝」として珍重し、首長たちが権力を維持してゆくためには「宝」の集積と保全が不可欠だった。つまり、アイヌ社会における戦いの多くは、「宝」などの奪い合い、およびそれに端を発する首長どうしの抗争だったのである。

だとすれば、戦闘の規模は数人〜せいぜい数十人程度で、比較的短時間で決着したはずだ。このような規模の戦闘が前提であれば、小さな堀や土塁でも敵を防ぐためには有効であるし、戦闘は虎口付近に集中することになるから、小さいなりに虎口や導線を工夫するのも有効だ。これは、織豊系陣城の場合と同じといえる。

また、アイヌの住居（チセ）は、アシ・クマザサ・樹皮などで壁や屋根を葺《ふ》くので、耐火性には著しく劣る。しかし、戦闘目的が「宝」などの奪取であるならば、いきなり火矢を射掛けることはないから、耐火性を求める必要はない（戦いの帰趨《きすう》が決して目的を達成したのちに攻撃側が放火することはありえる）。

チャシの規模は、コタンの住民全員が籠城《ろうじょう》するには明らかに小さすぎるが、首長の住居を塁壕《るいごう》で囲むとすれば妥当なものだ。首長らが住み、多くの「宝」を収蔵し、それらを敵に奪われないために手下たちによって守られる場所と考えたとき、チャシの規模や縄張りは防御施設として整合的に理解できるのである。

南国のうねる石垣

では、琉球《りゅうきゅう》(現在の沖縄・奄美《あまみ》地方)の城であるグスクはどうだろう。

グスクといえば、ゆるやかな曲線を描いてうねる石垣のラインや、石を積んで巧妙に造られたアーチ式の城門を想起する。しかし、こうした石垣造りのグスクがいきなり出現したわけではない。琉球においても土造りのグスクが広汎《こうはん》に存在していた事実を、沖縄の研究者たちは精力的な調査によって明らかにしている。それらはみな、地形を利用して曲輪を造ったり、尾根を堀切で遮断したような単純な縄張りのものばかりだ。

つまり、本土のような技巧を凝らした大規模・複雑な土の城というステップを踏まずに、琉球では単純な土造りのグスクから、一足飛びに石垣造りのグスクへという変化が起きたのである。なぜ、琉球ではこのような変化が起きたのだろう。

石垣造りのグスクのほとんどは、沖縄地方で広く見られる琉球石灰岩を基盤層とした丘陵上や、台地の縁辺に占地している。この琉球石灰岩は軟質で非常に軽く、加工や運搬が

アオシマナイチャシ縄張り図

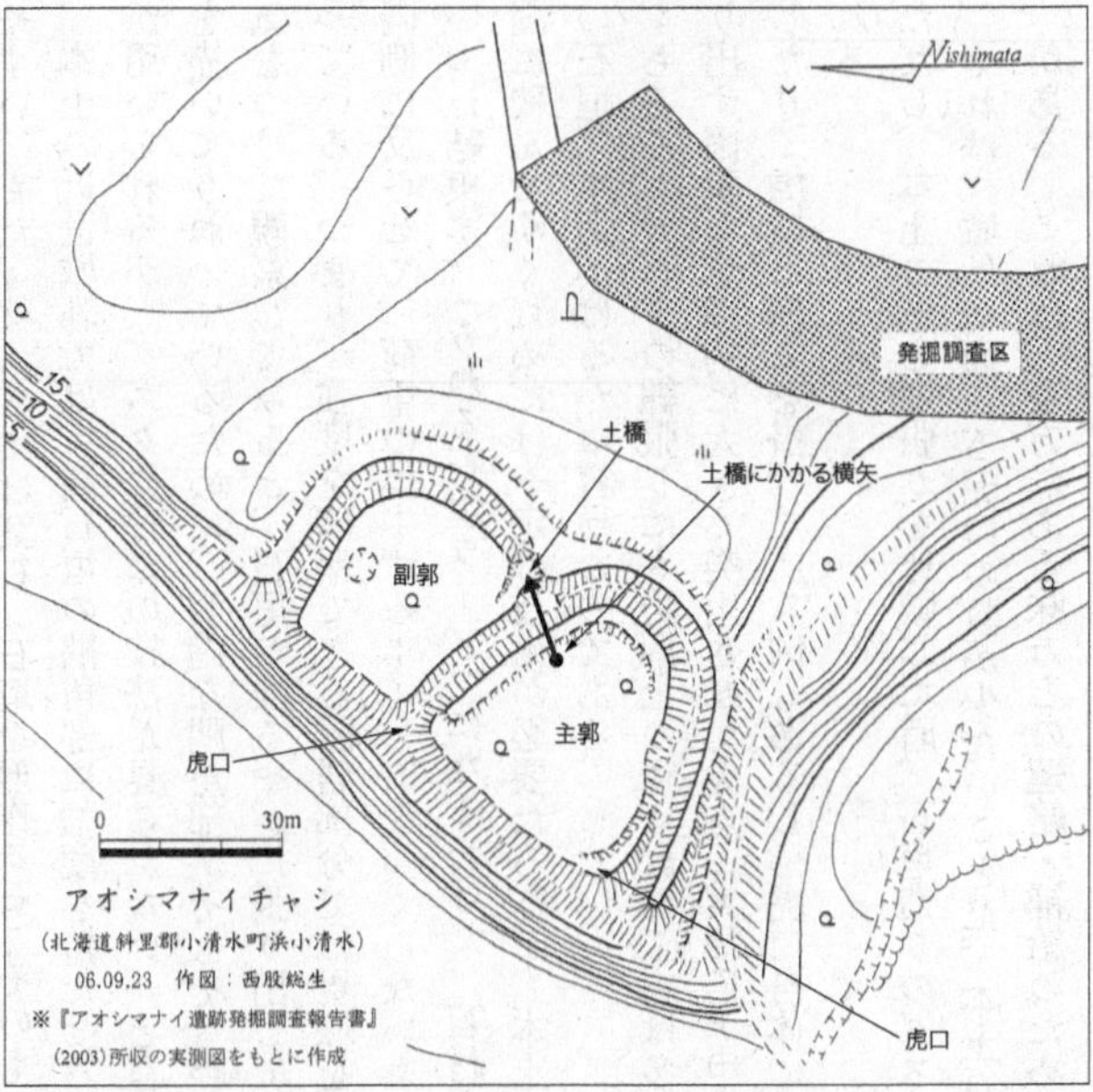

一見すると単純な構造のようだが、細部を観察すると主郭と副郭の関係性が明らかになる。副郭から主郭へは木橋を渡していたのだろう。

しやすい。また、グスクでは築石（石垣を形作る石）そのものもあまり大きくない。それに、本土の近世城郭では、高石垣の隅角部《ぐうかく》に強度を持たせるために、算木積みのような技法が用いられるが、グスクにはこの技法が見られない。と言うよりグスクでは、塁線が曲線を描いてうねっているために、明確な隅角部がそもそも存在していない。

気をつけて観察してみると、石垣がゆるやかに張り出している箇所はみな、露岩の上に乗っている。つまり、強度を確保できる露岩部分では塁線を張り出させ、その間では塁線を内側に反らせて、荷重の集中するポイントをつくらないよう地形に逆らわずに石を積んでいった結果が、「うねる石垣ライン」になるわけだ。石材を切り出して築石に加工し、堅固に積んでゆくためには一定の技術が必要だろうが、本土の近世城郭に比べれば、グスクの石垣は築造がはるかに容易なのである。

もちろん、グスクの縄張りにも防禦上のすぐれた工夫は多い。石垣の曲線ラインが外に張り出す箇所を意図的に大きく突出させて火点（実際に主用されたのは弓矢であろう）を形成したり、虎口に横矢を掛けている例もあるし、虎口自体にも喰違《くいちが》いや外桝形の形態が見られる。

ただし、本土の城と縄張りを比較した時、石垣造りのグスクにはひとつ大きな特徴がある。それは、城外に通じる虎口の数が少ないことだ。本土の城にはたいがいの場合、「裏口」がある。これは、後方にある味方との連絡・補給のためのルート（後方連絡線という）

勝連グスク縄張り図

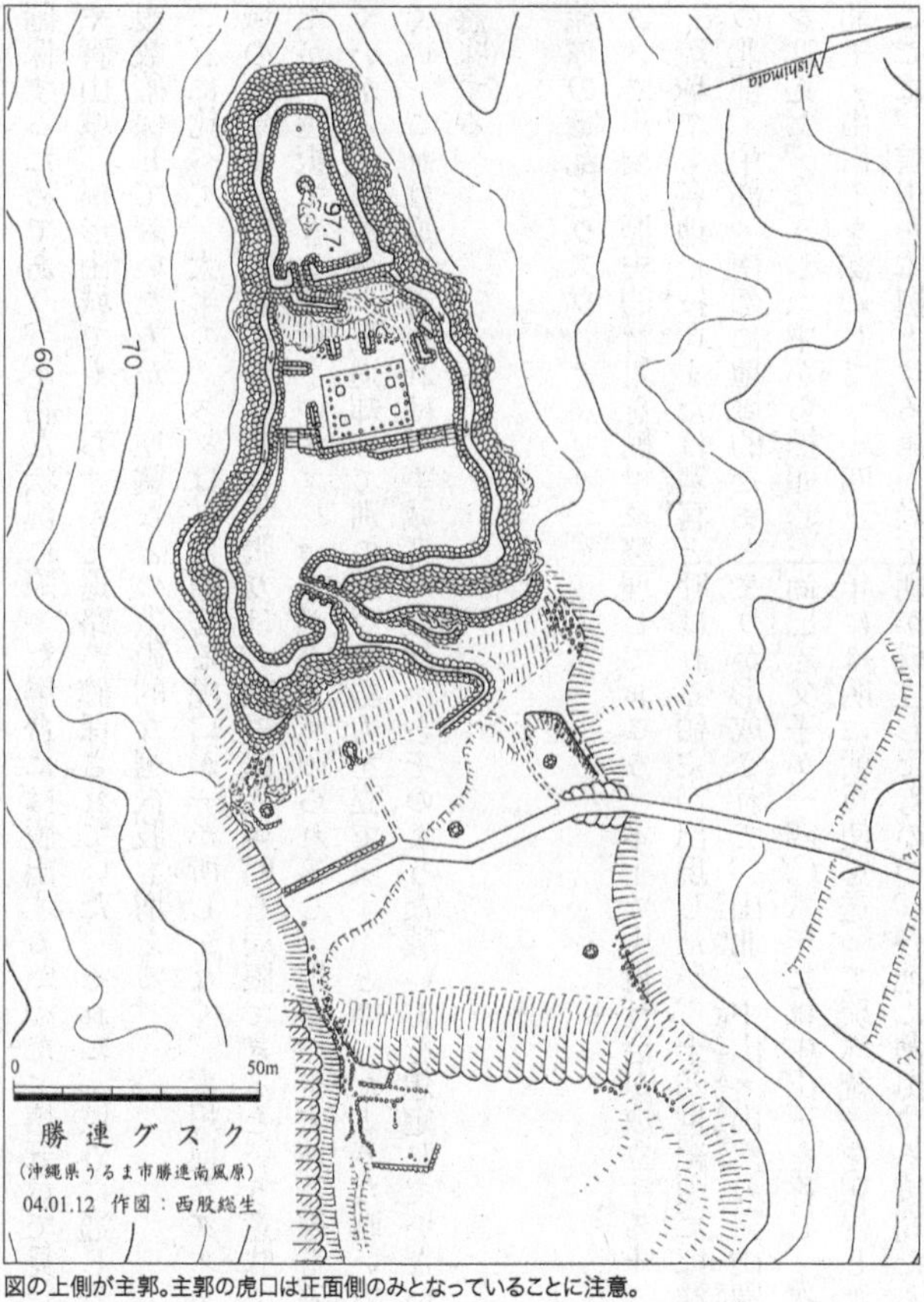

図の上側が主郭。主郭の虎口は正面側のみとなっていることに注意。

を確保するためであり、不利な状況に陥った場合には脱出するためだ。第五章で見た犬居城や青山城、桝形山城でも、ちゃんと退路が確保されていた。それに、城外に通じる虎口を複数確保しておいた方が、逆襲などの戦術的な選択肢も増える。

これに比べて、大半のグスクは外に通じる虎口が一か所しかなく、大規模なグスクでも城域の両端だけである。こうした縄張りは、敵の侵入経路を局限できるという意味では堅固だが、選択できる戦術上のオプションがひどく限られるし、退路や後方連絡線も確保しにくいから、城から一旦退却して別の地点で勢力を立て直す、といったような戦い方もしにくい。これは逆に考えれば、築城者が最初からそのような戦い方を想定していないことを意味する。

琉球の戦乱とグスク

グスク出現の歴史的背景を簡単に整理しておこう。本土で中世社会が成立する十二世紀頃、琉球でも各地に按司《あじ》または寨官《さいかん》と呼ばれる領主が出現したが、十四世紀頃には沖縄本島の北部・中部・南部に地域的なまとまりが形成されて、山北《さんほく》・中山《ちゅうざん》・山南《さんなん》の三山鼎立《ていりつ》時代を迎えた。こうした中から擡頭《たいとう》した尚巴志《しょうはし》父子が一四〇六年には中山王を称し、次いで山北王・山南王を滅ぼして、一四三〇年には明《みん》に朝貢使を送って琉球統一を報告した。

ここに、首里《しゅり》を本拠とする第一尚王朝が成立したものの、各地に割拠する按司たちはなお強い独立性を保っており、按司たちの抗争と謀略の中で第一尚王朝は次第に統制力を失ってゆく。一四六九年には、クーデターによって実権を掌握した王臣の内間金丸《うちまかなまる》が、尚円《しょうえん》を名乗って王位につき、第二尚王朝が成立した。

ところで、琉球列島は中華帝国（この時代は明）の外縁に長く連なる島々の中間点、という地政学的位置をもつゆえに、東シナ海における中継貿易の拠点として栄えることができた。按司や王たちは貿易がもたらす富を求め、その利権を争ったのである。明の冊封《さくほう》体制下にあった琉球では、尚巴志も尚円も中華皇帝から琉球国王として公認されなければ、琉球列島における唯一の正統な貿易の主催者たりえなかったのである。

こうした琉球の歴史とグスクの特徴を重ね合わせてみると、石垣造りのグスクが成立した過程が浮かび上がってくる。おそらくグスクは当初、按司たちの屋敷まわりを防備したようなものであったが（土のグスク）、激化する戦乱の中で按司たちは、領民を動員して急崖《きゅうがい》に囲まれた台地や丘陵の上面を曲輪に造成し、その際に出た石材を人海戦術で積み上げていった。

尚氏による統一戦の段階に入ると戦闘規模は拡大し、グスクも大規模化して石垣は堅固なものとなり、縄張りにも工夫が重ねられていった。これは、琉球社会のなかで起こるべくして起きた、城の「進化」だったと言えよう。

琉球の戦乱を見てゆくと、主要な舞台は常にグスクの攻防戦であり、大規模な野戦は伝わっていない。三山鼎立時代から第二尚王朝の成立にいたる琉球の戦争は、グスクを攻略して敵を討滅し、その版図と富を併呑《へいどん》してゆく戦いだった。それゆえに、本土の戦国時代のような、城砦と野戦を組み合わせた立体的な作戦は発達せず、代わりに堅固な城壁でグスク全体を囲い込むような築城法が発達した、と考えることができる。外部に通じる虎口が局限されているのも、このためである。グスクとは、按司や王たちが貿易のもたらす富を集積する場であり、自身の存亡をかけて立て籠もる拠点でもあった。

「進化」の本質

さて、本章では三点セットから始まって、鉄炮と城の関係、堀や土塁の大小、兵種別編成と横矢掛り、浸透戦術と虎口、織豊系陣城、アイヌのチャシ、琉球のグスクと、何ともとりとめのない話を展開してきた。

けれども、とりとめのない話を通して、見えてきたことがある。城の「かたち」――つまり縄張りや土塁・堀のサイズなどの構造的特質――を決めるものは何か、ということだ。どのような武力集団（軍隊など）が、何を目的として、どのように戦うか。どうやらこれが、城の「かたち」を決定する要因らしい。第五章で見た縄張りの個性や、第六章で見た城とドクトリンの関係も、つまるところは「どのような集団が、何を目的として、どのように戦うか」という問題に帰着する。そうして決定された城の「かたち」が、時間軸に沿って変化してゆく現象こそが「城の進化」である。

「進化」と言うと、何となく小さいものから大きなものへ、単純な構造から複雑な構造へ、素朴なものから立派なものへ、という現象をイメージしがちだ。しかし、生物における進化の本質とは、変転する環境への適応である。

全く同じことが、城についても当てはまりそうである。本質において軍事的構造物である城の「進化」とは、変化する軍事的環境への適応に他ならない。鉄炮のようなひとつの兵器は、変化する軍事的環境の中のひとつの要因でしかない。だから、城の進化とは、横矢掛りが増えるとか、桝形虎口ができるなどといった単純な現象ではない。障碍・導入・空間構成・火力発揮といった諸要素が、相互に組み合わさって、縄張りが総体として変化してゆくのだ。

次章では、このように進化する城の本質とは何か、という核心に迫りたい。

第八章　城は何を守るか——築城者たちの本音

一　軍事施設としての城

「杉山城問題」の勃発

以前に、何人かの研究仲間たちと酒の肴《さかな》に、「縄張り」という観点から日本全国のすごい城（名城ではなく）を選《え》りすぐるとしたらどれだろう、という他愛もない話をしたことがある。この時、全員が一致して推挙した城の一つに、埼玉県嵐山《らんざん》町の杉山《すぎやま》城がある。この城は、研究者やディープなマニアの間では以前からよく知られていたが、最近になって、築城年代と築城者（要するに、いつ誰がということ）をめぐって、ちょっとした物議を生じたために、一般のお城ファンの間でもだいぶ名前が知られるようになった。

杉山城は、土塁や堀こそ大きくないものの、精密機械のような複雑巧緻《こうち》な縄張りを見せる城だ。地形を巧みに利用しながら、曲輪《くるわ》をいくつも連ねて多重防禦《ぼうぎょ》を極め、導線は何度も折り曲げて虎口に工夫を凝らし、至るところ横矢を掛けまくっている。練達の研究者の目から見てもすごい縄張りの杉山城は、プランニングした武将もさぞかし練達の城取り屋

杉山城縄張り図

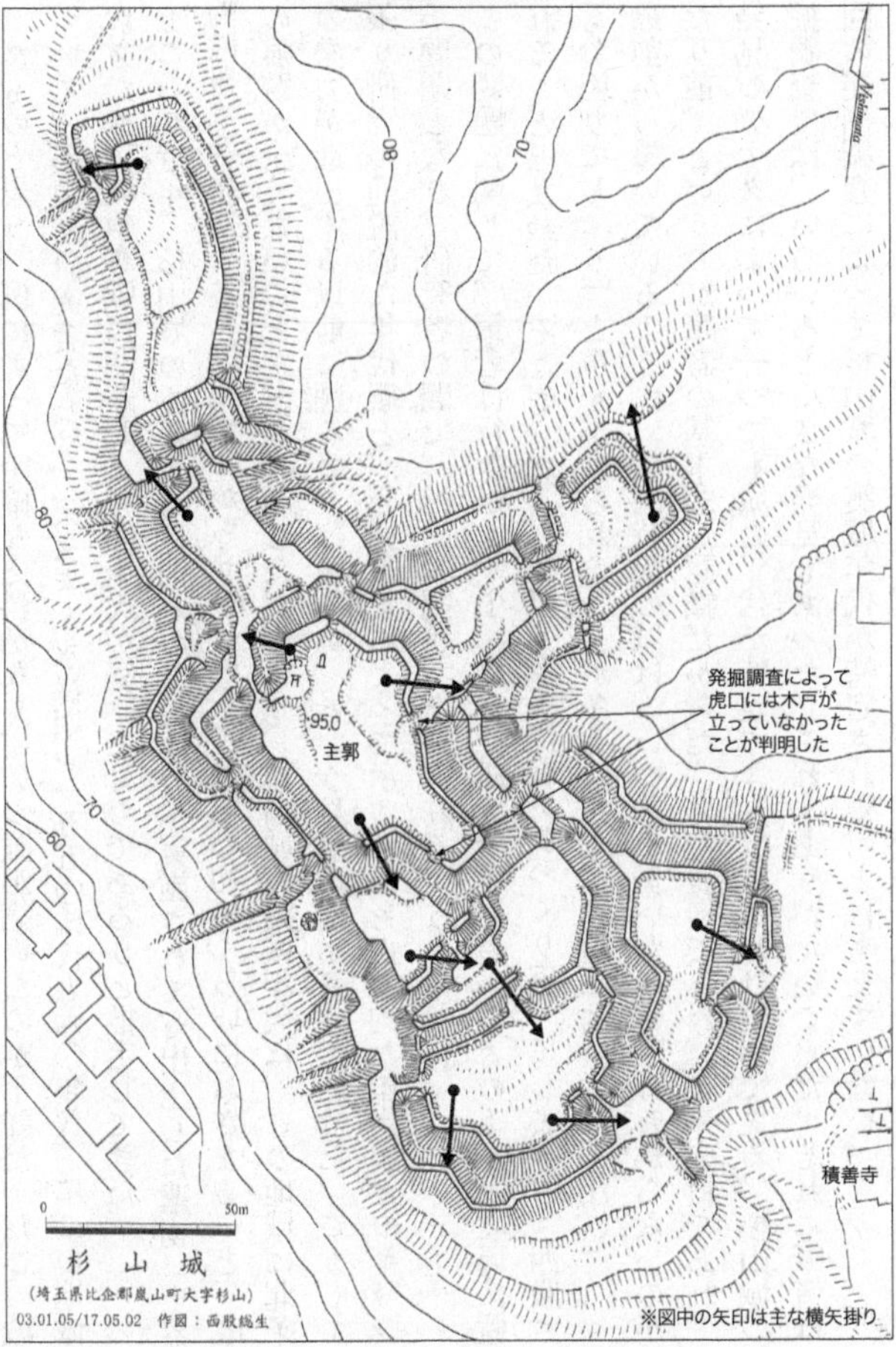
80
70
80
70
60
95.0
主郭
発掘調査によって
虎口には木戸が
立っていなかった
ことが判明した
積善寺
0
50m
杉　山　城
(埼玉県比企郡嵐山町大字杉山)
03.01.05/17.05.02　作図：西股総生
※図中の矢印は主な横矢掛り

だったものと思う。例によって明確な史料がなく、いつ誰が築いたのか不詳だったこの城について、縄張り研究者たちは、天文末~永禄期(一五五〇年代~六〇年代)にこの地域でおきた松山城争奪戦に関連して、北条氏が築いたものであろうと推定してきた。

ところが近年、杉山城の主要部で何回かの発掘調査が実施されて、出土した遺物(土器や陶磁器)の年代が十五世紀後半からせいぜい十六世紀の初めくらいにおさまること、改修の痕跡《こんせき》が全くないことなどが判明した。つまり、杉山城の築城年代は、この地域に北条氏の勢力が進出する以前に遡《さかのぼ》るのではないか、という見解が提示されたわけだ。こうして、縄張り研究の通説的な年代観と、発掘調査によって示された考古学的な年代観とのギャップが問題となり、研究者の間で「杉山城問題」と呼ばれるようになった。

この問題に関して、筆者は行きがかり上、縄張り研究サイドの当事者のような立場に置かれることとなった。そこで、「縄張り研究の年代観がひっくり返ってしまって、西股さんもお困りでしょう」と声をかけられることが多くなったが、別に困ってはいない。

最前から書いているように、戦国時代の城は「いつ誰が築いたのか」はわからないのが当たり前、というのが筆者の基本的な認識だからだ。発掘資料であれ、文献史料であれ、新発見のデータによって一つでも城の年代が特定できれば、それは僥倖《ぎょうこう》である。杉山城の発掘調査では、いろいろと小さな発見もあった。これもありがたいことだ。それに筆者は、今回の発掘調査によって杉山城の築城年代が特定された、とは考えていない。

発掘調査によって何がわかったか

考古学研究者や歴史学研究者の中には、発掘調査で年代が提示された以上、そちらを信じるべきだという人がいる。また、一般のお城ファンなどの中にも、縄張り研究の年代と考古学的年代とのどちらが正しいか、興味津々の方がある。けれども、この問題は神学論争ではないから、どちらを信じるか、という性格のものではない。まず、理解しておきたいのは、発掘調査で提示されたのが、あくまで出土した土器・陶磁器の年代であって、城そのものの構築年代ではないことだ。これは、詭弁《きべん》でも強弁でもない。

発掘調査では一点だけだが、主郭から鉄炮《てっぽう》弾が出土している。調査報告書では、出土位置が地表面に近いことから、後世に混入した可能性（たとえば狩猟？）を指摘している。けれども、杉山城のような城郭遺跡では曲輪面の堆積土《たいせきど》はごく薄い。長年発掘調査に携わってきた経験から言わせてもらえば、戦国時代の城跡で曲輪面の堆積土から層位的に遺物の出土年代を判断するのは、少々難しいと思う。この鉄炮弾は、はたして後世の混入として片付けてよいのだろうか。

それ以上に考えなければならないのは、杉山城がどのような〝場〟であったのか、という議論が欠落したまま、年代だけが問題とされていることだ。杉山城では、主郭の三分の二ほどの範囲が発掘されて、二か所で建物の痕跡が確認された。中央に近い位置で確認されたのは、周辺に焼けた壁土が散乱している石を四角く並べた遺構で、土壁で立ち上げる倉庫のような建物であろう。もうひとつは、土塁の内側に沿って数本の柱穴が一列に並ぶもので、筆者は片流れ式に土塁に屋根を差し掛けるような小屋と推測している。

この二つの遺構は、たしかに建物跡ではあるけれども、人が日常生活を営むような施設とは、ちょっと考えられない。主郭以外の場所でも発掘調査は行われたが、建物の痕跡はまったく確認されていない。しかも、主郭の東側と南側の虎口が発掘されたにもかかわらず、門柱などの痕跡は検出されなかった。おそらく、発掘現場や工事現場で見かけるような可動式のバリケードか何かを設置して、必要に応じて開閉していたのだろう。

複雑巧緻な完成度の高い縄張り。ごく簡素な小屋と倉庫以外にまともな建物のない主郭。木戸すら建っていない虎口。杉山城は居住性を考慮しない、純軍事的な施設だったと考えるべきではないか。筆者は、発掘調査によってこうした杉山城の実相が解明されたことは、大変有意義だと思う。

三つの可能性

では、ごく簡素な小屋と倉庫以外にまともな建物のない城内は、実際にはどのように使用されたのであろうか。筆者は三つの可能性が想定できる、と考える。

第一には、遺構として検出できないような、ごく簡素な造作物に城兵たちが駐屯していた、という考え方だ。発掘調査の現場などでは、よく器用な作業員たちがフェンスや板材の余り、伐採した竹、ブルーシートやロープなどを用いて、物置小屋を作ってしまう。撤去してしまえば地表面には痕跡が残らないが、これでも当座の雨露ぐらいはしのぐことができる。戦国時代の兵士たちも、あり合わせの材料で仮設の小屋を作っていたのではないだろうか。

第二として、城の本体部分は純然たる戦闘区画で、守備兵の大半は通常は城外に駐屯していた、という考え方がある。杉山城のように巧緻な縄張りを最大限に活用して防戦を行おうとすれば、城兵たちの動きも複雑なものになる。曲輪の中に家屋や兵舎が建ち並んでいては、戦闘時に邪魔だから、城内には居住・駐屯用の建物は作らない、というわけだ。付言するなら、第四章の冒頭で触れた「根小屋」とは、本来はこうした守備兵たちの城外居住施設を指すものと考えるべきだろう。

そして第三に、通常は城内にはほとんど人がいない、という考え方がある。城には管理のための番兵だけが置かれており、城を利用する部隊は、より前線に近い場所で行動している。城は、前線が崩れた場合に戦域全体が失なわれるのを防ぐための、保険のような存在というわけである。

杉山城の場合、三つのうちのどれが正解になるのか、本書を執筆している時点（二〇一三年）では筆者もよくわからない。ただ、いずれにせよ城内では、生活物資を消費するような〝日常生活〟は営まれていなかったことになる。二つ目と三つ目の可能性では、城内にはほとんど人がいないわけだし、一つ目の場合でも兵士たちの生活は野営に近い。そのような城に赴く兵士たちが、わざわざ新品の生活用品を購入して携えて行った、とは筆者にはとうてい考えられない。城内に持ちこまれる生活用品類は、あり合わせの中古品などではなかったろうか。

一方で、出土遺物（この場合は土器・陶磁器）の年代が示しているのは、あくまでそれが生産された年代だ。だとしたら、出土遺物の年代と城の実使用年代とが合わないのは、むしろ当然の現象ではなかろうか。城がどのような〝場〟であり、そこにどのように〝モノ〟が持ちこまれて消費されたのか、という問題を考えることも本来なら考古学の仕事のはずだ。そうした議論を深めずに、縄張り研究と考古学のどちらが正しいのか、白黒をつけようとすることが間違いなのだと思う。

戦争の中で起きること

「杉山城問題」に関連して、少しだけ私見を補足しておくと、中世〜戦国時代の遺跡では土器や陶磁器を年代決定の材料とすることが多いが、この点についても、もう少し踏み込んで考える必要があるように思う。瀬戸《せと》・美濃のような特定の産地で作られた陶磁器を年代決定の根拠として用いる、という考え方は、生産された製品が全国におおむね均一に流通し、消費者の手に渡る状況を前提としている。

しかし、十六世紀の日本のように、内乱が長期間継続している社会では、製品の流通に偏りが生じることも考慮すべきではないか。やや大胆な仮説だが、筆者はここに水平と垂直の二種類の偏差が生じる可能性を考えている。

「水平の偏差」とは、戦争の影響によって、ある時期の流通に地域的な偏りが生じる現象を指す。交戦相手によって意図的に流通が遮断されることもあるだろうが、戦火や災害(火災・地震・洪水)のために物資の集散地や中継点となる集落・港湾などが荒廃し、地域社会全体が疲弊しているために復旧が進まない、といった事態も想定すべきだ。室町～戦国時代の日本列島は、総じて気候が冷涼かつ不安定で、地震も多発していた。

もう一つの「垂直の偏差」とは、富が階級的に偏って集積される現象を指す。そもそも中世武家社会とは、収奪によって成り立つ強度の階級社会であるし、戦争とは勝者が敗者から富や利権を奪い取るシステムだから、戦国大名は地域社会の富を寡占する立場にある。したがって、大名やその権力に連なる者たちが豊かな生活を送っていたとしても、配下の兵士たち(下級の侍や足軽・雑兵)や領内の土豪・農民たちも、同じように商品経済の恩恵に与《あずか》っていたとはかぎらない。

大名居城の中枢部を発掘すると、城の使用時期とピッタリ合う年代の遺物が出土するが、杉山城のような前線の城からは、下級の兵士たちが持ちこんだあり合わせの中古品しか出土しない、という現象が起きたとしても、決して不思議ではないと思う。戦争の中でどのような事態が生じうるか、もう少し健全な想像力を働かせたいものである。

［文庫版追記］

杉山城問題については、拙著『杉山城の時代』（角川選書二〇一七）で詳述している。とくに、発掘調査で出土した遺物の年代を、そのまま杉山城の築城年代と見なすことが適切ではない理由や、杉山城問題をめぐる研究の展開、戦国前期における南関東の城との比較、比企地方の諸城との比較など、本書で大まかな見通ししか述べられなかった論点については、具体的に考察している。興味のある方は、ぜひ一読されたい。

空っぽの城

戦国時代の城跡では、曲輪の中を発掘調査しても、杉山城のように建物の跡などがほとんど見つからない、という事例が結構多い。先述したように、地表に痕跡を残さないような簡易な小屋掛けだけで済ませていたのか、そもそも城内に人がいなかったのか、どちらかである。陶磁器などの生活遺物がほとんど出土しない城跡も多い。曲輪をひとつ丸ごと発掘しても遺物は破片数点、ということもある。

天正十八年（一五九〇）の小田原の役の緒戦で、豊臣軍の猛攻を受けて陥落した伊豆の山中城は、大規模な発掘調査が行われて現在は史跡公園となっているが、建物はごくわずかしか見つかっていない。城内には北条軍の将兵が四〇〇〇人ほど、数か月にわたって駐屯していたはずなのだが、それに見あうだけの建物の痕跡がない。この場合は、簡易な小屋掛けで済ませるなり、野営に近い状態で駐屯していたと考えざるをえない。山中城の発掘調査では相応量の遺物が出土しているけれども、四〇〇〇人という人数に見あうほどの量とは思えない。研究者たちは、この現象について二とおりの説明を考えている。

まず、廃城時に城内の物品が持ち出される、という説明。城兵が退去する際に使用可能な物品を搬出することも考えられるし、仮に城内に物品が残されていたとしても、近隣の住民などが持ち去ってしまうこともありうる。

もう一つは、そもそも城内には最低限の生活用品しか持ちこまれなかった、という説明だ。山中城や杉山城のように、建物がわずかしか建っていないような城の場合は、兵士たちは野営に近い状態で駐屯していたか、そもそも人がいなかったかのどちらかであるから、最初から大量の生活用品は持ちこまれなかった可能性が高いと思う。

兵士たちの戦場生活

江戸時代の前半に成立した『雑兵物語《ぞうひょう》』を見ると、雑兵たちが陣笠《じんがさ》を用いて煮炊きをする様子が描かれている。また、中世では木製の椀《わん》が携帯用の食器として用いられることが多かったが、陶磁器や土器と違って木製の椀は遺物として残りにくい。戦場での食生活が、陣笠——漆《うるし》塗りの陣笠を火にかけることができたのか疑問ではあるが——や木製の椀、葉っぱの皿といったあり合わせの道具で賄われていたのだとしたら、遺物としてはほとんど残らないことになる。山中城や杉山城のような戦闘本位の城における生活も、同様だったのではあるまいか。

もっとも、この二つの説明については、必ずしも二者択一で考えなくてもよいと思う。城内には最初からあり合わせの生活用品が最低限、持ちこまれただけであったが、退去時に城兵たちが持ち出したり、廃城後に誰かが物色に来たりして、最終的に空っぽになるというのが実態かもしれない。

筆者は、第四章で山城に居住している事例が結構ある、という話を書いた。その一方、本章では、建物も建っていなければ生活用品も持ちこまれない城がたくさんあった、という話を書いている。この、一見すると矛盾しているような二つの話は、どちらも真実である。つまり、両方ありなのだ。戦国時代には、大名や領主たちが日常生活を送っている城もあれば、野戦陣地のような城もあった。

では全体としてはどちらが多いのかと言えば、間違いなく後者である。少なくとも、第五章で見たような縄張りの指向性が顕著な城や、変な縄張りの城などは、戦闘本位の城と考えてよいから後者だ。敵城を攻囲するための付城なども同類だ。いつ誰が築いたのか史料に残っていないような城も、基本的には後者に属する可能性が高い。そればかりではな

津久井城縄張り図

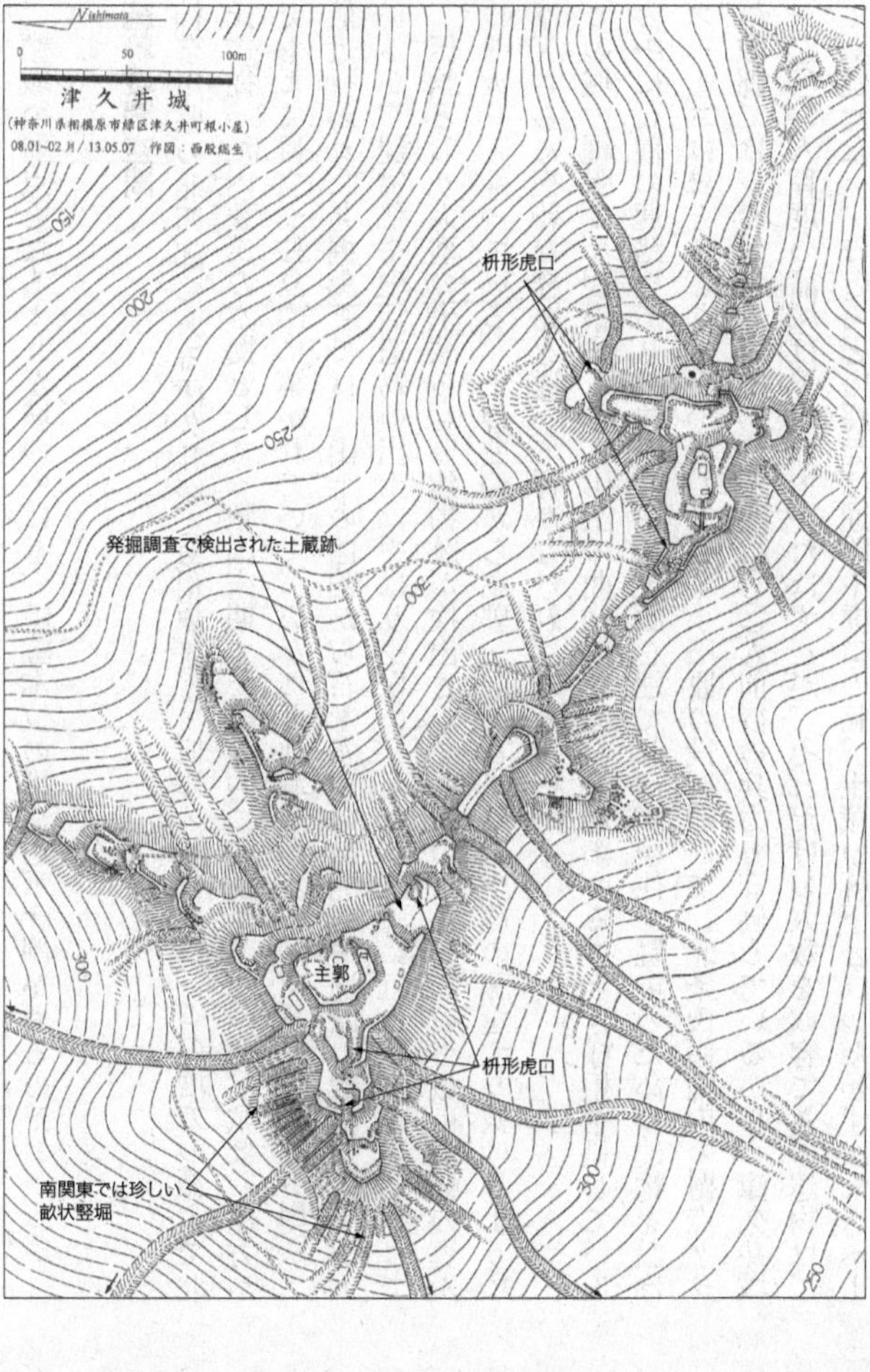

Nishimata
0
50
100m
津久井城
(神奈川県相模原市緑区津久井町根小屋)
08.01~02月/13.05.07 作図:西股総生
150
200
250
300
300
300
250
枡形虎口
発掘調査で検出された土蔵跡
主郭
枡形虎口
南関東では珍しい
畝状竪堀

い。領域の拠点となるような城の中にも、戦闘本位の構造を示す例があるのだ。

純粋戦闘空間

神奈川県の北西部にある津久井城《つくい》（現相模原市・旧津久井町）は、この地方の領主で北条氏に従った内藤《ないとう》氏の本拠として、戦国末期まで継続的に使用されていた。城は、遠方からでもよく目立つ独立山に築かれていて、いかにも地域の拠点らしく見える（265頁図）。最近行われた発掘調査では、山上の曲輪から石を多用した虎口や通路の遺構がみつかっているが、建物跡や生活遺物の出土はやはり少ない。また、主郭に近い「伝土蔵曲輪」では、伝承どおり大型の土蔵らしい建物跡が検出されているのだが、この土蔵は曲輪の真ん中にドカンと建っている。下の曲輪から主郭へ向かうには、土蔵の脇をすり抜けるように通り、さらに複雑な経路を通って行かなければならない。

この城の縄張りを観察すると、山上の曲輪群は虎口が連鎖するごとき様相を呈している。その中に石積の通路を造り、曲輪の中に土蔵を建てれば、居住や駐屯のための建物を設けるスペースはほとんどなくなってしまう。小田原の役に際して、北条氏領国内の拠点クラスの城郭では、おおむね二〇〇〇〜四〇〇〇人前後の兵力で守備しているから、津久井城も二〇〇人程度の籠城《ろうじょう》は予定していたはずだが、それだけの人数を収容できる建物は、とても建たない。ほとんどの将兵は通路や虎口の脇、土蔵の軒下といったわずかなスペースで、野営しなければならなかっただろう。

津久井城は、天正十八年（一五九〇）の豊臣軍侵攻に備えて大改修がなされたことが、史料から判明している。けれどもその改修は、千人単位の将兵が居住するためのものではなかった。戦国時代に築かれた何万もの城のほとんどは、あくまで戦闘に際して敵に出血を強要することを最優先に設計された、純然たる戦闘施設だったのであり、地域の拠点と考えられてきた城ですら、しばしば同様であった。

二　不本意な城

来歴不詳の名城たち

昔から縄張り研究者たちの間で語られてきた、ジンクスのようなものがある。史料の残っている城にかぎって、遺構の残りがよくない。その一方で、縄張りのすぐれた城にかぎって、史料が残っていない。

前者の最大の理由はおそらく、そうした城が交通の要衝に位置していることであろう。史料の残っている城は、多くの文書に記載された城であるから、戦略拠点として長期間使われた城である場合が多い。

そうした拠点は交通の要衝に当たっているから、近世以降も地域における経済の中心となって、道路が拡幅されたり都市化が進んだり、公共施設や商工業施設が建設されるなど

栃穴御前山城の位置

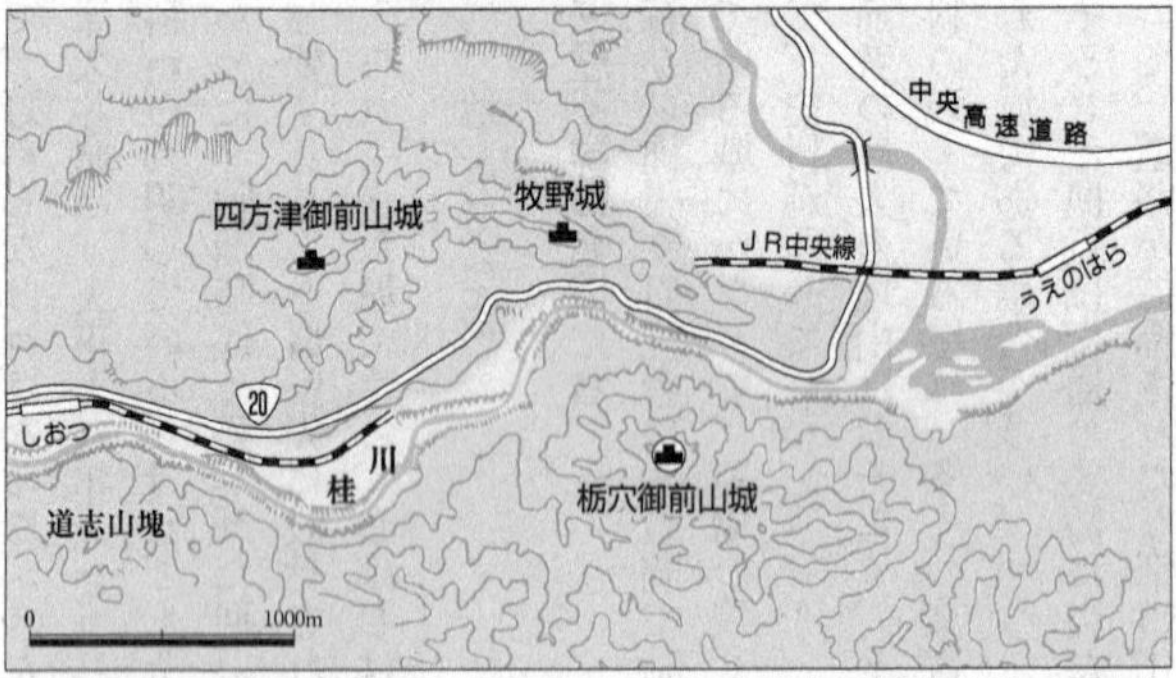

相模との国境に近い甲斐東部では、旧甲州街道は現在の中央高速とほぼ重なる。図の中央を通る国道20号線は中世には間道でしかなく、栃穴御前山の麓には大きな集落もない。

して、遺構の失われる確率が高くなる。

縄張りのすぐれた城にかぎって史料が残っていない、という現象が生じる原因は、前節までの話を総合すると、見えてくる。縄張り研究者がすぐれていると感じる縄張りとは、防御のセオリーに破綻《はたん》がなく、よく工夫された縄張りのことだ。言い換えれば、どう守りたいか、という意志がくっきりと看《み》て取れる縄張りのことだから、具体的な任務を効率よく達成するために築かれた、純然たる戦闘施設だ。第五章の末尾で考察したように、この手の城は史料に記載の残る確率が低い。かくて全国各地に、杉山城のような〝謎の名城〟が点々と残されることになる。

ここで筆者が興味を惹《ひ》かれるのは、純然たる戦闘施設として築かれたらしい〝謎の名城〟の中には、集落や交通路との関係が稀薄《きはく》そうな事例が少なくない、という現象だ。杉山城の場合は、城の西方数百メートルの所を鎌倉街道が通過しているので、街道に対する側面陣地としての性格が想定できる（第二章三節参照）。ただ、〝謎の名城〟の中には、街道との関係では読み解けそうもないような場所を取っているものもある。

なぜこの山を取ったか

こうした〝謎の名城〟を、東京日帰り圏内からいくつか拾ってみよう。たとえば、山梨県の上野原《うえのはら》市にある栃穴御前山《とちあなごぜんやま》城だ。甲斐の郡内地方には小さな山城が点在しているが、縄張りがよく工夫されている城としては、第一章で掲出した大倉砦（27頁縄張り図）や駒宮《こまみや》城、栃穴御前山城がある。その中で、大倉砦や駒宮城は、甲武国境を抜けてくる間道を見下ろす山を取っているので、侵攻経路に対する側面陣地として理解できそうだ。ただ、栃穴御前山城は、道志《どうし》山塊が桂《かつら》川に向かって落ち込む直前のピークを取っていて、山麓《さんろく》にはほとんど平地がない。したがって、集落らしい集落もないし、街道が通っていたとも思えない。

あるいは、秩父の山城でいえば千馬山《せんばやま》城である。『関八州古戦録』という軍記には、北条氏邦が豊臣軍の侵攻に備えて築いた支城群として、第二章で紹介した虎ヶ岡城とともに「田野城」というのが出てくるが、地名から見てこの「田野城」が千馬山城を指している

千馬山城縄張り図

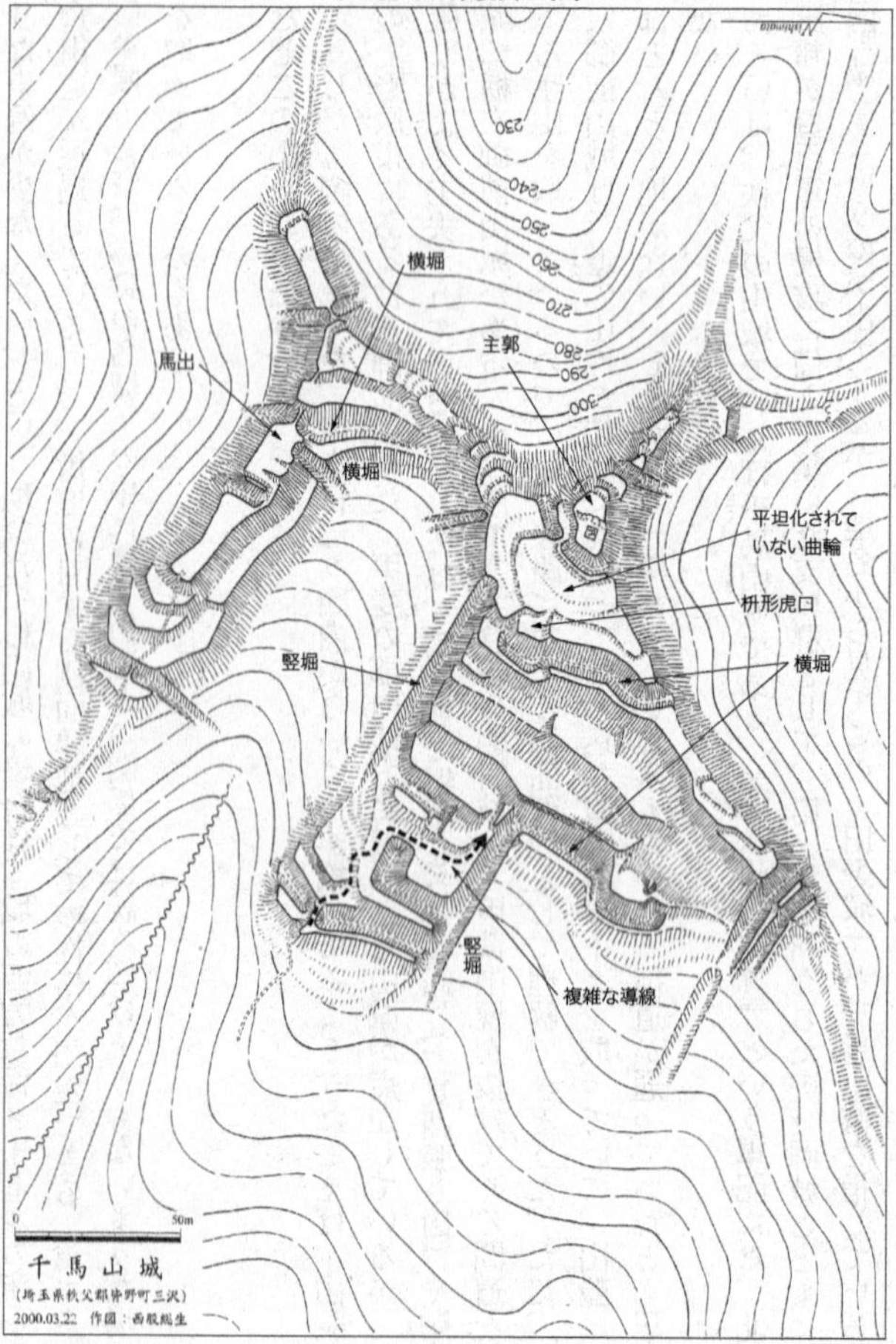
230
240
250
260
270
280
290
300
横堀
馬出
横堀
主郭
平坦化されて
いない曲輪
枡形虎口
竪堀
横堀
竪堀
複雑な導線
0
50m
千馬山城
(埼玉県秩父郡皆野町三沢)
2000.03.22 作図：西股総生

と見て間違いない。『関八州古戦録』は江戸時代に書かれたものなので、史料的な信頼性はあまり高くないけれども、城に関しては独自のリサーチを行っているらしく、無下には退けられない記述も多い。
千馬山城の縄張りを観察すると、竪堀《たてぼり》と横堀を効果的に組み合わせ、虎口や導線も非常によく工夫されている。ただし、城内には建物を建てられるようなスペースがほとんどなく、純然たる戦闘空間であることが一見して伝わってくる。

千馬山城の位置

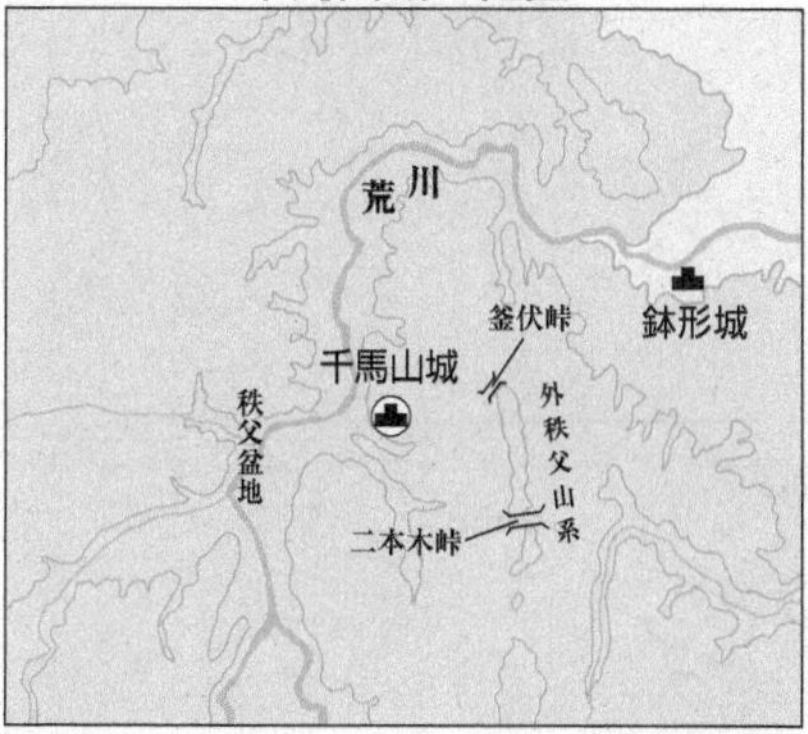

ところが、城のある山は、秩父盆地の北東にあたる小さな谷筋を見下ろしていて、何とも中途半端な場所だ。
しいて言うなら、秩父盆地から外秩父の山を越えて鉢形城方面へと抜ける二本木《にほんぎ》峠への道に面しているとも考えられるが、外秩父の山を越える間道のすべてに対して城が築かれているわけではないので、なぜこの場所に城を取ったのか、という疑問は依然として残る。
静岡県の伊《い》東《とう》市にある鎌田《かまだ》城も謎だ。伊東の町

鎌田城縄張り図

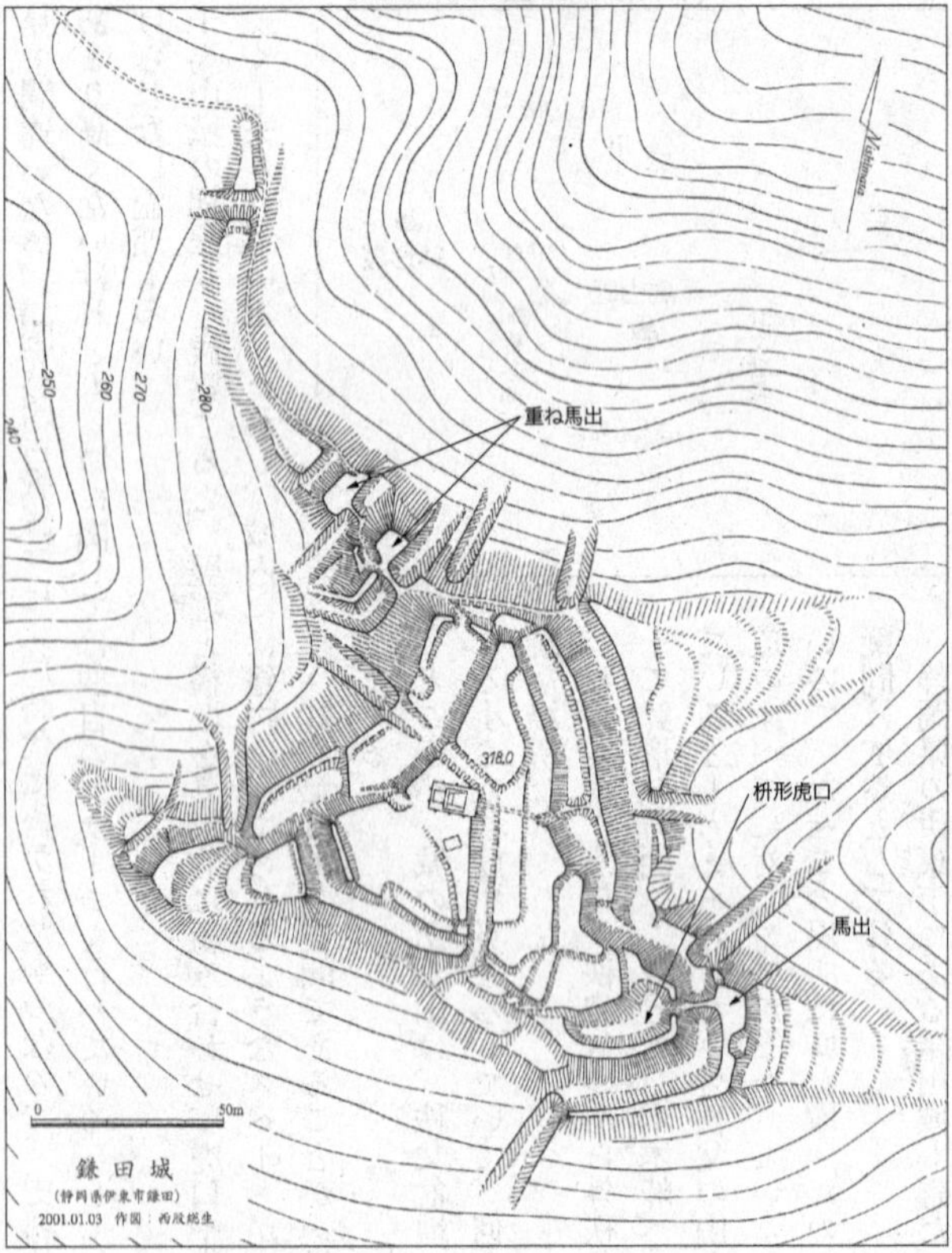
重ね馬出
枡形虎口
馬出
318.0
240
250
260
270
280
0
50m
鎌田城
(静岡県伊東市鎌田)
2001.01.03 作図：西股総生

から中伊豆方面へ抜けるルートとしては冷川《ひえかわ》峠越えがあるが、鎌田城は、このルートからも伊東の町からも中途半端にはずれた場所にあって、周囲には集落もない。けれども縄張りを見ると、城域をコンパクトにまとめながら桝形《ますがた》虎口や馬出を多用していて、非常に技巧的だ。とくに、背後の山塊につづく尾根に対しては、馬出を二つ連続させた重ね馬出という技法を用いている。重ね馬出は近世の軍学書などには紹介されているが、実例はきわめて珍しく、筆者も東日本の城では五、六例しか見たことがない。

不本意さの強要

われわれは、このような〝謎の名城〟を見ると、なぜこの場所にこんなに縄張りのすぐれた城があるのだろうと考えて、懸命に守らなければならない重要な〝何か〟が近くにあったのではないか、と詮索《せんさく》してしまう。たとえば、今では廃れてしまったが、戦国時代には重要な道が通っていたのではないか。あるいは、拠点的な集落や何かの生産拠点があったのではないか、といった塩梅《あんばい》にだ。

鎌田城の位置

しかし筆者は、前述した側面陣地の有効性、という考え方を敷衍《ふえん》してゆくと、まったく違った理解が可能になるのではないか、と思っている。守るべきものなど、最初から何もなかったのだ。つまり、われわれが「なぜこの場所に城があるのだろう」と考えるように、その地域に攻め込んできた軍勢にも、「なんで、こんな所に城があるのだ」と思わせるような城だったのではないか、ということだ。これは屁理屈《へりくつ》だろうか？

侵攻してきた軍勢は、物見（斥候）を出したり、地元の住民をつかまえて問いただしたりしながら、敵側の拠点がどこにあるかを確認する。すると、集落からも街道からも中途半端にはずれた場所に城がある。要衝でも何でもない場所なのだが、現実に城が存在していて守備兵が立て籠もっている以上、侵攻軍としては攻略せざるをえなくなる。何とも不本意な作戦変更を強いられるわけである。

けれども考えてみれば、敵に不本意な兵力運用を強要するところにこそ、城の存在価値があるのではなかったか。だとしたら、あえて周囲に何もない場所を選んで城を取った方がよい、という考え方だって成り立つはずだ。

街道からはなれていれば部隊を動かしにくいし、援軍が必要になってもすぐには駆けつけてこられない。集落がなければ、陣地構築や攻城用の資材を確保しにくいし、食料も入手しにくい。枡穴御前山城、千馬山城や鎌田城のように、まわりの谷筋が狭ければ、部隊も展開させにくい。一方で、かぎられた戦力をもって敵に能《あた》うかぎりの出血を強いることが築城の目的であるから、縄張りは具体性が強く手の込んだものになる。

たとえば、鉢形領を防衛する北条氏邦の立場で考えてみよう。虎ヶ岡城のように、鉢形城近辺の急所に手当を施す一方で、敵に不本意な兵力運用を強いる戦術拠点を領内の数か所に設けておけば、侵攻軍は兵力分割を余儀なくされるから、そのぶん本城である鉢形城への兵力集中を遅らせることができるだろう。相手より劣勢な兵力で、少しでも長い時間、持久しようと思ったら、これは理にかなった作戦ではあるまいか。

白山城の存在価値

敵に不本意な兵力運用を強要するための戦術拠点、という観点に立ったときに存在価値が明確になる城は、案外多いように愚考する。側面陣地として位置づけられる城についても、この観点からもう少し具体的に考えてみよう。

例にあげるのは、山梨県韮崎市にある白山《はくさん》城だ。この城の縄張りはコンパクトにして技巧に富むもので、多くの研究者から高い評価を得てきた。また、特徴ある放射状の竪堀や桝形虎口を多用していることから、武田氏系の築城との推定がなされてきたものの、この場所に武田氏が城を築いた理由がうまく説明できないため、やはり〝謎の名城〟の扱いを受けてきた。

白山城は、武田勝頼が新たな本拠として築いた新府城の南三・五キロの場所にあって、新府城とは釜無川《かまなし》を挟んで斜め向かいの位置関係となる。規模から見て、守備兵力は一〇〇〜二〇〇程度であろう。縄張りは露骨に指向性を示すものではなく、ほぼ全周に対し満遍なく防備を施している。ただ、導入系の構成や火点配置はよく工夫されていて、武田軍のドクトリンを体得した精鋭部隊が守備すれば、相当の防禦力を発揮しただろう。

ここで考えなければならないのは、新府城の置かれた地理的環境と戦略的環境だ。まず、信濃方面から新府城に至るルートは釜無川の左岸を通っているから、白山城とはあまり関係がない。

一方、南の駿河から新府城へ向かうルートは釜無川の右岸を通るので、駿河方面からの侵攻軍はどこかで釜無川を渡らなければ、新府城にはアプローチできない。実際には地形の制約があるから、新府城の南東四〜五キロのあたり（現在の韮崎市街地付近）で渡河を試みることになるだろう。この時、必然的に視界に入ってくる白山城は、はなはだ目障りな側面陣地となる。

天正九年（一五八一）正月、勝頼が新府築城に取りかかったとき、駿河の武田軍はすでに西から徳川軍、東からは北条軍の圧迫を受けて苦境に陥っていたし、三月には遠江の高天神城が陥落して、対徳川戦線は崩壊の危機に瀕《ひん》することとなった。この時点で勝頼は、駿河の失陥を想定せざるをえなくなったはずだ。だとしたら白山城は、徳川軍が駿河から甲斐に侵攻する、という事態に備えて築かれた可能性が高い。新府城に向かって北上して

白山城縄張り図

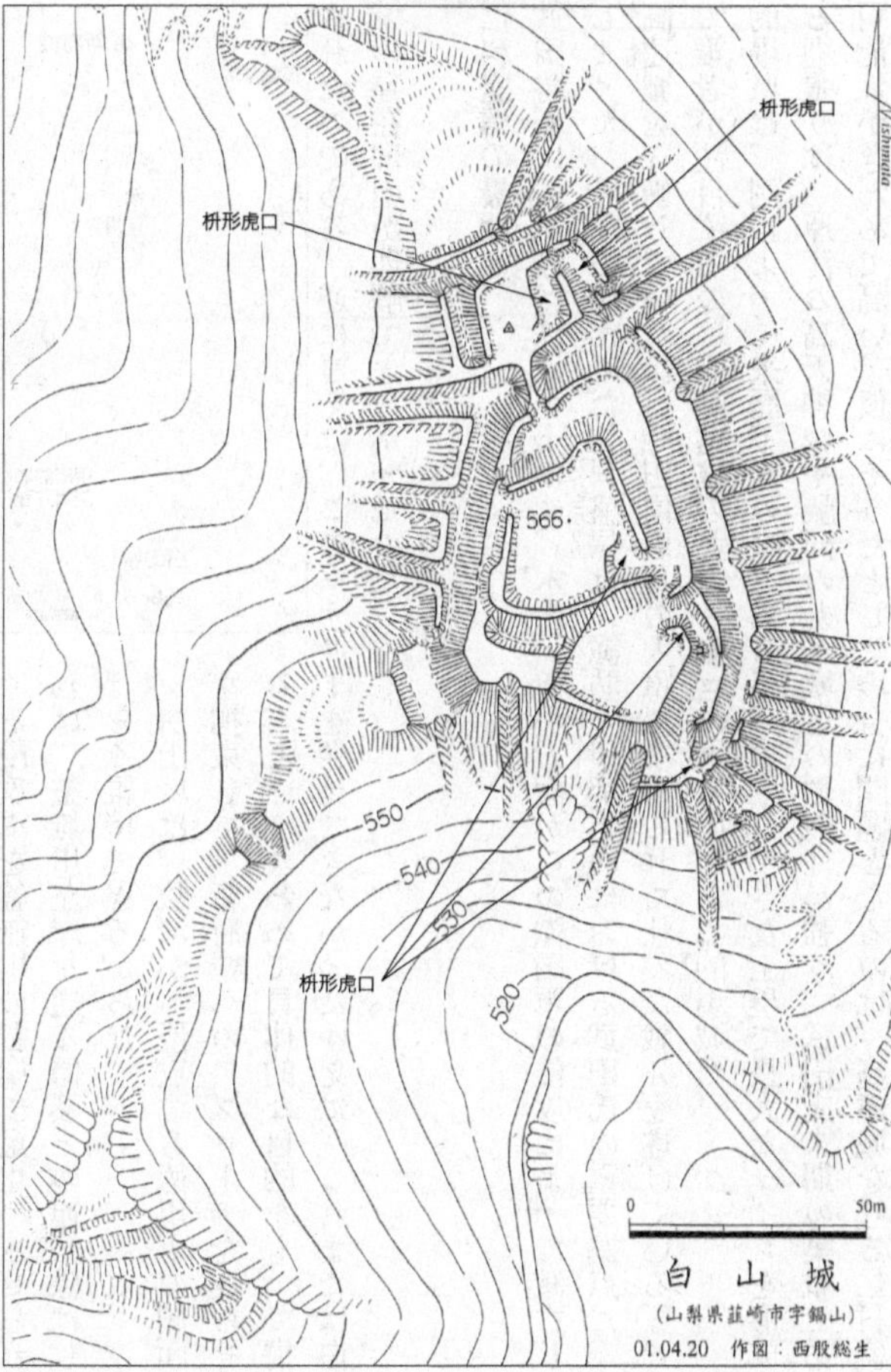
枡形虎口
枡形虎口
566
550
540
530
520
枡形虎口
Nishimata
0
50m
白　山　城
（山梨県韮崎市宇鍋山）
01.04.20　作図：西股総生

白山城の位置

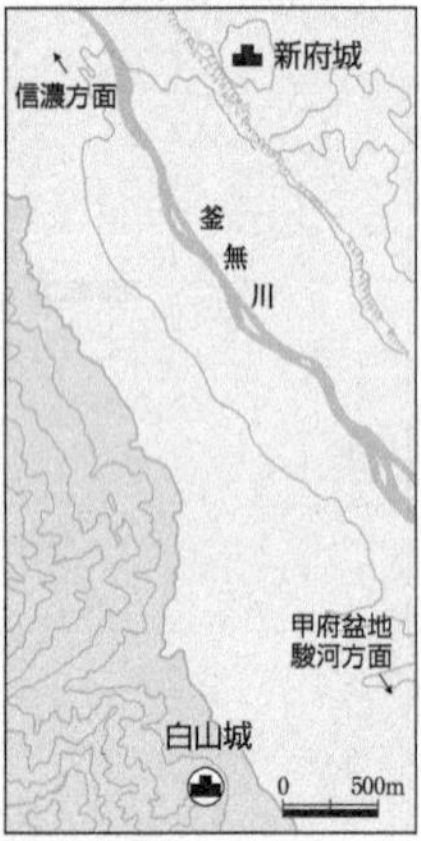

くる侵攻軍を釜無川の右岸で足止めさせられれば、釜無川左岸を通る信濃との連絡線はしばらく維持できるからだ。

白山城は、駿河から侵攻する徳川軍の側面を拘束して、新府城へのアプローチを遅らせる、というきわめて具体的な目的をもって構築されたのである。逆に言えば、このセオリーを発見できなかったゆえに、これまでは白山城の存在理由が理解できなかったのだ。

仁科盛信の最期

武田勝頼は、実際には天正十年に、木曾《きそ》・伊那方面からの織田軍の侵攻によって滅亡してしまった。勝頼の弟だった仁科盛信《にしなもりのぶ》は、諏訪・伊那方面における武田氏の重要拠点だった高遠《たかとお》城を守備していたが、織田信忠らの大軍に攻められて壮烈な戦死を遂げている。ここで筆者が注目するのは、高遠城の北方一キロほどの山にある的場《まとば》城だ。

的場城は、例によって来歴不詳の城であるが、横堀と小さな土塁で長大なラインを形成する縄張りは、遠江の高天神城や駿河の丸子城との類似性が強く、武田氏末期の築城である可能性がきわめて高い。仮にそうだとした場合に問題となるのは、高遠城を守る仁科盛

的場城縄張り図

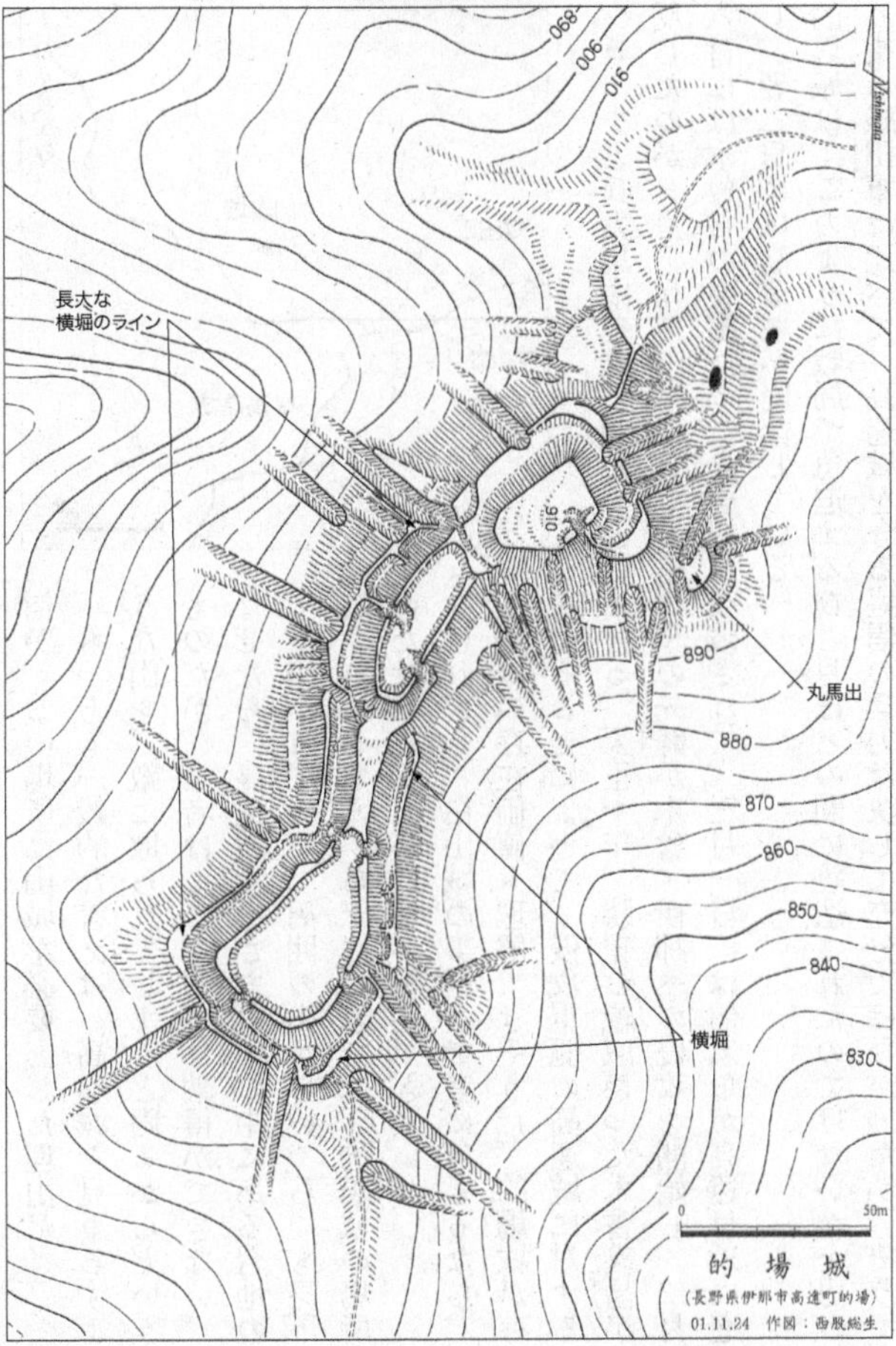
長大な
横堀のライン
丸馬出
横堀
910
890
880
870
860
850
840
830
0
50m
的　場　城
(長野県伊那市高遠町的場)
01.11.24　作図：西股総生

的場城の位置

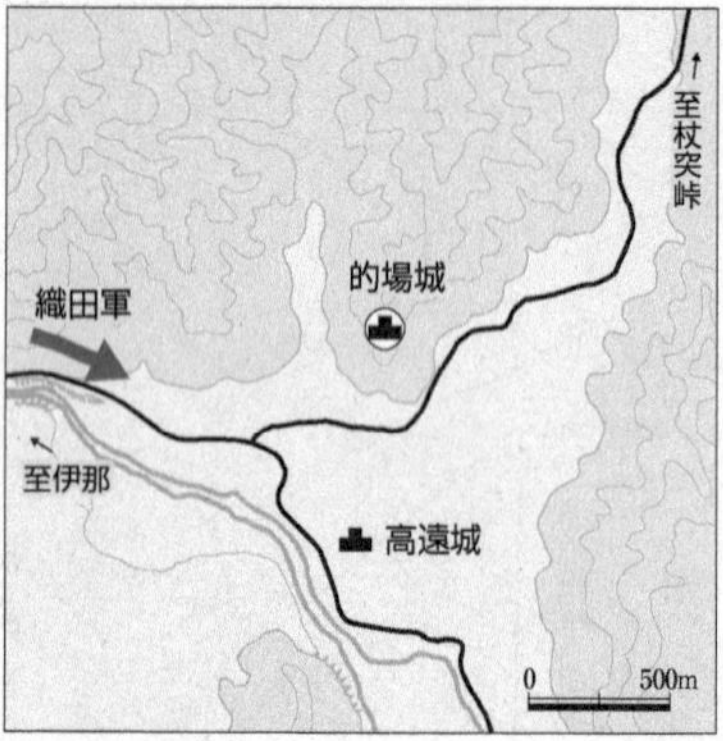

信が、この場所に山城を必要とした理由だ。
もっとも一般的な答えは、高遠城を見下ろすような山を、敵に取られてしまうと困るからというものだが、筆者はこの説明では納得ができない。なぜなら、高遠城は小さな盆地の中にある台地の上に築かれていて、周囲の山からいくらでも見下ろされてしまうからだ。これでは、的場城の場所にだけ城を築く必然性が説明できない。
けれども、白山城の事例を参考に考えるなら、的場城の存在価値も理解できそうだ。的場城が存在することによって、侵攻軍側の高遠城に対するアプローチと兵力集中を遅らせることができる。天正十年、勝頼の縁戚だった木曾義昌《よしまさ》が離反したのが一月下旬、二月に入ると織田軍の先鋒《せんぽう》が木曾・伊那への侵攻を開始し、二月十六日には木曾谷の要衝だった鳥居《とりい》峠が突破されて、三月一日には信忠らが高遠付近に進出し、翌二日には高遠城が陥落している。
的場城は、このように戦局が急迫するひと月ほどの間に築造されたのではないかと思う。迫り来る織田軍に比べて、高遠城を守る盛信の兵力は決して充分ではなかったが、そうで

八王子城と浄福寺城の位置関係

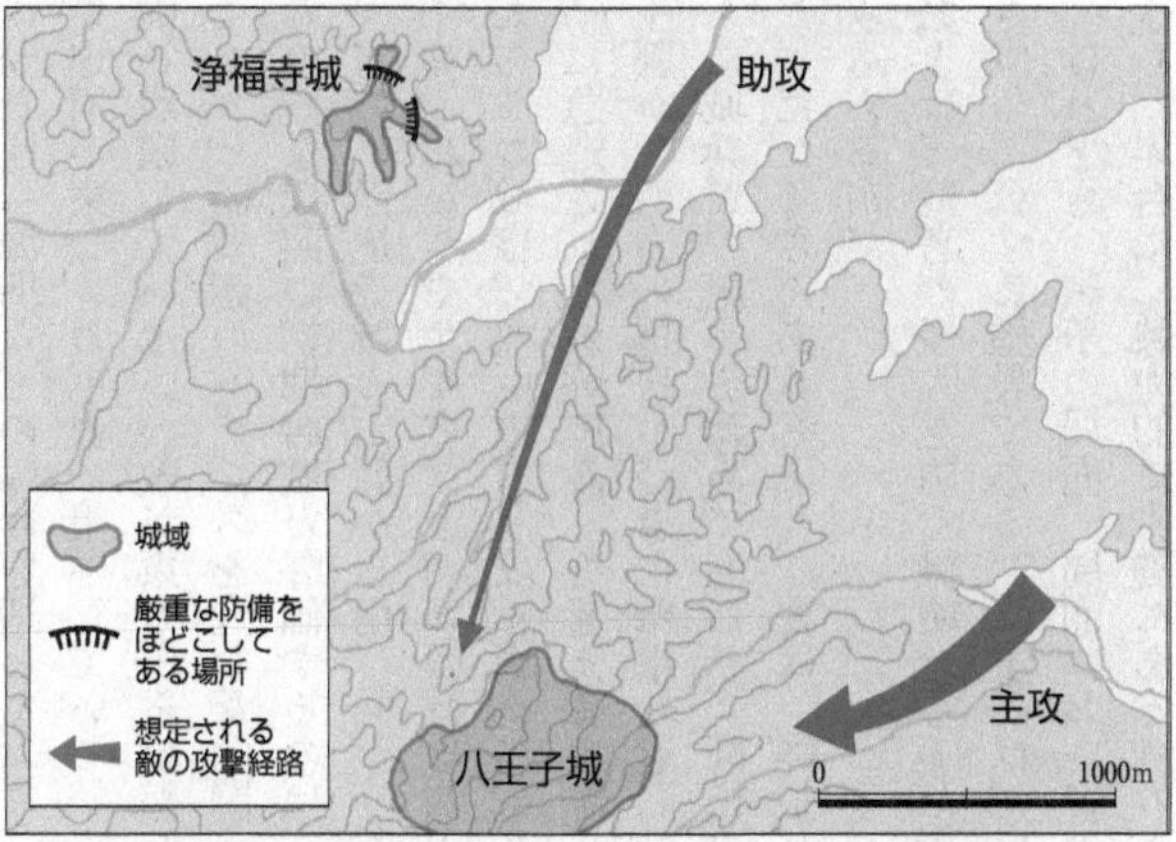

北東から八王子城の背後に至るルートを見下ろす浄福寺城は、敵の助攻に対する側面陣地としては有効な位置を占めている。北条氏照の初期居城と断じてよいのだろうか。

あればこそ、少しでも長く本城を持ちこたえさせるために、的場城のような出城が必要とされたのではあるまいか。

城の不本意性

もう一つだけ事例をあげよう。北条氏照の居城だった八王子城の北方約一・七キロの位置に、浄福寺城《じょうふくじ》（松竹《まつたけ》城）という山城がある。齋藤慎一氏は、戦国時代のこの地域の政治・経済的情勢を多角的に分析した上で、この城は氏照が多摩地域に入部した初期に本拠を置いた場所だと推定した。齋藤氏の研究には学ぶべき点も多く、多くの戦国史研究者からの支持をえている。

けれども、浄福寺城の縄張りを見ると、曲輪をほとんど整形せずに、尾根上にひたすら堀切などの障碍《しょうがい》を造っており、尾根の先端には堡塁を設けている。しかも、防禦遺構が東向きの尾根に集中していて、主郭から西方の山塊につづく尾根には最低限の防備しか施していない。敵が東方から攻撃してくることを前提とした指向性の明確な縄張りであり、諸要素のバランスを逸した戦闘本位の城である。少なくとも、現在見る遺構からこの城を氏照の初期居城と評価するのは、筆者には得心がゆかない。

一方で、浄福寺城の山麓から南へ向かう谷筋を詰めてゆくと、八王子城の中枢部付近に達する。わかりやすく言うと、この城は八王子城の裏口を扼《やく》する位置にあるわけだ。だとしたらこの城は、豊臣軍の侵攻に備えて、八王子城へのアプローチと兵力集中を遅らせるために急造された戦闘施設、と考えるのが妥当ではなかろうか。

主郭から西方の尾根つづきに厳重な遮断を施していないのは、敵に一定の打撃を与えたのちに城兵が脱出するためであろう。同様のセオリーに基づいて存在を理解できる城は、まだまだたくさんあると思う。要は、縄張りと占地から、築城者の意図をどれだけ的確に読み込めるかだ。

城とは、他者の侵入を防ぐ機能をもった構造物であるから、本質において軍事施設、つまり戦争に資する施設である。戦争とは、自己側の意志を相手に強要するための実力行使だ。けれども、戦争の局面、局面においては、双方の戦力は均衡しているとはかぎらない。そうした場合に、戦力的に劣勢にある側のよるべが城であるから、不本意な兵力運用を強要することによって敵の戦力的な優位を減殺することが、城に拠る側の企図である。

しかも、城の防禦力は、野戦における戦闘力とは違って、事前に労力や経済力を投下することで準備しておくことができる。「城取り」とは敵に不本意な兵力運用を強要するための、戦闘力の積み立てに他ならないのである。

三　権力と城と民衆と

藤木戦争論の衝撃

近年、戦国史研究や城郭研究の分野で注目されている考え方の一つに、城は戦争に際しての民衆の避難所となった、というものがある。このパラダイム——以下「避難所説」と仮称する——は、中世史の大家である藤木久志《ふじきひさし》氏によって提唱されたものだ。

藤木氏の「避難所説」は、もともと中世〜戦国時代における戦場の実相と民衆のサバイバルの様子を、リアルに把握しようとする戦争論の一環として提起されたものだった。研究界に大きなインパクトを与えた藤木氏の戦争論は、まちがいなく一九九〇年代の戦国史研究におけるもっとも重要な業績の一つである。

名著『雑兵たちの戦場』が出版される直前、ある研究集会の懇親会がお開きになった後、ホテルの狭い一室で数人の研究仲間とともに、この本の概要をご本人から伺った時の衝撃は、忘れることができない。藤木氏の戦争論に出会わなかったら、現在に至る筆者の研究もまたなかったと思う。

史料を博捜して綿密に組み立てられた、藤木氏の戦争論の総体について批判する能力など、もとより筆者にはない。けれども、筆者が本書で述べてきた、軍事的視点から論じる城のあり方と、この「避難所説」とは、どうもうまく折り合いそうにない。城とは何かを論じる以上、本書はこの問題を避けて通るべきではないだろう。そこで、ここでは城に関する問題についてだけ、縄張り研究の観点から論及することとしたい。

「避難所説」は、戦争の渦中における民衆のサバイバルを解明するなかで提起されている。大要は、次の二点に集約されよう。

①戦国時代の村人たちは、軍勢による略奪・暴行から逃れるための自衛施設＝「村の城」を自前で保持していた。

②支配者である領主と被支配者である民衆との間には、一種の双務的関係が存在しており、領主は民衆から収奪（徴税）を行う見返りとして、戦時には敵の攻撃から民衆を保護する責務を負っていた。敵が侵攻してくると、領民たちは領主や大名の城の中に避難した。

どちらの論点についても、藤木氏は具体的に史料をあげて例証している。民衆が、自力で「村の城」に立て籠もった事例も、領主・大名の城の中に領民たちが避難した事例も、実在するのは間違いない。ただ、考えるべきは、そうした事例を一般化することができるかどうかだ。

村の城は実在するか？

まず、一点目の「村の城」について。この議論の前提には、戦国の村が自衛のための一定の武力を保持していた、という重要な指摘がある。この「村の城」論は、筆者もなるほど魅力的だと思う。では、縄張り研究の立場から考えたとき、「村の城」にふさわしいのは、どのような城であろうか。

村人たちが一定の武力をもっていたのは事実だとしても、戦国大名軍などの正規軍との間には質的な差がある。第六章で書いた、檜原城《ひのはら》（東京都檜原村）の話を思い出してほしいのだが、村の武力には正規軍のようなドクトリンはなかったはずだ。したがって、横矢掛りや桝形虎口、馬出などを駆使した複雑な縄張りの城、火力の組織的運用を前提とした城などは、除外できる。同様に、縄張りの指向性が顕著な城は、広域的な作戦の中に位置づけられてはじめて機能するものであるから、これも該当しない。

また、略奪目的で村人たちを襲う兵士たちは、銃弾をかいくぐって防御線を突破したり、戦友たちの屍《しかばね》を乗り越えて木戸口に突入はしないだろうから、大きな堀や土塁を厳重に廻《めぐ》らせた多重防御構造の城も、「村の城」にはふさわしくない。その一方で、非戦闘員も含めた村人たちを避難させるためには、相応の収容力が必要である。ただし、避難所であれば当座の雨露さえしのげればよく、立派な建物は不要だから、城内はきれいに整地されていなくともよい。

だとしたら、「村の城」にふさわしいのは相応の面積を有し、縄張りの素朴な城ということになる。ところが、こうした城はそれほど多くないのだ。たとえば、杉山城や青山城のある埼玉県（武蔵）の比企地方には、このタイプの城が全く見られない。一方で秩父地方では、平城も含めればいくつか候補があがる。

ただし、比高が大きく眺望の利く山城や、交通路に対して側面陣地になりうるような城は、除外すべきだろう。なぜなら、そうした場所に武装して籠もっている以上は、侵攻軍側から見れば敵性勢力となるからだ。自衛を目的として立て籠もるのであれば、侵攻軍側にとって軍事的脅威にならないような場所を取る必要がある。

村人たちの隠れ場所

このように考えてくると、「村の城」に該当しそうな遺構は、比企や秩父のような郡単位で見ても、皆無かせいぜい数か所しかない。どうやら、各村が一つずつ「村の城」を保持していたのではなさそうだ。では、どのように考えたらよいのだろう。筆者は二つの可能性を想定すべきだと思う。

第一に、村の自衛手段としてはいくつかの選択肢があって、「村の城」への避難はその一つに過ぎなかった可能性だ。つまり、すべての村が「村の城」を保持していたわけではなく、一定の条件が揃ったときにかぎって「村の城」が選択された、という考え方だ。

第二に、村人たちが山中に避難する場合、堀や土塁を伴った防御施設は構築しなかった、という考え方だ。つまり、軍事的な攻撃目標と見なされないような目立たない場所を選んで、こっそり隠れるような方法だ。筆者は、こちらの可能性が高いと考える。

先年、とある自治体史の調査で訪れたときに知ったのだが、新潟県の魚沼地方には、「御一乱《ごいちらん》」の時に村人たちが隠れた場所、という伝承地がたくさんある。「御一乱」とは、天正六年（一五七八）に起きた御館《おたて》の乱――上杉謙信死去後の家督をめぐる内乱――を指しているようだ。

第七章の荒砥城のところで書いたように、軍事介入に乗りだしてくる北条軍がまっ先に侵入するのは、関東と境を接するこの地方だし、先鋒としてやってくるのは北関東の諸勢だ。上杉軍は、つい数年前まで北関東一帯を暴れ回っていたし、魚沼地方は景勝の出身地である。おそらく、魚沼地方の村人たちは、北条軍の激しい報復を予想したに違いない。

この「御一乱」の時に隠れたという伝承地を、地元の研究者に案内してもらって何か所か実踏してみたが、いずれも案内がなければたどり着けないような、山懐の目立たない場所であった。山の中腹や尾根の裏側などに、水場を確保できそうなちょっとした平坦地があって、もとの地形に多少は手を加えたようだが、堀や土塁などは造っていない。道が途絶していて本当にたどり着けないために、踏査を断念した所もある。
村人たちの避難所とはこうした隠れ場所であって、城ではないと思う。村人たちの武力行使と城との関係については、檜原城で見たような大名軍の補完戦力や、村人たちの自発的戦争参加のあり方を含めて、もう少し多角的に検討する余地があるだろう。

城は領民の避難所たりえたか?

では、領主・大名の城が戦時には民衆の避難所となった、という論点についてはどうであろう。一部の研究者は、藤木久志氏の所説を縄張り研究に応用するべく試みて、大名の拠点クラスの城で外周部に粗放な平坦地群が展開している事例に着目し、これを民衆の避難場所だと推定している。たとえば、北条氏照の居城だった滝山城(八王子市)も、外周部にはたしかに粗放な平坦地群が付随している。しかし、城の外周部は、戦端が開かれればまっ先に銃弾が飛びかう場所ではないだろうか。

では、民衆はとりあえず外周部に小屋掛けしていて、戦端が開かれそうになったら城内に収容するのかといえば、これも現実的ではあるまい。滝山城は大規模な丘城で面積も広大ではあるが、内部の縄張りは導入系・火点構成ともきわめて複雑で、城兵たちが細かな駆け引きを展開しながら、侵入者を漸減するようになっている。前節で見た津久井城のように、戦国大名の築いた城は徹底的に戦闘本位の構造になっていて、城兵たちですら構造物の隙間で野営しなければならない場合もある。

先に見た白山城や的場城、浄福寺城などの支城や出城も同様である。しかも、これらの城は、ドクトリンを共有する部隊による守備が前提となっているから、城兵たちは高度な戦術動作を要求される。そんな城のいったいどこに、非戦闘員を避難させる場所があるというのだろう。残念ながら、縄張り研究の立場から考えた場合、筆者は「避難所説」を支持できない。戦国大名の築いた城は、どう考えても非戦闘員を収容するような構造にはなっていないからだ。

もし、筆者が北条領なり、武田領なりに暮らす戦国時代の百姓だったとしたら、敵軍が侵攻してきたとしても、大名の城に避難するのは御免蒙《こうむ》る。なぜなら、大名の城とは、確実に敵軍の攻撃対象になる場所であって、一旦戦闘が始まったら逃げることもできないからだ。自分の命が保障されるのは御領主様が勝っている間だけで、負けて落城したら悲惨な運命が待っている。落城に至らなくとも籠城戦が長期化したら、腹を空《す》かせた城兵たちにせっかく持ちこんだ食料を奪われてしまうかもしれない。どこかの山中に逃げるか、侵攻軍に媚《こび》を売ってでも生き延びたほうがマシではないか。

火になろうと水になろうと

戦国時代、敵地に侵攻した軍隊は、しばしば「禁制《きんぜい》」と呼ばれる文書を村々に宛てて発給した。これは、兵士や軍隊に付属する者たちの略奪や無法を禁止する内容のもので、実際には村側が侵攻軍の軍奉行などに金を積んで出してもらう。

筆者が注目するのは、天正十八年（一五九〇）に関東に侵攻した豊臣軍の「禁制」が、北条氏のお膝元《ひざもと》であった相模の村々にも相当数伝えられている事実だ。「禁制」をもらった村々は、豊臣軍から敵性勢力ではないと認められたわけだから、村人のほとんどは北条氏の城には入らずに、自力でサバイバルをしていたことになる。箱根《はこね》の底倉《そこくら》村のように、確実に豊臣軍の侵攻経路にあたる村にも「禁制」は出されている。小田原近辺の住民も、多くは小田原城には入らなかったのだ。

永禄十二年（一五六九）、武田信玄が大軍を率いて関東を蹂躙《じゅうりん》したとき、北条氏は小田原城をはじめとした各地の拠点で自軍の兵力を温存することに努め、小田原城攻略をあきらめた武田軍が退却するタイミングを狙って反転攻勢に出た。この時は、北条軍の作戦意図に気づいた信玄が三増《みませ》峠の手前で野戦を決心し、北条氏康・氏政の本隊が戦場に到着する以前に、集結中の北条軍を切り崩して素速く離脱したために、結果として北条軍が企図した決戦は不発に終わった。いわゆる三増合戦である。

氏政がこのとき家臣に宛てた書状（九月十七日付「北条氏政書状写」）には、次のように記されている。

何方《いづかた》火ニ成り候共、水ニ成り候共、取り逢わず、其の地堅固に相拘えるべく候、何方ニ凶事出来《きょうじしゅったい》し候共、其の地一足も此の方へ来る間敷《まじ》く覚悟致すべく候、如何様之《いかようの》金言妙句候共、其の地を捨て、此の方へ来るに付きては、当方名字これ有る間は、頸を切るべく候、

どこが火になろうとも水になろうとも取りあわずに、自分の持ち場をしっかり守れ。たとえどこかで重大事が起きたとしても、その場所から一歩たりとも動かないよう覚悟せよ。誰にどんなうまいことを言われても、持ち場を離れた場合は、当家が存続しているかぎりは頸《くび》を切るものと心得よ、という意味である。

北条軍は、領国を貪《むさぼ》らせながらも敵が攻勢限界に達するのを、じっと待っていたのだ。このような冷徹な作戦を企図する権力が、戦時に領民を保護する意志を本気で持っていたとは、筆者には思えないのである。戦国時代における城と築城者と領民との関係について、もう少し考えてみる必要がありそうだ。

四　惣構と城下町

惣構が囲んだもの

城と築城者と領民との関係を考える上で、是非とも触れなければならないのが「惣構《そうがまえ》」

の問題だ。戦国時代から近世にかけての城には、しばしば惣構といって、城外の広い範囲を囲い込むような堀や土塁が築かれていた。惣構はこれまで、城下町を守るための施設とか、避難民の収容スペースとして理解されてきた。

しかし、筆者はこの通説的理解に対しても、疑問を抱く。豊臣軍の侵攻に備えて領内の主要城郭を次々に改修していった北条氏の場合でも、惣構をもつ城はごく限られているからだ。本国域といってよい伊豆・相模・武蔵地域で見ても、惣構が確認できるのは小田原城と岩付城くらいだ。これでは到底、城下町も領民も守ることができない。

北条氏麾下《きか》の国衆だった上田氏の松山城は、市《いち》ノ川の曲流部に向かって突きだした丘陵に築かれている。松山の城下町は、北条氏の勢力下でけっこう繁栄したらしく、上田氏が城下町統制のために発給した文書が何通も残されている。

松山城は前述したような地形的条件ゆえに、川の曲流部に面した丘陵端に背後をあずけ、曲輪群を東に向かって扇状に展開してゆくような縄張りになっている。ところが、松山の城下町は、市ノ川を隔てた対岸にある。つまり、城は城下町を全く無視して、自分だけの防禦セオリーに従って東へ東へと広がっているのだ。上田氏が、城の延長上に城下町を防護しようとした気配は、まるでない。

有名な小田原城の惣構についても、〝町を囲む施設〟というイメージが先行しすぎてはいないだろうか。小田原城の惣構は南北二・二キロ、東西二・八キロもの広大な範囲を、巨大な土塁と堀によって囲い込んでいて、現在もその遺構が断続的に残っている。けれども、この惣構の中に、びっしりと町屋が建ち並んでいたのかと言えば、かなり疑問だ。少なくとも地形から見るかぎり、本城の北側から西側にかけては、丘陵地や山林を広範囲に取り込んでいたことになる。その一方で、小田原の南西にあって中世を通して栄えていたはずの板橋宿《いたばししゅく》は、惣構から除外されている。

防御施設としての惣構

そもそも、惣構とは何なのだろうか。戦国時代の城を見てゆくと、しばしば城の本体から離れた位置に、粗放な防御施設を築いている場合がある。

たとえば、156頁の東山城の縄張り図を見てほしい。コンパクトに凝集された城の本体からだいぶ離れた尾根上に、ポツンと小さな堀切がある。白山城でも少し離れた南西の尾根上に、やはり小さな堀切がある。このように、山城で主城部から離れた尾根上に小さな堀切を設ける事例は、全国的に見ても珍しくない。筆者はこれを、夜襲や奇襲をふせぐための警戒線と推定している。小さな堀切はほどなく突破されてしまうが、攻撃側はここで一旦は戦闘展開をしなければならないから、城側もその間に戦闘配置をとることができる、というわけだ。

あるいは、桝形山城の事例（161頁）では、南側のピーク上に見張り場を兼ねた粗放な防禦施設が存在していた。同様の施設は、犬居城や白山城にも認めることができるが、やはり全国的には珍しくない遺構だ。これらの粗放な防禦遺構は、敵に戦闘展開を強要して戦術動作を制約するとともに、最初の抵抗を試みて主城部への接触を遅らせるための前哨陣地、と考えることができる。

ここまであげてきたのはいずれも山城の事例であるから、警戒線や前哨陣地は尾根を遮断する小さな堀切や、粗放な削平地群といった形態をとる。では、上面のなだらかな丘陵や台地に占地する城で、同様の警戒線や前哨陣地を造ったらどうなるか。

上掲の図は、福島県郡山市にある曲師《まごし》館《だて》という城だ。この城は、〝郡山の杉山城〟とでも呼びたくなるような緻密《ちみつ》な縄張りを見せているが、集落からは孤立した何の変哲もない丘陵上にある〝謎の名城〟だ。この城でも、主城部から少し離れた場所に、粗放なプランの防禦遺構が断続的に形成されている。この防禦遺構と、戦闘本位に造られた主城部との間に、屋敷群や集落が包摂されていたとは、とうてい思えない。

同じような粗放な防禦遺構を、主城部から離れた位置に展開させている丘城の例は、きわめて多い。筆者は、惣構と呼ばれている施設の正体は、こうした前哨陣地帯の発展型だと考える。それらは、何かを囲い込んで守るための施設などではなく、純粋に戦術上の必要性から構築された施設でしかなかったのだが、後世のわれわれが、城の周りに武家屋敷や町場が広がっている情景を想像して、それらを囲い込んで守るための施設だと、勝手に

曲師館縄張り図

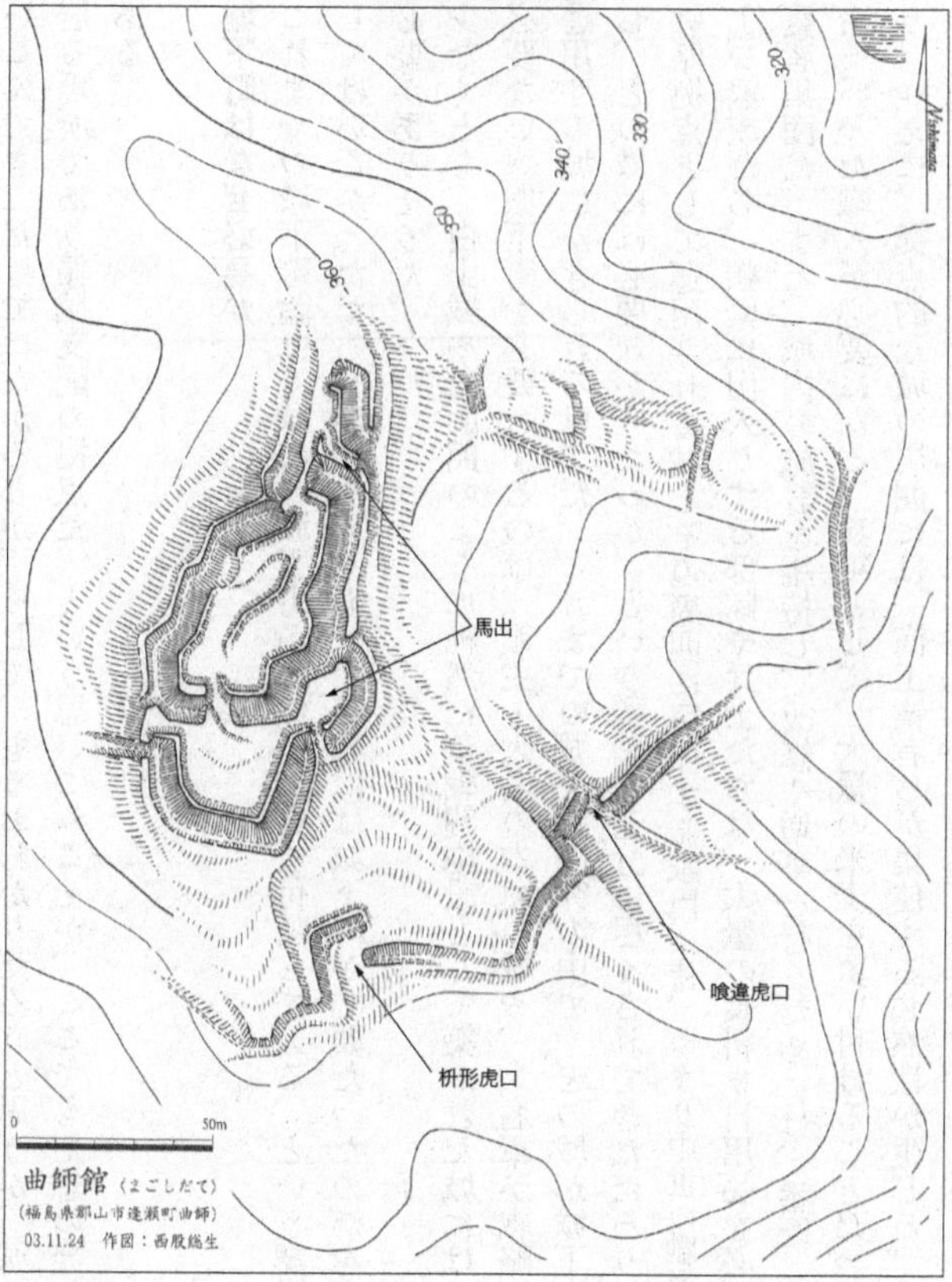
360
350
340
330
320
馬出
喰違虎口
枡形虎口
0
50m
曲師館（まごしだて）
（福島県郡山市逢瀬町曲師）
03.11.24　作図：西股総生

思いこんできただけではなかろうか。そして、もうおわかりだろうと思うが、城とは領主の居る場所であり領域支配の拠点だ、という思いこみこそが、ここでも幻想の発生源なのである。

城下町はなぜ必要か

これまでの城下町論は、城には城下町が当然のごとく付随している、という認識を前提にしてはいなかっただろうか。そもそも、なぜ城には城下町が必要だったのかを考えてみる必要がありそうだ。

少なくとも、白山城や曲師館のように純然たる戦闘施設として築かれた城には、城下町は必要ない。城下町を必要とするのは、領主・大名の本拠の城や、大名軍が戦略拠点として運用する城にかぎられるはずだ。これまでの城下町研究の中で、どの城が城下町を必要とし、どの城には必要なかったのか、という議論は充分に尽くされてきただろうか。

戦略拠点として運用される城とその周囲に居住する家臣（侍、つまり中世の職業軍人）、および家族たち、頻繁に出入りする部隊や兵士たちは、大量の食料や日用品を必要とする消費者集団だ。また、城内の施設を維持し、改修や増築を行うためには、番匠（大工）や鍛冶《かじ》といった職人が必要になる。兵粮として、大量の米麦を買い付けることだってあるだろう。ゆえに、拠点的な城の周囲には、商工業者らが集住する必然性が生じる。

ただし、こうした現象を、領主や大名が城下町を営む、という図式で理解するのは一面的にすぎる。なぜなら、軍隊が消費者集団であり、大名・領主の権力が地域における収奪機構である以上、彼らの存在は商工業者にとってもビジネスチャンスだからだ。

同時に考えなくてはいけないのは、戦略拠点は最初から交通の要衝に造られることだ。軍隊は道に沿って行動するのが普通であるし、戦うにせよ駐留するにせよ、彼らは一大消費集団であるから、交通路・流通経路の結節点のような場所を選ばなければ、戦略拠点として機能させることはできない。だとしたら、市や宿、港津といった経済的インフラが整った場所を全く無視して、戦略拠点を設定するのは困難だ。

したがって、戦略的に運用される拠点的な城は最初から市や宿の近くに築かれる可能性が高いし、ひとたび城が築かれれば、そこにはビジネスチャンスを求めて商工業者たちが集まってくることになる。これが城下町の本質であろう。もちろん、拠点的な城の建設や維持には資金や各種の技術（建築・鍛冶など）が必要であるから、築城者側が商工業者を呼び集めることもあるし、多様な業種の人がたくさん集まるようになれば、混乱をさけるために一定の統制も必要になってくる。これが城下町に対する「支配」となる。

つまり、城を外へ外へと広げていった延長上に築城者が城下町を営んでいるわけでもなければ、城主―重臣―下級家臣―町民という、ヒエラルヒーに基づいた都市的な集住形態の中で城下町が成立するのでもない。軍事施設としての城と、都市としての城下町は相互依存的な関係にはあるものの、本来はあくまで別個の存在なのである。

都市城塞と惣構

戦国時代の戦争では、敵領内深くに侵攻した軍隊は、敵の主力を捕捉《ほそく》・撃滅できない場合でも、本拠地周辺の町や村を焼き払ってしまうのが通例であった。長尾景虎も武田信玄も小田原の城下を焼き払ったが、北条氏は攻勢転移の機会が訪れるまで、自軍を温存することを優先した。その北条軍が下野に侵攻したことによって、宇都宮の城下は灰燼《かいじん》に帰し、宇都宮氏は多気山城への移転を余儀なくされた。

大名・領主たちが本気で城下町を守ろうとしていたのだとすれば、拠点的な城の全てにおいて、城下全体を囲むような惣構を発達させなくてはならない。少なくとも、豊臣軍の侵攻を控えた伊豆・相模・武蔵において、小田原城と岩付城にしか惣構が建設されていない、などということにはならないはずだ。はたして城下町は、大名・領主にとって命懸けで守らなければならないほど、価値のあるものだったのだろうか。

ところで、中国・朝鮮半島やヨーロッパでは、集落や都市の全体を囲む施設としての城壁が発達している（インドや中東なども同様）。日本でも、近世の城は城下町の主要部分が惣構に包摂されていることが多いが、こうした大陸的な邑城《ゆうじょう》・都市城塞と比較して考えることはできるのだろうか。

大陸的な邑城や都市城塞では、外周の城壁をもっとも堅固に構築してある。城壁の内側では、中心部にある権力者の屋敷には相応の囲いがしてある程度で、全体としてはフラットな町場になっている。したがって城の攻防戦では、攻城軍側が外周城壁を崩して城内に突入できるか、守備側が城壁を守りきれるかが焦点になるから、カタパルト（投石機）や破城槌《はじょうつい》といった大型の攻城兵器が発達する。

これに対して日本の城は、戦国時代の拠点的な城でも近世の城でも、縄張りの求心性が著しく強い。つまり、全体が同心円状の構造になっていて、中心に行くほど防備が固くなる。近世城郭の中枢部に屹立《きつりつ》している天守は、その最たるものだ。一方、総石垣造りの近世城郭でも、惣構はいずれも土塁で済ませ、火点となる隅櫓《すみやぐら》も備えていない。くわえて、日本では大型攻城兵器の発達がほとんど見られない。

また、もともとは騎兵であった日本の侍たちは、戦国時代になると下馬戦闘が主体となる。つまり、日本の戦国時代における攻城戦は、基本的には歩兵戦の枠組みの中で遂行されていたのであって、外周城壁を崩せるかどうかが戦闘の焦点となることはなかった。鉄炮（小銃）が爆発的に普及したにもかかわらず、大口径の攻城砲がなかなか普及しなかった、という日本特有の現象も、道路事情や牽引《けんいん》技術の問題ではなく、戦闘のあり方に起因していたと考えるべきではなかろうか。

日本の城が追い求めたもの

文禄・慶長の役で朝鮮に侵攻した日本軍が、半島の南部に築いた石垣造りの城を「倭《わ》城《じょう》」と呼ぶ。この戦役では、朝鮮王朝側の正規軍は緒戦で壊滅状態に陥り、日本軍は朝鮮側の邑城を次々と攻略したが、その後は朝鮮義勇軍の奮戦や明軍の介入などによって次第に劣勢となり、日本軍は半島南岸の倭城に逼塞《ひっそく》することとなった。明・朝鮮連合軍は、日本軍を海に追い落とすべく攻勢を強めたものの、強力な小銃火力によって防禦される倭城はなかなか攻略できなかった。

二〇一一年に九州大学で開催された「倭城研究シンポジウム」では、日本と韓国の研究者が一堂に会して密度の濃い報告と討論が行われたが、筆者が興味を惹かれたのは、太田《おおた》秀春《ひではる》氏（鹿児島国際大学）と盧《ノ》永九《ヨング》氏（韓国国防大学）の報告だ。両氏の報告はともに、戦役終息後の朝鮮王朝側が、いかに戦訓に学ぼうとしたのかをテーマとしたものだった。

それによれば、朝鮮王朝側では倭城攻略に苦戦した経緯を検証し、倭城の築城技術を朝鮮国内の軍備に応用できないか、かなり研究したようである。当時の朝鮮王朝は、北方からの異民族侵入にも脅かされていたからだ。けれども結果としてこの研究は、石垣の築造方法の問題に収斂《しゅうれん》していったらしい。倭城の石垣は裾《すそ》の傾斜が緩いので取り付くことはできるが、上部が次第に反り返るようになるので、結局は登りきることができない、という点に彼らは関心を持ったようだ。織豊系城郭特有の反りをもった石垣が威力を発揮したわけだが、その一方で朝鮮側は、倭城の縄張り技法を取り入れようとはしなかった。

われわれ日本の縄張り研究者の目から見ると、倭城の縄張りは虎口や導入系の技法、横矢掛りや登り石垣（斜面を登るように縦に配した石塁）などを駆使して、非常にすぐれたものとなっている。実際、朝鮮王朝側も、多重防禦構造と厳重な虎口、小銃火力の効果的な発揮に苦しめられたことを充分認識していた。にもかかわらず、彼らは石垣の築造方法にしか関心を示さなかったのである。

この朝鮮王朝側の対応には、日本と朝鮮半島における城の本質的相違が、端的に現れていると思う。朝鮮では、城とは集落や都市を守るものであるから、求心性の強い多重防禦構造は不要であり、それゆえに彼らは外周城壁の強化のみに関心を集中させたのだ。求心性の強い多重防禦構造を特徴とし、それを強化するための縄張りに工夫を凝らした日本の城が、いかに都市や住民の保護から離れた場所で発達してきたかがよくわかる。

百年以上もつづいた内乱によって鍛え上げられた日本の城が守ろうとしていたのは、権力そのもの、軍隊そのもの、あるいは戦争そのものだったのである。

第九章　山から降りなかった城——近世城郭の成立を再考する

一　城は見せものか

なぜ城に石を積むのか

最終章では、本書がこれまで述べてきた戦国の城の側から、織豊系城郭の成立とその全国展開という現象を考えてみようと思う。城という場所に立って眺めたとき、戦国から近世へという時代の変化は、どのようにわれわれの目に映るのだろう。織豊系の城を既存の城と分ける指標は、高石垣・礎石・瓦《かわら》の三点セットであるが、縄張りと占地から城を考える立場をとる本書としては、まず石垣から近世城郭の成立について考えてみたいと思う。

そもそも、なぜ石を積んで城を造るようになったのだろうか。土を切り盛りして造り出した土塁や壁とくらべて、石垣にはどのようなメリットがあったのだろう。城郭研究者たちが最初に考えたのは、敵の登攀《とうはん》を防ぐため、という単純明快な答えだ。

けれども、現在ではこの説を支持する研究者は少ない。なぜなら、研究者たちがあまり感心しない方法で実験を試みたところ、実際の石垣は存外簡単によじ登ることができてしまったからである（読者は決してマネをしないように）。無論、熊本城のような見事な「扇の勾配《こうばい》」をもった高石垣を登りきるのは、容易ではない。文禄・慶長の役でも、朝鮮軍は反り返った石垣にはかなり手こずった。

ただし、熊本城のように高く反り返った石垣が出現するのは、文禄・慶長の役以降のことで、織豊勢力が城に石を積み始めた頃、つまり信長・秀吉が統一に邁進《まいしん》していた頃の石垣は勾配も緩く、反りも弱かった。しかも、積み方も野面《のづら》積みとか乱《らん》積みといって、自然石や大きな粗割石をランダムに積み上げてゆくので、表面には大きな隙間がたくさんできる。石は控え（奥行き）が大きく取ってあって、奥の方でがっちりかみ合わさっているから、見た目よりははるかに堅牢で簡単に崩れたりはしないが、表面にはクライミングで言うところのホールド（手足をかける場所）が、いくらでも生じることになる。

一方で、土塁や土を削りだした壁は思いのほか登るのが難しいことを、城郭研究者たちは体験的によく知っている。いま城跡を歩くと、崩壊や埋没のために土塁も堀もずいぶんと優しくなってしまっているが、発掘調査で出てきた遺構を見ると、驚くほどの急傾斜に削り出されている。実際に前に立ってみると、垂直にそそり立つカベのような威圧感を覚える。安全性を優先する現在の土木工法では明らかにご法度な勾配だが、城というものは相手を危険に陥れるための構造物だから、これでもよいわけだ。しかも、当時の土塁や壁は表面に草など生えていないから、ホールドもない。

これでは、初期の石垣は土塁にくらべて障碍《しょうがい》としてすぐれていた、とは言えないことになる。だとしたら、何か別の目的で石を積みはじめたが、敵に登られてしまうので、技術的な改良を重ねて「扇の勾配」のような形態に到達した、と考えた方がよさそうだ。

強化火点を備えた城

次に、一般論として考えやすいのは耐久性の問題だ。確かに、土塁よりも石垣の方が耐久性はすぐれているだろう。しかし、この説にも弱点はある。近世の城の石垣はかなりの頻度で崩壊をくり返しているのだ。二〇一一年の東日本大震災では、仙台《せんだい》城や白河小峰《しらかわこみね》城の、また二〇一六年の熊本地震では熊本城の石垣が崩壊してしまったが、日本は地震国だから大きな地震があれば石垣が崩れるのは、ある程度はやむをえない。

けれども、実際には台風や大雨、経年劣化などでも石垣はけっこう崩れている。江戸時代には、大名が城を修築する場合には事前に幕府へ届け出る必要があったので、城絵図に石垣の崩落箇所などを書き入れて、必要書類一式と共に提出していたのだが、このたぐいの史料はほぼどこの藩にも相当数が残されている。城跡にある博物館などに展示されていることも多いので、お城ファンなら見たことのある方も少なくないだろう。

有名な近世の城を見て歩いても、積み直しの痕《あと》が歴然と見て取れる場合が多く、築城当時の石垣がそのまま残されている箇所は、むしろ珍しいくらいだ。日本の城の石垣は、耐久性に関しては決して万全とは言えないのだ。

三点セットの提唱者である中井均氏は、土壁瓦葺《ぶ》きの重量建物を塁線いっぱいにせり出して建てるための土台として石垣が必要であった、と説いている。土壁瓦葺きの重量建物、つまり近世的な隅櫓や多門櫓《たもんやぐら》は、基本的には耐火性と耐弾性を追求した「強化火点」であるから、塁線いっぱいにせり出して建てた方が、より威力を発揮する。

しかし、筆者は中井説に対しても疑問を禁じえない。近世の城の中には土塁造りのものが結構あるが、土塁の上にも重量級の隅櫓や櫓門がちゃんと載っている。現存事例としては高崎《たかさき》城や弘前《ひろさき》城が典型例で、少なくとも重量級の櫓を建てるだけなら石垣を積む必要がないことがわかる。

無論、土塁の場合、天端いっぱいにせり出して建てることは難しい。けれども、織豊系城郭の場合でも、初期の石垣は技術的にこなれていなかったから、天端をきれいな直線に揃えることができなかった。櫓台を組んでも、上面が正確な矩形《くけい》とはならずに、四隅が張り出して真ん中が内側にたわんだ平面形状になるので、櫓の壁と石垣の天端の間には犬走りのようなスペースが残る。

それに、縄張りから見るならば、初期の織豊系城郭は必ずしも隅櫓や多門櫓が石垣上に林立するような形態ではなかった。中井説は、高石垣と重量建物とが発揮する防禦《ぼうぎょ》上の効果という点については正鵠《せいこく》を射ているけれども、石垣が出現した理由は充分に説明できているとは言えない。

石垣はデモンストレーションか

現在、少なからぬ城郭研究者に支持されているのが、デモンストレーションとして石を積んだ、という考えだ。城主の権威・権力や築城者の軍事力を、城を見る者に対して誇示するため、というわけであるが、筆者は全く賛同できない。

江戸時代における徳川御三家の居城のうち、尾張家の名古屋城と紀伊《きい》家の和歌山城はともに立派な石垣造りだが、水戸《みと》家の水戸城は戦国時代の関東の城と同じような土塁造りだ。水戸家は江戸にあって将軍を補佐する立場にある代わり、石高や家格は尾張・紀伊より一段下だから、という説明があるかもしれないが、徳川一門ではもっと格下である会津松平《まつだいら》家の鶴ヶ《つるが》城、越前松平家の福井城、白河松平家の小峰城など、既存の城に入ったとはいえ、いずれも立派な石垣造りである。その一方で、家康の六男だった松平忠輝《ただてる》の居城として築かれた越後高田《たかだ》城は土塁造りだ。

大名たちは、江戸城の御殿でも家格によって使用する部屋や着座位置などが、厳格に決められている。石垣が権威・権力の象徴であるのなら、会津や白河が石垣の城に入ったのだから、水戸城も総石垣にしなければならない、という話になぜならなかったのか。大名家の石高や家格と石垣には、相関関係は存在しないのである。

しかも水戸は、家康にとって目の上のタンコブのような存在だった佐竹氏を、出羽《でわ》に逐《お》って手に入れた土地だ。越後高田城にしても、もともとは上杉謙信・景勝が治め、そのちは秀吉にかわいがられた堀《ほり》氏が入った国である。石垣を積む行為が、築城者の権威・権力や軍事力を誇示するために行われるのだとしたら、なぜ徳川家の威光やら軍事的実力やらを、常陸や越後の領民たちに見せつけるような城造りをしなかったのか。

別の話

石垣にかぎらず、城の特徴的なパーツ、たとえば天守や枡形《ますがた》虎口などを、権威・権力や軍事力のデモンストレーションとして説明したがる人は、あとを絶たない。大名や領主が自分たちの権威・権力を示すために城を築いた、などと平気で言う人もある。城そのものが壮大なデモンストレーション装置、というわけだ。

けれども、具体例に則して考えると、デモンストレーション説はたちどころに綻《ほころ》びを生じる。たとえば、江戸時代の大名で二番目に大きかった島津《しまづ》氏七三万石の居城、鶴丸《つるまる》城は、ほとんど屋敷同然の構えだ。

一方、同じ旧族大名でも肥前《ひぜん》の鍋島氏（三六万石）は土造りながら相応に立派な城を築いている。南部《なんぶ》氏（八万石）の盛岡《もりおか》城は主要部を総石垣にしているし、津軽《つがる》氏（七万石）の弘前城は規模雄大な東北屈指の名城である。城そのものがデモンストレーション装置なのだとしたら、この事実はどう説明できるのだろう。天守にしても同様で、天守の有無やサイズ（階層）と、大名の石高や家格との間に相関関係を見出《みいだ》すことはできない。

筆者は、造りあげた構築物が結果として権威や権力の誇示に役立っていたというのと、権威や権力を誇示するためにその構築物を造ったというのは、全く別の話だと思う。残念ながら従来のデモンストレーション説は、この二つの現象を混同したまま、誰が誰に何を見せつけることによって、どのような効果を狙ったのかを、まるで論じていない。

次は、少し視点を変えて、土の城の側から石垣について考えてみたい。

二　石積から総石垣の城へ

意外に多い戦国の石垣

たいがいの人は、戦国時代の城は土造りの城、近世の城は石造りの城だと思っているが、実は織豊系以外の戦国時代の城でも石を積んでいる例は意外に多い。城に石を積むという行為は、ある日突然はじまったわけではないのだ。

戦国時代の城は、四百年以上も山林や畠《はたけ》となっていたから、石積の多くは崩れてしまっている。それでも、石積の痕跡《こんせき》があるかもしれない、というつもりで観察してゆくと、草木に覆われた土塁の中に、ところどころ石が積んであったり、堀の中や壁の下に石が転がっていたりする。中には、後の時代に山仕事や畠仕事の人が、通り道を保全するために石を積んでいる例もあって紛らわしいけれども、山仕事や畠仕事の場合は、他の場所から大量の石を運んできたりはしないから、結局は崩れた石を積み直している場合が多い。147頁に掲げた犬居城の縄張り図を、よーく見てほしい。例えば曲輪❷の縁《へり》など、ところどころに、ケシ粒のようなものが点々と描き込まれているのがわかると思う。これは、積んであった石が転がり落ちた転石だ。153頁の青山城も、主郭の南西側の土塁や曲輪❸の虎口付近にぶつぶつと描き込んであるし、270頁の千馬山城や、156頁の東山城でも読みとれるだろう。このように、一見すると土造りに見える戦国時代の城でも、石を用いた痕跡が確認できる例は、決して珍しくない。城に石を積むという工法自体は、戦国時代にはかなりひろく行われていたのだ。

ここで名前をあげた城はみな、純然たる戦闘施設として築かれたものだ。他国の武将を城内に招いたり、領民を呼び込んだりするような場所ではない。城に出入りできたのは、城兵とごくかぎられた関係者だったはずだ。それに、青山城や千馬山城など、そもそも目立たない山をあえて取っているのだ。いったい、誰に見せる必要があったのだろう。東山城は山麓《さんろく》からよく目立つかもしれないが、比高が三〇〇メートルもある山の上に少々の石を積んだところで、麓《ふもと》の村から視認できるものか。それに、これらの城にはそもそも城主がいないから、誇示すべき権威など最初から城には存在していないのである。

虎口に石を積む

戦国時代の城跡を踏査していて、石を積んだ痕跡の見つかる確率がもっとも高いのは、虎口の周辺である。人の出入りする虎口周辺こそ、権威や技術力を誇示する見せ場として適している、という見方もできるように思えるが、かぎられた関係者しか出入りしない場所に石を積んでも、デモンストレーションにはならないはずだ。では、なぜ虎口に石を積むのであろうか。

答えは簡単である。崩れるからだ。土造りの構築物は、角のところが崩れやすい。筆者は以前に発掘調査員の仕事をしていたのでよくわかるが、発掘調査区も角のところはすぐに崩れる。人の動きが多いところが崩れると作業に支障をきたすから、筆者のようなボンクラ調査員が指示をしなくても、ベテランの作業員はすぐに土嚢《どのう》を積んで補強してくれる。結果として、城の虎口に石を積んだのと、そっくりなものができあがる。

虎口に木戸・門を建てるようになると、土留めの必要性はいっそう増す。地面を掘り込んで虎口を造るにせよ、土塁を積んで造るにせよ、土で垂直に近い勾配を造り出すことはできないが、かといって勾配を寝かせると、門柱との間に大きな隙間ができてしまう。垂直にならない以上は隙間をなくせないので、バリケードか何かで塞《ふさ》ぐしかないが、隙間は小さいに越したことがないから、虎口の内側は多少無理をしてでも急勾配に造りたい。土の斜面を急勾配に造れば、崩れやすくなるから石を積んで補強しよう、というのは自然な流れなのだ。

また、虎口部分への石の利用として、通路を石敷きにする形がある。北条氏照がながらく居城としていた滝山城は、主郭の正面に土造りの立派な桝形虎口を備えている。この虎口を発掘調査したとき、通路面がきれいな石敷きとなっていることが判明して、研究者たちの間でもちょっとした話題となった。

これを見ると、同じような大きさの丸石（川原石）を選んでいて、たしかに見映えを意識して敷き並べているようだ。しかし、石を敷くなら見映えよく敷こうというのと、見映えをよくするために石を敷こう、というのとでは全く意味が違う。

では、なぜ桝形虎口に石を敷くのかと言えば、雨が降ると路盤がぬかるむからだ。これは、雨の日に城跡へ行ってみればすぐに実感できる。城の曲輪面は周囲より一段高くなっているのが普通だから、曲輪の中に降った雨水は虎口の中を走って外へと抜けてゆく。だから虎口はぬかるみやすい。とくに、閉塞《へいそく》空間をもった桝形虎口の内部は、水が滞留するから余計にぬかるむ。

発掘された滝山城の桝形虎口をよく見ると、通路の端に石組みの排水路が丁寧に造ってあって、一部は土塁の下を暗渠《あんきょ》で通すという手の込んだことをしている。近世の城を見ても、桝形虎口は例外なく排水路を伴っている（アスファルト舗装がされて遺構が観察できなくなった例も多いが）。桝形虎口には排水の仕掛けが必要なのだ。わけても、戦略拠点として運用される城は、日頃から人や物資の出入りが多いから、路盤の確保は重要な課題だったはずである。

石を積む場所

虎口に石を積んだり敷いたりするのは、実用上の必要に迫られて自然に始まったことだと考えてよい。では、虎口以外の部分に石を積むのはどうか。北条氏照の弟だった氏邦の居城、鉢形城も、最近になって発掘調査が行われて、史跡公園としての整備が進んでいる。この城も、発掘調査によって随所に石が積まれていることがわかってきた。

とりわけ目をひくのが、土塁の内法《うちのり》（内側の斜面）から検出された階段状の石積だ。二ノ曲輪の馬出や三の曲輪の土塁では、外側ではなく内側に石が階段状に積まれていたのである。階段状に積むのは、高石垣を一気に積み上げる技術がないからで、少し積んではセットバックしてまた積み上げ、といった具合に高さを稼いでいるわけだ。

これは、空間として用益している曲輪の中に、土が崩れてくると困るからであろう。ではなぜ、外側には石を積まなかったのかが問題になるが、筆者は、発掘調査で検出されているのが城の最終状態だという点に注意したい。氏邦の鉢形城は、豊臣軍侵攻に備えて臨戦態勢をとった状態のまま廃城を迎えた。つまり、土塁の外側の面は、臨戦態勢下で急勾配に削り直され、その状態のまま埋没していったのではなかろうか。

最前話題になっている杉山城の発掘調査でも、主郭土塁の内側で石が検出されている。これは、土塁内側の裾のところに、人頭大の自然石を並べた程度のもので、花壇などの縁取りとあまり変わらない。明らかに土留めである。これを見た中井均氏は、「これやったら、僕でも積めますわ」と漏らしていたが、筆者でも積めると思う。前線に築かれた戦闘本位の城では、専門の職人など呼ばずに、兵士たちや近隣から動員した農民などが持っている技術で、必要な手当を施していたのだろう。

他にも戦国時代の城では、土を削り落とした壁面や、土塁の外面に石を積んでいる例は少なくないが、筆者の踏査経験に照らしてみるなら、虎口・通路まわりと、谷に面した部分に多いようだ。千馬山城の図を見ても、浅い谷が入り込んでいる部分（等高線が内側に湾曲している部分）に、石積が残っているのがわかると思う。

土の城・石の城

長野県の上田市《うえだ》に、松尾《まつお》城という山城がある（旧小県《ちいさがた》郡真田《さなだ》町）。戦国時代に真田氏が築いたとされている城だが、登ってみると累々たる石垣に驚かされる。というより、この城では、主要な曲輪は石を積んで造られており、土造りの部分は主郭背後の大堀切と、斜面に落とされた数本の竪堀《たてぼり》や腰曲輪くらいのものだ。

以前に、中世城郭研究会の仲間らと共に松尾城を訪れた時には、関西の城郭談話会のメンバーで、織豊系城郭の石垣に詳しい堀口健弐《ほりぐちけんじ》氏が、おりよく同行していた。そこで、織豊系城郭が出現する以前に、信州の山間に総石垣といってよい山城が築かれていることをどう考えたらよいか、意見を求めてみた。真田氏時代の石垣としてはできすぎではないか、本当はもっと新しい時期の築城なのではないか、と心ひそかに思ったからだ。

ところが堀口氏は、織豊系の石垣と信州の在地系の石垣とでは、技術的系統が全く違うので、年代観や技法上の特徴については比較できない、と断った上で、あっさり言ってのけた。

「この山は見たところ、岩がゴツゴツしてるんやから、土を掘って城を造るより、石を積んで城を造った方が速かっただけとちゃうのん？」

その後筆者は、卓見である。目から大きなウロコがぼろりと落ちた。

山梨県で石積の城として知られる獅子吼《ししく》城（北杜《ほくと》市・旧須玉《すたま》町）を踏査する機会を得た。

この城は、天正壬午の乱で北条軍が築いたと伝えられている小さな山城だが、行ってみるとほぼ全面的に石を積んで造られている。しかし、石積が確認できる範囲は、露岩の目立つ範囲とピッタリ一致していて、踏査していて露岩が認められなくなったところで石積も終わっている。

どうやら、石がある山では、石を積んで城を造るのが自然ななりゆきだったらしい。そ

獅子吼城の石積。露岩から続くように積まれている。岩盤を割りながら曲輪を造成し、その際に生じた石を積んで防禦ラインを作っている様子がよくわかる。(著者撮影)

う思って見回すと、戦国時代の城における石の利用には、地域的な偏りが露骨にある。南関東で見ると、秩父から比企地方にかけては石積が多いが、この地方は秩父青石とも呼ばれる緑泥片岩《りょくでいへんがん》の産地だ。緑泥片岩は関東では板碑《いたび》の材料としてよく知られているが、水平に劈開《へきかい》して板状に整形しやすいので、横に寝かせて積んでゆく分には、さほど高度な技術は要しない。

関東でも房総へ行くと石積はほとんど見なくなる。信州の善光寺平周辺から小県郡にかけての城も、鉄平《てっぺい》石《せき》と俗称される板状に割れる石を用いた石積が多いが、同じ信州でも伊那や木曾ではあまり石積を見ない。

障碍の要素としての石垣

　ここまでの話を総合してみよう。もともと、石を積むこと自体に特別な意味はなかった。戦国時代の築城では、手近にあるもの、その場で手に入るものをうまく利用して、敵を防ぐのが基本だから、城地の周囲に石が転がっていたり、堀や曲輪を造るために地面を掘削して石が出てきたら、土塁の根止めや虎口・通路まわりの土留めに使う。路盤の補強が必要なら、近くの川原から石を拾ってきて敷き詰める。城の本質的機能は敵の侵入を防ぐことだから、土の山では土を掘って堀切や土塁などの障碍を造る。石がたくさん手に入る場所なら、石を積み上げて障碍を造る。つまり、石垣だ。

　しかし、こうした戦国時代的な石の利用と、近世城郭の石垣には決定的な違いがある。近世の城では、わざわざ他の場所から石を運んできてでも石垣を造る。手近に石の産出地がなければ、海を渡ってでも石をもってくる。大坂城の石は主に小豆島《しょうどしま》から、江戸城の石は伊豆半島から運ばれてきたものだ。

　では、そうまでして石を積みたい理由は何だったのだろう。戦国時代の城では、土留めとしての石積は広く用いられており、障碍としての石垣も存在していた。その中から、総石垣の城が立ち上がってくるのだとしたら、障碍としてのメリットゆえに石垣が選択された、と考えるのが妥当であろう。では、石垣が障碍として土塁よりすぐれている点は何か。

いろいろ考えた末に筆者がたどりついた答は、やはり敵の登攀を防ぐため、という理由だ。筆者は先に、初期の石垣はホールドが多いので案外簡単に登れてしまう、と書いた。城郭研究者たちもみな、そのように考えていたのだが、陥《おと》し穴があった。ホールドを利用して登れてしまうのは、あくまでフリークライミングの状態での話だ。鎧兜《よろいかぶと》に身を固め、腰に刀を差し、手に鑓《やり》や鉄炮《てっぽう》を持って登るとなると、話は全く別である。

筆者は前章で、日本の戦国時代における攻城戦は歩兵戦の枠組みの中で遂行されていた、と書いた。しかも実際には、重武装をした蛮勇の侍たちが、先頭を切って城内に突入してゆくのである。攻城戦の正否を握っているのは、歩兵の突撃力だったわけだ。だとしたら、重武装の侍たちによる突破を防ぐ切り札として石垣は採用された、と考えるのが筋ではなかろうか。そして、実戦と築城をくり返しながら、より高く、より登りにくい鉄壁の障碍へと洗練されていったのではなかろうか。

三　平城から平城へ

最後の問い

本書の「まえがき」で、筆者はこれまで城について抱いてきた素朴な疑問を、五項目あげた。

①戦国時代には多数の山城が築かれたと言うが、なぜ山城が選ばれたのか？
②鉄炮の普及は、城の構造にどんな影響を与えたのか？
③戦国末から近世にかけて、土造りの城から石垣の城へ変化するのはなぜなのか？
④戦国末から近世にかけて、城の主流が山城から平山城や平城に移行したのはなぜか？
⑤そもそも、なぜ戦国時代には数万もの城が必要とされたのか？

このうち、①は第二章で、②は第七章で、③は本章で、⑤は第五章で、それぞれ答を探してみた。残るのは④だが、これも半ばは第四章で答をえられたように思う。戦国時代にも平城や丘城はたくさん築かれており、戦国時代が山城の時代だった、などという理解そのものがおかしいのである。とはいえ、近世に入ると大名たちの多くが、平城や平山城を居城とするようになったのは事実だ。

ここで確認しておきたいのが、軍事的事象に普遍的に認められる階層構造についてだ。すなわち、戦いを実行する方法のうち、合戦や会戦、つまり目前の戦闘に勝つための方策を戦術、合戦や会戦を組み合わせて軍隊を動かしてゆくための方策を作戦、戦争全体を勝利に導くための方策を戦略という。これらの言葉は、本章の中でも折にふれて使ってきたが、あらためて整理しておくと、第五章で詳述したような、特定の軍事的状況に対応するために前線で構築される城は、戦術〜作戦次元における築城ということになる。対して、大名・領主の居城や大名軍の策源地となるような城は、戦略次元の築城ということになる。

この階層概念を城の占地にあてはめて考えるなら、相対的に山城は戦術次元での優位性が大きく、交通の要衝に立地する平城や丘城は戦略的ポテンシャルにすぐれることになる。ただし、平野部や丘陵地における戦争では、戦術～作戦次元においても丘城や平城を利用せざるをえない。低湿地に依拠した平城の中にも、戦術的な優位を持つ例はある。逆に、危機的状況下では戦略拠点を山城に求める場合もある、と説明できる。

廃棄される城、維持される城

戦国時代には、戦争の状況に応じて、戦術・作戦・戦略のそれぞれの次元でさまざまな築城が行われ、山城も丘城も平城もたくさん築かれていた。ただ、数の上からいうなら、圧倒的多数を占めるのは戦術～作戦次元における築城だったことになるが、そうした城は用が済めば使われなくなって、跡だけが残る。

したがって、後世のわれわれが城跡の分布図を作ると、全国各地に膨大な数の城が存在していたように見えるけれども、戦国時代のある特定の時点で実際に機能していた城は、それほど多くはない。戦術～作戦次元で機能する城は、前線付近に張り付くように存在する一方で、強力な大名権力が成立して政治的統合が完了した地域では、そうした城は廃棄されて、戦略的に必要な城だけが維持されるようになる。

戦国時代の末に豊臣政権による統一が進むと、大名間の領土裁定や利害調整は中央にゆだねられ、大名どうしの自発的戦争は私戦として禁止される一方で、政権に帰属した大名の軍事力は、統一政権の戦略単位のひとつとして位置づけられる。侍は、主従関係を結んだ主君（上級権力）によって身分と所領を保障され、その代償として主君のために武力を提供する、という封建制の基本原理が作用するからだ。

小田原の役に参陣する際、伊達政宗は弟を斬って家中の分裂要因を排除したが、北関東や奥羽《おう》諸将の中には、同じようにかなり強引な方法で家中の統一を図った者が多い。大名家は内紛をかかえ込んだままだと、統一政権の戦略単位として機能しないと見なされて、存続を許されなくなるからだ。九州征討ののち肥後北半部に封じられた佐々成政は、国衆一揆《いっき》を生ぜしめた責任を問われて、自害させられた。所領を統治できない大名は、統一政権の戦略単位たりえないからだ。もし成政がつつがなく肥後を治めていたら、彼は他の九州諸大名と共に、朝鮮侵攻の尖兵《せんぺい》として大暴れしていただろう。

近世城郭の成立

こうして、統一政権の戦略単位となった大名家の領内では、戦術〜作戦レベルの城はすべて不要となり、戦略拠点として最低限必要な城だけが残されることになる。大名たちが抱えている兵力は、統一政権の指揮下で運用されることになるし、近隣大名との戦争も終わりだから、自分たちの都合で領内の各所に兵力を配置しておくことは、もはや許されない。特定の戦略拠点に家臣や兵士たちを集住させて、統一政権による軍事動員に即応できる体制を整えなければならない。これが近世城下町成立の基本原理となる。

したがって、大名の居城には、統一政権の方針に合致するような、高度な戦略性が求められることになる。自分の所領を支配するための拠点ではなく、統一政権の戦略拠点として機能することが優先となるのだ。近世の城の多くが、大きな河川や港湾に近い平野部に築かれたのは、このためである。

毛利氏は、元就——隆元《たかもと》——輝元《てるもと》と三代にわたり、山間の小盆地にある郡山城を本拠としていたが、豊臣政権に帰属したことを契機として居城を広島へと移転する。輝元が新たな城地として選んだのは、太田《おおた》川の河口デルタという、中世の常識では考えられないような場所だった。毛利軍が豊臣政権の戦略単位として機能するためには、瀬戸内海に面した場所に本拠を置く必要があったからだ。

土佐の長宗我部元親《もとちか》も、山城の岡豊《おこう》城から桂浜《かつらはま》に近い浦戸《うらど》城へと、居城を移した。港湾に面して本拠を置く必要があったからだ。東日本に封じられた大名たちも、統一政権の軍事動員に即応できるような場所に、居城を求めていった。上杉景勝が会津に移封されたあと越後に入った堀秀治《ひではる》は、春日山城を暫定使用しながら、直江津《なおえつ》の港に面して福島城を築いた。

秀吉の死によって豊臣政権が解体し、徳川氏の勢力が伸長したのちも、大名家の軍事力が統一政権の戦略単位であったという基本的な図式は変わらないから、大名居城の多くは相変わらず平城や平山城であった。家康から伊勢・伊賀に封じられた藤堂高虎が、作戦用の拠点である上野城とは別に、伊勢湾の海上交通に直結した津城を必要としたのも、同様の事情によるものだ。

こうして、有力大名たちの居城は、領国内の戦略重心ではなく、全国的な交通・流通ネットワークの結節点に位置することとなった。新時代の戦略拠点である大名の居城は、必然的に規模も大きいから、建設にあたっては莫大《ばくだい》な資金と労働力と物資が動く。しかも、城に常駐する大名軍は大きな消費集団であったから、城の周囲にはヒト・モノ・カネが流れ込んで都市が形成されていった。

戦間期の築城ラッシュ

近世の城と城下町の成立について考えるときに重要な意味を持つのが、慶長五年（一六〇〇）から同二十年（元和元年）までの一五年間だ。名古屋城、彦根《ひこね》城、姫路城、伊予《いよ》松山城、高知城、福岡城、熊本城などなど日本を代表する名城の多くが、この時期に踵《きびす》を接するように構築され、ないしは近世城郭としての体裁を整えている。

この築城ラッシュの一五年間は、要するに関ヶ原合戦から大坂の陣までの戦間期だ。慶長三年に秀吉が死去すると豊臣統一政権は急速に分裂へと向かい、関ヶ原合戦で石田三成一派を打ち破った徳川家康が、権力の集中を画策してゆく。三成方に与《くみ》した大名たちの所領は没収され、あるいは大幅に削減された。こうして発生した膨大な闕所地《けっしょち》は、家康に従った大名や徳川家の家臣たち（譜代大名）に分配され、多くの大名が新しい所領へと乗り込んでいった。

とはいえ、大坂の豊臣家自体はいまだ健在であったから、武家社会には大坂（豊臣）と江戸（徳川）という二つの焦点が併存することとなった。天下分け目の大合戦が終わって平和な時代が到来した、などと安心しているお人好《よ》しな大名は誰もいなかった。堅牢無比の名城群は、こうした状況下で構築されたのである。

大坂に対する前衛として、藤堂高虎が伊賀・伊勢に入封して上野城と津城を築いた経緯は、先に述べたとおりだ。石田三成の旧領には、家康の重臣のなかでも勇猛をもってならした井伊直政《いいなおまさ》が一八万石で封じられ、三成の佐和山《さわやま》城を廃して彦根城を築いた（直政自身は築城が本格化する以前に死去）。佐和山城は、東から上方に攻め登ってくる敵を迎撃するには適した地形を取っていたが、井伊氏の任務は上方に対する徳川軍の前衛たることだったから、任務に適した新たな城取りが必要となったのである。

播磨五二万石の大封をえて姫路城を築いた池田輝政《いけだてるまさ》は、家康の娘婿である。このとき、因幡《いなば》の鳥取城には輝政の弟である長吉《ながよし》が、若桜鬼ヶ《わかさおにが》城には義弟の山崎家盛《やまざきいえもり》が入り、慶長八年には輝政の次男である忠継《ただつぐ》が岡山城に、同慶長十五年には三男の忠雄《ただかつ》が淡路《あわじ》に封じられている。池田氏一族に期待された任務は、西国にある豊臣恩顧の大名たちと大坂との作戦上の連携を断つことであり、姫路城こそはその中核を担う戦略拠点だった。

関ヶ原合戦後における、徳川家の家臣——つまり譜代大名——と家康に近しい大名たち、および彼らの居城の配置は、来るべき戦争に備えた、徳川軍の戦略配置以外の何物でもなかった。

それぞれの火種

徳川家の譜代や近親者でもない大名たちも、軍備増強に血道をあげねばならないのは同様であった。来るべき戦争で、全国の諸大名がどのように合従連衡するのか予断を許さないのだ。わけても、関ヶ原の戦功によって新たな領地を拝領した大名たちは、それぞれに火種をかかえ込んでいた。

筑前に入った黒田長政と豊前の細川忠興の確執は、すでに述べたとおりだ。このとき、忠興が居城を築いたのは、筑前との国境に近い小倉《こくら》である。筑前からの侵攻を受けた場合、小倉では国境からの距離がなく、戦略縦深が確保できないが、関門海峡に近いゆえに本州方面からの後詰め(救援)はえやすい(94頁地図参照)。黒田軍に対し兵力で劣る細川軍は、戦略縦深の浅いことを逆手にとって、後詰めの来援まで本拠に戦力を結集して持久する方針を採ったのである。小倉城の石垣を見ると、大ぶりの粗割石を力任せに積み上げたような外見で、同時期の石垣のなかでもひときわダイナミックな印象を受ける。築城を急ぐ忠興の危機感が伝わってくるようだ。

また、関ヶ原合戦で家康に恩を売った山内一豊は二〇万石の大封を得たが、彼が乗り込む新領地は、長宗我部氏改易による不満がくすぶる土佐であった。一豊の築いた高知城は、中心部をコンパクトにまとめて高い石垣でがっちりと固め、全体にきわめて実戦的な縄張りを見せている。

天守をはじめとして現在も残る建物群のほとんどは、江戸中期の再建であるが（火災で焼失したため）、山内家では一豊時代の再現に努めたとされているので、建物の形態は古式を伝える要素が多い。面白いのは、本丸にミニチュアのような御殿が置かれていることだ。多くの城郭研究者は、この本丸御殿を儀式用と考えているようだが、筆者は一豊が最初に入るために建てた御殿こそが、その原形ではなかったかと思う。いつ、叛乱《はんらん》の火の手が上がるともわからない新領地では、まずは自身の安全を確保する必要があったからだ。

移行の実態

これまでの話を整理してみよう。戦国時代には山城も丘城も平城も、たくさん築かれていた。ところが、国内の戦争が終息すると、戦術〜作戦次元での築城行為が不要になるから、前線の城はすべて廃棄され、戦略拠点としての城だけが残る。

統一政権下の戦略単位に位置づけられた大名たちの居城には、河川や港湾に近接した平城や平山城が選ばれるから、結果として維持されている城の大半は平城や平山城になる。城の主流が山城から平城・平山城に移行したように見える現象の実態は、こうしたことであって、鉄炮の普及によって山城が不利になったわけでも、領国経営のために平地に城を築いたわけでもない。

もちろん、敵の攻撃をふせぐ、という機能の本質に即して考えるかぎり、時代が下っても山城の戦術的な優位性は変わらないから、戦争が再開されたり、地域に強い緊張状態が生じたりすれば、作戦上の必要性から新たに山城が築かれることになる。黒田六端城はその典型例だ。

また、山間部を所領とする小大名のなかには、近世に入っても山城を居城としている者が少なくなかった。小さな兵力で持久するには、山城の方が有利だからだ。坂崎《さかざき》氏四万石の津和野《つわの》城（のち亀井《かめい》氏）、中川《なかがわ》氏七万石の豊後岡《おか》城、遠藤《えんどう》氏二万七〇〇〇石の郡上八幡《ぐじょうはちまん》城などが好例だ。寛永十九年（一六四二）に五万石で備中松山に入った水谷《みずのや》氏などは、わざわざ山城の松山城を再整備している。

戦時体制の解除

慶長二十年（元和元年・一六一五）、大坂夏の陣で豊臣氏が滅亡すると、徳川将軍家は大名の再配置に乗り出す。たとえば、輝政没後の池田氏は、岡山（三一万石）と鳥取（三二万石）の二家に分割され、播磨の池田氏旧領も解体されて、姫路城には譜代の本多《ほんだ》氏が入った（のちに酒井《さかい》氏）。また、いわゆる元和の一国一城令によって、大名家の居城以外の城は原則として廃棄された。

こうした一連の措置は、臨戦態勢の解除として理解できる。けれども、徳川政権はその一方で、潜在的反体制分子である旧豊臣系の大名たちを改易して、大名の再配置を進めていった。たとえば、広島城主だった福島正則は改易され、旧領のうちの備後一〇万石には譜代の水野《みずの》勝成《かつなり》が封じられて、福山《ふくやま》城を築いた。

この時期に築かれた福山城や島原森岳《しまばらもりたけ》城は、本丸の周囲に意図的に腰曲輪を廻《めぐ》らせて重層的な火力発揮を狙っている点や、天守を鉄板張や海鼠《なまこ》壁とするなど、火力戦に対応した実戦的な構造が顕著である（現在復興されている福山城天守には鉄板張が再現されておらず、優美な城という誤解を生じている）。徳川大坂城とともに織豊系近世城郭の到達点をなす、と評価してよいであろう。臨戦態勢こそ解除されたものの、徳川政権の戦略再配置に伴う軍事施設の構築はいましばらくつづくのである。

とはいえ、国内の戦争がすべて終結したことによって、築城ラッシュが下火になっていったことは確かである。こののち各地の城では、外郭部や城外に広大な御殿を新造して、城主たちが本丸の御殿を出るという現象が進行していった。本丸の御殿は防禦性にはすぐれるが、手狭で生活の便や連絡も悪く、拡張の余地もない。戦時体制が解除されたことによって、大名たちは不便を忍んで城内で生活する必要がなくなったのだ。

近世城郭とは何だったか

本書では、戦国時代の城のほとんどは、殿様（領主）の居る場所でもなければ、領国の支配拠点でもない、という観点から話をつづけてきた。殿様が居て領国経営の中心となる城というイメージは、近世の城を戦国時代に投影しただけのものにすぎないが、元となってきた近世の城のイメージ自体、はたしてどこまで正しかったのだろう。

たとえば、近江《おうみ》で一八万石の大名となった井伊直政が、その支配拠点として彦根城を築いたと考えるべきか、徳川家の重臣だった井伊直政が、徳川家の前進基地として彦根城を築き、城とそれを守る兵力を維持するための経済基盤として一八万石を与えられた、と考えるべきか。実際には、直政の所領のうち三万石は上野にあったし、残りの一五万石も湖《こ》東《とう》地域にまとまってはいなかった。

また、われわれは近世の大名＝城主、と考えているが、老中や若年寄を輩出する譜代大名家の多くは、江戸に在府した状態で加増と転封を頻繁にくり返し、出世街道を登り詰めてゆく。彼らの転封先は、川越・岩槻《いわつき》・忍・土浦《つちうら》といった関東の諸城であることが多いが、所領はあちこちに分散している。こうした譜代大名を徳川家の家臣と考えるなら、彼らと城と所領との関係は、戦国大名麾下《きか》の城将たちの場合と、本質的には変わらないことに気づく。彼ら譜代大名は、徳川家の家臣として、徳川軍の戦略拠点を一時的に預かっていたにすぎないのである。

それぞれの城には、城を取るに際しての「それぞれの事情」があり、具体的な任務や前提条件に基づいて、占地や縄張りが決定されていったのだ。だから、戦国時代の土の城と同じように、石垣造りの近世の城も縄張りは一つとして同じものはない。具体的条件を前提として築かれた軍事施設という本質においては、戦国時代の城も近世の城も変わらないのである。

水野勝成による福山築城から四半世紀をすぎた慶安元年（一六四八）、久方ぶりの新規築城として浅野長直《ながなお》が赤穂《あこう》城を築いた。この城の縄張りには、福山城や島原森岳城のような、実戦に備えた迫力や緊張感を看《み》てとることができない。けれども、だからといって筆者は赤穂城について、形式的な防禦とか、形骸化《けいがいか》した縄張りなどと評したくはない。特定の戦略的任務も仮想敵もなくなった時代に、五万石の大名居城として城を取るという行為は、それはそれでひとつの具体的前提への対応ではなかろうか。

織豊系城郭は天下を取ったか

もう一つ、戦国時代の城＝土の城、近世の城＝高石垣と天守を備えた城、という図式にも筆者は再考の必要を感じる。戦国時代の城が必ずしも土造りだけでなかったことは先に述べたが、近世の城もまた、すべてが高石垣や天守を備えていたわけではない。

徳川御三家の水戸城や、松平忠輝の高田城が土造りだったことは前節でも触れたが、譜代大名たちが入った川越・岩槻・忍・土浦など関東の諸城も、軒並み土造りだ。そればかりか、東北から関東、甲信越《こうしんえつ》の大半の城と、九州における旧族大名たちの城は、みな基本的には土造りで、天守・虎口といったパーツを局所的に取り入れている程度である。

つまり、多くの人が近世の城と認識している高石垣と天守を備えたタイプの城は、織豊系近世城郭と称すべきものであり、日本列島の真ん中あたりに分布しているにすぎないのだ。本章で述べたように、土塁よりは石垣の方が防禦力にすぐれる。しかし、戦国時代の素朴な石垣と違って、裏込石を入れながら高く反り返った勾配にたたみ上げてゆくような石垣は、高度な築造技術を要するから、専門の職人を大量に必要とする。日本中のすべての城を総石垣にできるだけの技術的リソースなど、当時の社会には存在しなかったのだ。

その一方で、高田城や水戸城、川越城などを石垣造りにしなかった徳川家は、彦根城や名古屋城は総石垣にしている。対豊臣戦の矢面に立つ城は総石垣にしたが、そうでない城は土造りでよしとしたわけで、結局は必要な城に必要なパーツを備え付けただけとも言える。とどのつまり、高石垣と天守を備えた織豊系の近世城郭は、織豊系の大名たちが、自分たちの軍事上の都合に従って築造した要塞にすぎないわけだ。

城の歴史に何を見るか

特定の武力集団（大名・領主の軍隊）が、自分たちの軍事上の都合によって構築する防禦施設――中世・戦国時代であると近世であるとを問わず、それが日本の武家社会における城の本質である。

戦国時代の城は民衆の避難所たりえないという前章の論点も、ここに帰着する。城とは軍隊が造って使うものであるが、軍隊という組織はそもそも民衆を守るようにはできていない。戦争とは、わが方の意志を他者に強要するための実力行使であり、軍事力とはそのための手段であるから、軍隊の仕事とは実際には破壊・殺傷・略奪に他ならない。

ゆえに、軍隊によって守ることができるのは、あくまで軍隊を保有する領主・大名・将軍の権力や権益（近代国家の場合は国の主権）であって、領民（近代国家の場合は国民）の生命財産ではない（現代社会の場合は、防衛力が皆無だと、国の主権が維持できなくなって国益が損なわれ、ひいては国民も不利益を蒙《こうむ》るから、税金によって防衛力を賄わなくてはならない、というのが基本的な論理となっている）。

領主・大名の城が民衆の避難所として準備されているというのは、民衆はいつも高い年貢を納めていたのだから、いざとなったら侍たちが命を投げ出してでも民衆を守るために戦ってくれる、ということだ。そのような事態を、筆者は想像することができない。

最後に、近世城郭の成立が、特定の武力集団による軍事上の都合によってもたらされた事実が、われわれの社会と決して無縁ではないことも付言しておきたい。近世の城と城下町の多くは、大河川や港湾に面した平地に出現した。それらの都市を結節点として成立した全国的な交通・流通ネットワークは、国内の戦争がすべて終わったのちも、平和な社会に経済的な繁栄をもたらした。現在でも、地方における中核的な都市の多くは近世の城下町に由来しているが、明治における日本の近代化も、第二次大戦後の経済発展も、こうした都市の配置が基礎になければ、おそらく達成できなかっただろう。

ただし、それら近世城下町は、ほぼ例外なく大規模な河川の付け替えによって成立していることも見逃せないのである。大河川や港湾に面した平地にある都市は、地震や水害といった自然災害に対しては本来的に脆弱《ぜいじゃく》なのだ。小西行長《こにしゆきなが》が球磨《くま》川の河口に築いた麦島《むぎしま》城（八代《やつしろ》市）は、肥後に入った加藤《かとう》氏に受けつがれたものの、元和五年（一六一九）の地震で崩壊した。堀秀治が直江津に築いた福島城や、筑前に入った小早川隆景《こばやかわたかかげ》が本拠とした名島《なじま》城（福岡市）なども短命に終わっている。

経済発展には大きく寄与するが、自然災害には脆弱な国土のプランというものを、われわれはどうやら秀吉や家康から受けついできたらしい。けれどもそれは、元はといえば彼らの軍事上の都合によって生み出されたプランであった。この事実とわれわれがどう向き合うべきかも、そろそろ考えた方がよさそうだ。

さて、本書では、城という構築物を戦争の時代の所産として、徹底して軍事的な観点から見つめてきた。領国の中心にそびえる殿様の居場所、支配の拠点という近世城郭の既成イメージからさかのぼって戦国時代の城を考えるのではなく、軍事的構築物としての戦国の城から見渡したとき、近世の城もずいぶんと違った姿に映る。軍事だけで城を論じきれないことは重々承知しているが、軍事的な観点から城を考え直してみたとき、浮かび上がってくる歴史の断面もいろいろとありそうだ。あらためて、この分野の研究を深める必要を感じる次第である。

主要参考文献

※直接参照・引用した文献のみ掲出した。くり返し引用した文献は初出の章のみに掲出し、また書名・論考名のサブタイトルは一部略してある。

【全体】

佐脇栄智校注『戦国遺文後北条氏編別巻・小田原衆所領役帳』東京堂出版（一九九八）

杉山博・下山治久編『戦国遺文・後北条氏編』東京堂出版（一九八九—九五）

柴辻俊六・黒田基樹編『戦国遺文・武田氏編』東京堂出版（二〇〇二—〇六）

『新編武蔵風土記稿』雄山閣・大日本地誌大系（一九九六）

『新編相模国風土記稿』雄山閣・大日本地誌大系（一九九八）

『甲斐国志』雄山閣・大日本地誌大系（一九七〇）

『武蔵名勝図会』慶友社（一九六七）

『甲陽軍鑑』第一書房・甲斐叢書（一九七四）

『神奈川県史・資料編3（古代・中世3下）』神奈川県（一九七九）

『山梨県史・資料編』各巻・山梨県（二〇〇一—）

中丸和伯校注『改訂関八州古戦録』新人物往来社（一九七六）

武田氏研究会編『武田氏年表』高志書院（二〇一〇）

池亨・矢田俊文編『上杉氏年表』高志書院（二〇〇三）

『日本城郭大系』各巻・新人物往来社（一九七九―八一）
村田修三編『図説中世城郭事典』各巻・新人物往来社（一九八七）
埼玉県教育委員会『埼玉の中世城館跡』（一九八八）
東京都教育委員会『東京都の中世城館』（二〇〇五―〇六）
中世城郭研究会編『東国の中世城郭（中世城郭研究別冊）』（二〇一〇）
静岡古城研究会『静岡県の城跡　中世城郭縄張図集成（中部・駿河国版）』（二〇一二）
片岡徹也・福川秀樹編著『戦略・戦術用語事典（戦略論大系別巻）』芙蓉書房出版（二〇〇三）
片岡徹也編『軍事の事典』東京堂出版（二〇〇九）
齋藤慎一『中世武士の城』吉川弘文館（二〇〇六）
松岡進『戦国期城館群の景観』校倉書房（二〇〇二）
西股総生他『戦国の堅城』（二〇〇四）・『戦国の堅城Ⅱ』（二〇〇六）・『軍事分析・戦国の城』（二〇一一）・『戦国の城全史』（二〇一一）学研パブリッシング
西股総生『戦国の軍隊』学研パブリッシング（二〇一二）

【第一章】

西股総生「縄張図の方法論」『中世城郭研究』二一（二〇〇七）
西股総生「縄張研究における遺構認識と年代観」峰岸純夫・萩原三雄編『戦国時代の城』高志書院（二〇〇九）

西股総生「縄張図の技法」『中世城郭研究』二四（二〇一〇）
西股総生「足軽大将 山本〝菅助〟」『歴史群像』一一一 学研パブリッシング（二〇一二）

【第二章】

梅沢太久夫『城郭資料集成・中世北武蔵の城』岩田書院（二〇〇三）
太宰治「富嶽百景」（一九四三）新潮文庫『走れメロス』（一九六七）
中田正光『秩父路の古城址』有峰書店新社（一九八二）
平山優『天正壬午の乱』学研パブリッシング（二〇一一）
西股総生「峠の山城」『中世城郭研究』一四（二〇〇〇）
西股総生「戦国の城・甲斐御坂城」『歴史群像』九〇（二〇〇八）
西股総生「戦国の城・武蔵虎ヶ岡城」『歴史群像』一一三（二〇一二）

【第三章】

仙台市史編さん委員会編『仙台市史・資料編一〇（伊達政宗文書一）』（一九九四）
青梅市教育委員会『資料青梅市の中世城館跡』（一九九〇）
木島孝之『城郭の縄張り構造と大名権力』九州大学出版会（二〇〇一）
黒田基樹『戦国大名北条氏の領国支配』岩田書院（一九九五）
樋口隆晴「尾張桶狭間付城群」前掲『軍事分析・戦国の城』（初出二〇〇八）
羽賀祥二『史蹟論―19世紀日本の地域社会と歴史意義』名古屋大学出版会（一九九八）

平山優『戦史ドキュメント・川中島の戦い（上・下）』学研M文庫（二〇〇二）
馬部隆弘「城郭由緒の形成と山論」『城館史料学』二（二〇〇四）
藤井尚夫『ドキュメント戦国の城』河出書房新社（二〇〇五）
藤本正行『信長の戦国軍事学』JICC出版局（一九九三）
松岡進「『新編武蔵風土記稿』にみる古城と近世社会」『中世城郭研究』一一（一九九七）
三島正之「川中島合戦と城郭」『中世城郭研究』二〇・二一（二〇〇六・七）
三島正之「川中島合戦・城郭戦闘論」前掲『軍事分析・戦国の城』（初出二〇〇八）

［第四章］

川越市立博物館・企画展図録『河越氏と河越館』（二〇〇〇）
木戸雅寿「織豊期城郭出土の土器を考える」『織豊城郭』七（二〇〇〇）
関口和也「埼玉県川越市大字下広谷の城址群」『中世城郭研究』四（一九九〇）
中井均「居館と詰城―発掘成果から見た山城の成立過程」『帝京大学山梨文化財研究所研究報告第9集』（一九九〇）
中井均「館から城へ変貌していた武士の屋敷」前掲『軍事分析・戦国の城』（初出二〇〇八）
橋口定志「中世居館の再検討」『東京考古』五（一九八七）
松岡進「氏康期の北条領国における城館と戦争」藤木久志・黒田基樹編『定本北条氏康』高志書院（二〇〇四）

松岡進「東国における平地城館跡研究の深化のために」『中世城郭研究』一九（二〇〇五）
松岡進「戦国初期東国における陣と城館」『戦国史研究』五〇（二〇〇五）
松岡進「平地城館跡をめぐる近世後期の言説の様相」『城館史料学』四（二〇〇六）
松岡進「『居館』概念の成立過程小考」『中世城郭研究』二〇（二〇〇六）
松岡進「東国における『館』・その虚像と原像」『中世城郭研究』二三（二〇〇九）
山崎一『群馬県古城塁址の研究』補遺編とも・群馬県文化事業振興会（一九七一—七九）

［第五章］

西南戦争を記録する会『西南戦争之記録一—四』（二〇〇二—八）
鷲城・祇園城跡の保存を考える会編『鷲城・祇園城・中久喜城』随想舎（一九九五）
石田明夫「南奥羽における城郭の変遷」第二六回全国城郭研究者セミナー資料（二〇〇九）
田嶌貴久美「足柄城周辺と最末期の後北条氏系城郭」『中世城郭研究』二四・二五（二〇一〇・一一）
中井均「織豊系城郭の画期」村田修三編『中世城郭研究論集』新人物往来社（一九九〇）
西股総生「中世城郭における遮断線構造」『中世城郭研究』一五（二〇〇一）
西股総生「背後の堀切」『中世城郭研究』一六（二〇〇二）
西股総生「『横矢』の効用」『城館史料学』二（二〇〇四）
西股総生「縄張に見る戦国期城郭の多様性」第二二回全国城郭研究者セミナー資料（二〇〇五）

西股総生「上田朝直と青山・腰越城」『城館史料学』五（二〇〇八）
西股総生「後北条氏系城郭以前」『城館史料学』七（二〇〇九）

【第六章】

福島克彦『畿内・近国の戦国合戦（戦争の日本史一一）』吉川弘文館（二〇〇九）
松岡進「城館跡研究からみた戦争と戦場―磨上原合戦を事例として」小林一岳・則竹雄一編『【もの】から見る日本史　戦争Ⅰ・中世戦争論の現在』青木書店（二〇〇四）
松岡進「備中国府域をめぐる城郭群」『中世城郭研究』二五（二〇一一）
畑和良「織田・毛利備中戦役と城館群―岡山市下足守の城館遺構をめぐって」『愛城研報告』一二　愛知中世城郭研究会（二〇〇八）
笠谷和比古『関ヶ原合戦と大坂の陣（戦争の日本史一七）』吉川弘文館（二〇〇七）
笠谷和比古・黒田慶一『秀吉の野望と誤算―文禄・慶長の役と関ケ原合戦』文英堂（二〇〇〇）
齋藤慎一「戦国大名城館論覚書」小野正敏・萩原三雄編『戦国時代の考古学』高志書院（二〇〇三）
西股総生「『太田道灌状』に見る城郭戦」『中世城郭研究』二〇（二〇〇六）
西股総生「河越夜戦」『歴史群像』一〇三（二〇一〇）
西股総生「史伝　武田勝頼」『歴史群像』一一六（二〇一二）

【第七章】
石川浩治「馬出の分布について」第二三回全国城郭研究者セミナー資料（二〇〇六）
瀬川拓郎『アイヌの歴史―海と宝のノマド』講談社選書メチエ（二〇〇七）
中井均「検出遺構よりみた城郭構造の年代観」前掲『戦国時代の城』高志書院
カール・フォン・クラウゼヴィッツ（篠田英雄訳）『戦争論』（原著一八三二／初版一九六八）岩波文庫
西股総生「比企地方における城郭の個性」藤木久志監修『戦国の城』高志書院（二〇〇五）
西股総生「縄張の変化と戦国大名の軍事力」第二六回全国城郭研究者セミナー資料（二〇〇九）
西股総生「琉球のグスク群」『歴史群像』一〇八（二〇一一）
西股総生「縄張から見た道東地方のチャシ」『中世城郭研究』二六（二〇一二）
西股総生「戦国の城・駿河小長谷城」『歴史群像』一一六（二〇一二）
【第八章】
かながわ考古学財団『かながわ考古学財団調査報告二三九・津久井城跡（本城曲輪群地区）』（二〇〇九）
韮崎市教育委員会・白山城跡学術調査研究会『白山城の総合研究』（一九九九）
三島市教育委員会『史跡山中城跡』（一九八五）・『史跡山中城跡Ⅱ』（一九九四）
太田秀春「朝鮮王朝の日本城郭認識」倭城研究シンポジウム実行委員会・城館史料学会編『倭城

研究シンポジウムII（本邦・朝鮮国にとって倭城とは）』報告資料集（二〇一一）
盧永九「十七世紀における朝鮮城郭の発達に関する一試論」同右
齋藤慎一「戦国期『由井』の政治的位置」『東京都江戸東京博物館研究報告』六（二〇〇一）
齋藤慎一「戦国大名北条家と城館」浅野晴樹・齋藤編『中世東国の世界三　戦国大名北条氏』高志書院（二〇〇八）
藤木久志『雑兵たちの戦場』朝日新聞社（一九九五）
藤木久志『戦国の村を行く』（朝日選書）朝日新聞社（一九九七）
藤木久志『飢餓と戦争の戦国を行く』（朝日選書）朝日新聞社（二〇〇一）
藤木久志『土一揆と城の戦国を行く』（朝日選書）朝日新聞社（二〇〇六）
中田正光『村人の城・戦国大名の城―北条氏照の領国支配と城郭』洋泉社歴史新書（二〇一〇）
『小田原市史・別編（城郭）』小田原市（一九九五）
西股総生「城の外にひろがるもの」『中世城郭研究』一七（二〇〇三）
西股総生「武田軍　炎の関東侵攻」『歴史群像』一一三（二〇一二）

【第九章】

八王子市教育委員会『八王子市埋蔵文化財年報・平成八年度』（一九九七）
寄居町教育委員会『史跡鉢形城跡（第一期保存整備事業発掘調査報告）』（二〇〇六）
山崎敏昭「城館出土瓦からみた近世初頭の小大名」『城館史料学』五（二〇〇八）

あとがき

城跡踏査の季節は冬である。下草が枯れて遺構が見やすいし、虫やヘビたちの活動もおさまっているからだ。毎年、秋口になって空が高く澄んでくると、今度の冬はどの城へ行こうかと、そわそわしてくる。道のない山に登り、藪《やぶ》をこいで歩くのは、正直しんどいと思うことも多いけれど、城と向き合う楽しみの方がいつも勝ってしまう。この冬は、本書の原稿にかかりっきりになっていて、ほとんど城へ行っていないので、筆者はだいぶフラストレーションがたまっている。

なぜ、そんなに城へ行きたくなるのだろう。早春の城山で人知れず咲く山野草を見つけて、はっとすることがある。カタクリ、イチリンソウ、ハルリンドウなど、図を描く手を休めて、しゃがんで見入っていることもしばしばだ。早春の妖精《スプリング・エフェメラル》と呼ばれる彼女らは、ほかの動植物たちが活動をはじめる前の明るい林床で手早く繁殖をすませ、わずかな時間陽光をいっぱいに浴びて株に養分をたくわえると、そのあとにつづく暑い夏と寒い冬とを、ひたすらに耐えてやりすごす。筆者は、この可憐《かれん》な戦略家たちに敬意を表し、踏まないように、そっと歩く。

あるいは、見とおしのよい冬の雑木林で無心に縄張り図を描いていると、人間としての気配が消えるのか、野鳥たちが、ベテランのバードウォッチャーでもこうはゆくまい、という距離まで寄ってくる。東京近郊の山でも、ヒガラ、ルリビタキなど、文字どおり鼻先まできて、不思議そうにこちらを見ている。城跡の踏査はいつも孤独だが、こんなときは自分が山の一部になったみたいで、少しうれしい。

これらの体験は、城跡踏査に伴うちょっとしたご褒美ではあるけれども、縄張り研究者たちが城跡歩きに惹《ひ》かれる本当の理由は、もっと別のところにある。何がわれわれを惹きつけているのか。試みに、筆者の先輩や仲間たちの言葉を拾ってみよう。

筆者の大先輩にあたる藤井尚夫氏は、かつてとあるコラムの中で、縄張りにはその城が落城に至るシナリオが刻まれている、と書いていた。三島正之氏はある記念文集の中で、すべての城跡にただよう寂寥《せきりょう》感に惹かれるのだ、と述懐していた。また、大久保健司氏は竪堀《たてぼり》、ことに畝状《うねじょう》竪堀群が大好きなことから、仲間内では「畝フェチ」などと呼ばれているが、何かの折りに、なぜそんなに畝状竪堀群が好きなのか訊《き》いてみたことがある。「切羽詰まった感じが好きなんだよね」との由であった。

落城に至るシナリオ。寂寥感。切羽詰まった感じ。別々の表現ではあるが、みなそれぞれに城の本質を捉《とら》えているような気がする。そこで、筆者も自分なりに城の本質を表す言葉を探してみた。筆者のたどりついた言葉は、「悪あがき」である。寡兵をもって大敵を迎え撃とうなどと考えて、山の上に堀を掘ったり、虎口やら横矢掛りやらを工夫する行為を、「悪あがき」と呼ばずに何とする。

考えてみれば、藪の中でもがく縄張り研究者の姿は、悪あがきそのものではないか。締切をすぎてから、この「あとがき」を書いているのも、悪あがき以外の何物でもない。人間とはどうも、悪あがきをせずに生きてはゆけぬものらしい。自分はできるだけ悪あがきをせずに生きてゆこう、などと企てるのは、悪あがきの最たるものだ。けれども、そうして悪あがきをやめられないゆえに、何百年も昔の人間が地面に刻みつけた悪あがきの残映に、魅入られてしまうのかもしれない。

＊　　＊　　＊

本書に書いたことの七割くらいは、これまで折にふれて何かに書いたり、喋《しゃべ》ったりしたことだ。そうした意味では、個々のネタとしての新味には乏しいのかもしれないが、今までバラバラのネタでしかなかった話を、ひとつに紡ぎ上げてみたときに立ち現れてくる筆者なりの「城郭像」に、自分自身で向き合ってみたかったのも事実である。研究とはそもそも、自分がどこまで客体と向き合えるかを問いつづけるような営みだからだ。

ただし、筆者のこれまでの研究が、一人で城と向き合うだけでは成り立ってこなかったことも間違いない。中世城郭研究会や城郭談話会、城館史料学会、織豊期城郭研究会、そのほかそれぞれお名前をあげることは差し控えるけれども、全国各地の研究者の皆さんといっしょに城を歩いたり、議論にふけったり、お酒を飲んだりといった経験を重ねてこなければ、本書のような形で研究が実を結ぶこともなかっただろう。この場をお借りして、日頃のご厚誼《こうぎ》に感謝したい。「杉山城問題」をはじめとしたいくつかのテーマについて、筆者の論敵となって下さっている諸賢にも感謝したい。彼らの厳しくも前向きな批判があってこそ、自分の方法論を点検し、新しい論点を見出《みいだ》すことができるというものだ。

また、星川武さんをはじめとした学研パブリッシングと関係者の皆様にも、いつもながらお世話になっている。わけても編集の樋口隆晴さんには、軍事用語や軍事史的な理解について、いつも丁寧なアドバイスをいただいている。あらためて感謝したい。

＊　＊　＊

ところで、筆者は「まえがき」で、中世・戦国時代の城を主役にした本が一冊くらいあってもよいではないか、と書いたが、あれは撤回しよう。紙幅の都合で割愛した話、紹介できなかった興味深い事例、積み残した論点など、まだまだたくさんある。とても一冊では足りない。もっと面白いネタを仕込んで、別の切り口からも書いてみたい。

こうしてまた、筆者の新しい悪あがきがはじまるのである。とりあえず「あとがき」も書き終わったし、手はじめに、次はどこの城へ行こうか。

二〇一三年三月

著者

文庫版あとがき

二〇一三年に学研パブリッシング（現・学研プラス）から刊行した本書を、このたび角川ソフィア文庫に入れていただくにあたり、学研プラスの星川武さん、KADOKAWAの竹内祐子さんには大変にお世話になった。まずは御礼を述べたい。

文庫化にあたって、誤記などのエラーは徹底的に校正し、判型の変更に伴って図版を見やすく修正し、一部の図版やキャプションはより適切なものに差し替えた。また、研究の進展にともなって言及する必要の生じた箇所には「追記」を加えている。

ただし、本文には基本的に手を加えていない。本文の内容に批判的な意見はもちろんあるだろうが、筆者の考え方に至らない点があるのだとしたら、それを改訂によって「なかったこと」にするのではなく、引きつづき筆者が向き合うべき問題として留《とど》めておきたかったからだ。

さて、城という構造物は複雑な形態を有する立体構造物である。しかも、その形態は驚くほど多様で、一つ一つが個性的で他と異なる具体性を備えている。たくさんの事象をわかりやすく説明するためには、分類や類型化、あるいはパターン化や模式化といった手段がもっとも有効なのだが、個別具体的な要素の多い城という構造物は、パターン化や模式化といった枠組みでは説明できない要素が多すぎる。

それゆえに、城の構造を分析的に考察し、説明する作業は、宿命のような「わかりにくさ」を孕《はら》む。少なくとも、筆者ごときの力量では、わかりやすく整理して読者の皆さんにお届けするのにも限界がある。

ただし、そうした型にはまらない自由奔放な個性こそが、城の魅力だともいえる。つまり、戦国時代の城は複雑多様で、あくまで個性的・具体的であるがゆえに、見る者に無限の楽しみをもたらしてくれるのだ。そこで本書では、わかりやすくやせ細った説明より、複雑多様で豊かな城の魅力を、できるだけお伝えできるよう心がけることにした。

複雑怪奇でよくわからないけど、戦国の城って何だか面白そうだなあと、あなたが一瞬でも感じてくれたのだったら、この本を世に出して、よかった。なぜなら、たくさんある本の中から、あなたがこの一冊を手に取ってくれたことが、ひとつの出会いであるから。あなたが城の魅力に出会えたことを、著者として大切に思いたいのだ。

二〇一八年夏　　　　著者記す

本書は、二〇一三年五月に学研パブリッシングより刊行された『「城取り」の軍事学―築城者の視点から考える戦国の城』を文庫化したものです。

「城取《しろと》り」の軍事学《ぐんじがく》

西股総生《にしまたふさお》

平成30年 9月25日　初版発行
令和7年 5月30日　5版発行

発行者●山下直久

発行●株式会社KADOKAWA
〒102-8177　東京都千代田区富士見2-13-3
電話　0570-002-301（ナビダイヤル）

角川文庫 21186

印刷所●株式会社KADOKAWA
製本所●株式会社KADOKAWA

表紙画●和田三造

●お問い合わせ
https://www.kadokawa.co.jp/（「お問い合わせ」へお進みください）
※内容によっては、お答えできない場合があります。
※サポートは日本国内のみとさせていただきます。
※Japanese text only

ISBN 978-4-04-400393-7　C0121

角川文庫発刊に際して

角川源義

第二次世界大戦の敗北は、軍事力の敗北であった以上に、私たちの若い文化力の敗退であった。私たちの文化が戦争に対して如何に無力であり、単なるあだ花に過ぎなかったかを、私たちは身を以て体験し痛感した。西洋近代文化の摂取にとって、明治以後八十年の歳月は決して短かすぎたとは言えない。にもかかわらず、近代文化の伝統を確立し、自由な批判と柔軟な良識に富む文化層として自らを形成することに私たちは失敗して来た。そしてこれは、各層への文化の普及滲透を任務とする出版人の責任でもあった。

一九四五年以来、私たちは再び振出しに戻り、第一歩から踏み出すことを余儀なくされた。これは大きな不幸ではあるが、反面、これまでの混沌・未熟・歪曲の中にあった我が国の文化に秩序と確たる基礎を齎らすためには絶好の機会でもある。角川書店は、このような祖国の文化的危機にあたり、微力をも顧みず再建の礎石たるべき抱負と決意とをもって出発したが、ここに創立以来の念願を果すべく角川文庫を発刊する。これまで刊行されたあらゆる全集叢書文庫類の長所と短所とを検討し、古今東西の不朽の典籍を、良心的編集のもとに、廉価に、そして書架にふさわしい美本として、多くのひとびとに提供しようとする。しかし私たちは徒らに百科全書的な知識のジレッタントを作ることを目的とせず、あくまで祖国の文化に秩序と再建への道を示し、この文庫を角川書店の栄ある事業として、今後永久に継続発展せしめ、学芸と教養との殿堂として大成せんことを期したい。多くの読書子の愛情ある忠言と支持とによって、この希望と抱負とを完遂せしめられんことを願う。

一九四九年五月三日